「台独」批判

论"台独"的危害

李振广 / 主编

九州出版社 JIUZHOUPRESS | 全国百佳图书出版单位

图书在版编目（CIP）数据

论"台独"的危害／李振广主编. --北京：九州
出版社，2017.7

ISBN 978 - 7 - 5108 - 3936 - 8

Ⅰ.①论…　Ⅱ.①李…　Ⅲ.①台湾问题 - 研究　Ⅳ.
①D618

中国版本图书馆 CIP 数据核字（2017）第 223155 号

论"台独"的危害

作　　者	李振广 主编
出版发行	九州出版社
地　　址	北京市西城区阜外大街甲 35 号（100037）
发行电话	（010）68992190/3/5/6
网　　址	www.jiuzhoupress.com
电子信箱	jiuzhou@jiuzhoupress.com
印　　刷	北京九州迅驰传媒文化有限公司
开　　本	720 毫米×1020 毫米　16 开
印　　张	13
字　　数	166 千字
版　　次	2017 年 8 月第 1 版
印　　次	2017 年 8 月第 1 次印刷
书　　号	ISBN 978 - 7 - 5108 - 3936 - 8
定　　价	56.00 元

写在前面的话

台湾新当局在 2016 年 5 月上台后，拒不承认体现两岸同属一个中国内涵的"九二共识"，破坏了两岸关系的共同政治基础，损害了两岸关系和平发展的良好局面，岛内一些"台独"势力趁势蠢蠢而动。"台独"势力及其分裂活动，成为两岸关系和平发展的最大现实威胁。

习近平总书记指出："两岸同胞以及海内外全体中华儿女要携起手来，共同反对'台独'分裂势力，共同为两岸关系和平发展、实现祖国完全统一而努力。"北京联合大学台湾研究院台湾政党政治研究所在 2016 年 6 月举办反"台独"征文活动，得到海峡两岸学者的积极响应，其中以中青年学人为多数，还有一些尚在大学学习的年轻学生。他们撰文剖析"台独"的乖谬，揭露"台独"的危害，表达反对"台独"、促进祖国统一的坚定意愿。

对于"台独"危害的认识，如我辈者自不待言；对大多数年轻人而言，反对"台独"也是他们选择投身祖国统一和民族复兴事业所采取的当然立场。收入此书中的文章，在一定层面反映了两岸青年学人对于 2016 年台湾岛内政治局势的理性思考。读一读，对于人们提高对"台独"势力各种形式分裂活动的警惕，增强维护国家主权和领土完整的意识，是有所裨益的。

是为序。

李维一

2017 年 2 月

目　录

"台独"历程及当前主要特点

严　峻[*]

国民党败退台湾后,部分由于省籍矛盾的激化,一些"党外"人士打出了"台湾住民自决"的口号。台湾政治上的族群省籍分歧之所以大过阶级分歧,是因为族群的政治权力分配不平均较阶级的分配不平均来得明显,因此较容易成为政治动员的基础。[①] 1986 年 9 月 28 日,民进党成立,起初主要口号还是"台湾前途住民自决论",并不直接主张"台湾独立"。1987年 4 月,反体制的《自由时代》总编辑郑南榕在公开集会中公开主张"台湾应该独立",这是台湾社会第一次在公开集会中主张"台独"。当年 11月,民进党通过"台湾言论自由决议文",公开主张宣传"台独"思想。1991 年,民进党通过"台独党纲",将"建立主权独立自主的台湾共和国"增列为政纲"基本纲领"第一条,明确将"建立台湾共和国"作为奋斗目标,这是民进党正式蜕变为"台独"党的标志。可以说,民进党的意识形态定位基本上是"台独分离主义"和中间偏左的自由主义,民进党内精英都认同"台独",但在如何贯彻和实现这一目标上存在意见分歧。[②]

李登辉上台之后,推动国民党的"本土化",提出"台湾自我主体性",宣称"台湾是台湾,中国是中国"。并宣称,"教育不改,人心也不会改变,过去教育都限制在大中华的观念范围中,台湾不需要大中华主义",[③] 台当局因此大力推动所谓教育"本土化"。1992 年台湾当局修改了"刑法"第100 条,使"台独"言论不再"违法",这在客观上怂恿了岛内"台独"势

---

* 全国台湾研究会学术部主任、研究员。
① 王甫昌:《族群动员与台湾反对运动的支持转移》,载台湾《中国论坛》1990 年 9 月 25 日第 360 期,第 45 页。
② 刘国深:《民进党意识形态研究》,北京:九州出版社 2005 年版,第 18 页。
③ 转引自《评台湾当局"文化台独":荒诞不经,难以得逞》,新华网,2003 年 10 月 13 日。

力在理论及组织上迅速发展。1999年，李登辉公然宣称两岸关系是"国家与国家的关系，至少是特殊的国家与国家的关系"，彻底暴露其"台独"本质。在这一时期，李登辉当局的"反共拒统"与民进党"台独"达成了某种程度的合拍，使所谓"台湾主体意识"在岛内泛滥。

2000年，台湾发生首次政党轮替。陈水扁抛出"四不一没有"，企图蒙混过关，但不久便暴露出"台独"真面目。2002年陈水扁提出"中国和台湾在台湾海峡两边，一边一国，必须分清楚"的"一边一国"论。2003年，陈水扁当局企图以所谓"住民自决原则"为依据，推动"公民投票法"立法，以所谓"公民投票"决定"台湾前途"，为"法理台独"提供法源支持，并于2004年"大选"进行了所谓的"防御性公投"。2006年，扁当局终止"国统会"及"国统纲领"，进一步展示其"台独"本性。2007年，陈水扁当局致函联合国官员试图"以台湾名义加入联合国"，并于2008年再次推出捆绑"大选"的"入联公投"，最后因投票人数未达50%而失败。台湾一些政治势力为达到特定目的，不负责任地操纵媒体宣传，完全无视恶化两岸关系对台湾民众可能带来的风险，时为著名作家的龙应台回忆道，"电视开始播放统'独'公投的宣传片，宣传以'新闻'的面貌呈现，只说'独立公投'是人民的权利，不提台湾特殊的处境，不提国际情势的诡谲，不提两岸关系的险恶，不提任何可能后果"，"对攸关生死的两岸关系，我们没有策略没有格局，唯一的策略是扩大加强中国的'妖魔化'，因为中国越是妖魔，越可以在岛内制造大量的'同仇敌忾'，'同仇敌忾'，啊，最容易转化为选票。"① 2008年民进党下台后，民进党虽然对"台独"论述有所调整，但依然没有放弃"一边一国"路线。

2012年民进党在再次败选后，进一步走所谓"务实性的台独"路线。特别是2014年蔡英文再次当选民进党主席之后，更多地采取隐蔽性与欺骗性的"柔性台独"手段。2015年4月，蔡英文正式抛出"维持两岸现状"主张，表示"维系台海和平及持续两岸关系稳定发展的现状是民进党重返执政后将致力的目标"。蔡英文还刻意减少"一边一国"等"台独"表述，并多次强调在"中华民国现行宪政体制"下推动两岸关系，却始终不承认"九二共识"。然而，不承认蕴含"两岸同属一个中国"意涵的"九二共

---

① 龙应台：《五十年来家国——我看台湾的"文化精神分裂症"》，载于龙应台著：《请用文明来说服我》，香港：天地图书有限公司2012年版，第213页。

识",事实上就是主张"一中一台",这实质上是坚持"台独"立场。

民进党当局自2016年"5·20"上台以来,其"台独"动作上有以下几个特点:

第一,在两岸政策上虽然摆出相对"温和"的姿态,但坚持"台独"立场的顽固态度并未改变。台湾地区领导人蔡英文在2016年"5·20就职演说"中,提出了要以"中华民国宪法"和"两岸人民关系条例"来处理两岸事务,由于该"宪法"具有"一中宪法"的意涵,而"条例"对两岸关系也有"一国两区"的定位,所以一些政治观察者认为蔡英文的两岸政策同民进党以往的两岸政策相比,还是有所调整。但无论是"宪法"还是"条例",毕竟只是台湾方面的单方规定,蔡英文还是没有明确承认"九二共识",也没有承认"九二共识"的核心意涵,即"两岸同属一个中国"。现在民进党当局虽然较少在口头上讲"台独"这个字眼,但该党却一直没有废除或者至少先冻结"台独党纲",其对两岸关系的定位仍是"一边一国"。蔡英文在2016年9月29日致民进党党员公开信及"双十讲话"中,都表示"不会屈服于压力",即表明其不会接受"九二共识",在可预见的未来,也很难看到民进党当局进一步调整两岸政策的可能。

第二,在内政上,以"拼经济"为重点,全力地打击及弱化政治对手,同时大搞"文化台独""教育台独"等"柔性台独",以期全面"独化"台湾,实现长期执政的梦想。民进党当局十分清楚,在这次"大选"中其能够击败国民党,最主要的因素是国民党在发展台湾经济上未能让多数台湾民众满意,所以其上台后把提振台湾经济作为施政的重中之重。不过,要改善经济状况谈何容易,尤其在两岸关系陷于僵局的状态下,台湾经济发展的前景不容乐观。从目前看,未来可能威胁到民进党继续执政的竞争对手只有国民党,为了消灭至少是弱化国民党,民进党当局通过"不当党产条例"和所谓"促转条例",全力剿杀国民党。同时拉拢或者分化瓦解"时代力量"、亲民党等政党。为了使多数台湾民众在意识形态上"向独去统",民进党当局在文化、教育上大搞"去中国化""台独"化,妄图全面"绿化"台湾,使主张"台独"的政党今后在台湾永远执政。

第三,在对外关系上,进一步向美日靠拢,同时企图以"悲情牌"搏取外部同情,为其"台独"行径寻求外部"保护"及支持力量。随着两岸关系陷入"冷对抗"甚至有可能进一步恶化,民进党当局将争取美国和日本对台湾"安全"做出更多、更明确的承诺作为其发展对外关系的重点。

民进党当局还企图利用参与相关国际组织的机会，凸显"台湾不属于中国"，从而在国际上制造"一中一台"，并利用中国大陆在此问题上的正当反应，炒作其被"打压"的话题，对外形塑"悲情"形象以争取国际同情，对内宣扬大陆方面的"霸道"以激起台湾民众对大陆的仇恨并转移对其"外交"无能的不满。此外，民进党当局还利用台湾与南海、东海争端的特殊联结关系，作为其与相关声索国讨价还价的筹码。

展望未来两岸关系的发展，民进党当局拒不承认"九二共识"，虽未公开宣示"台湾独立"，但实质上顽守"台独"立场，两岸关系僵局还将持续。在可预见的未来，两岸恢复机制性协商几无可能，两岸经贸关系也将因此继续受到负面影响，两岸民意对撞的态势则越来越明显。"冷对抗"将长期存在，不排除在一定情势下，特别是民进党当局怂恿或者纵容某些"台独"分子搞"法理台独"时，将发生两岸"热对抗"的危险。例如，许宗力、许志雄等一批"台独"分子出任"司法院"要职，这为今后台湾"大法官会议"在"释宪"上做出带有"台独"性质的解释准备了人事基础，而一旦台湾做出含有"台独"意涵的"释宪"文，实际上几乎就是跨出"法理台独"的一步了，届时两岸关系出现"地动山摇"的情形是有可能的。当然，随着两岸实力差距的进一步扩大，两岸关系发展的主导权牢牢掌握在大陆方面。正如大陆方面多次重申的，"两岸关系越是复杂，两岸民间交流越要更密切"，大陆方面未来会在两岸关系中继续贯彻和平发展的理念，同时打击一切形式的"台独"。

"台独"无害论及其批判路径探讨

吴陈舒* 李振广**

一、"台独无害论"危害两岸关系和平发展

"台独"没有和平，分裂没有稳定。"台独"是两岸和平发展的逆流，是危害两岸间和平统一的毒瘤。随着民进党在岛内势力的不断发展，其形塑的"台独无害论"逐渐成为一股社会思潮，必须引起两岸各界的高度关注。所谓的"台独"无害论，就是岛内的"台独"分子认为即使搞"台独"，大陆也不会动武，即使中国大陆动武，美日也一定要介入。① 一方面以"台湾人民的出头天"来掩盖"台独"执政的失误；另一方面以"大陆不会打、不能打、不敢打"来淡化"'台独'就是战争"的威慑。近几年来，岛内"台独"势力日趋猖獗，其中一个重要原因就是他们误判形势，以为大陆要"和平崛起"，要抓住本世纪头二十年的"战略机遇期"埋头苦干，一心一意发展自己，他们即便由着性子胡闹，大陆也不得不吞下苦果，一时间，"台独"无害论在岛内甚嚣尘上，欺骗了不少善良的台湾民众。② 尤其是2016 年民进党重新上台执政，如何进一步遏制"台独"无害论在两岸间的蓄意传播，如何有力度地批评"台独"无害论社会思潮的蔓延，值得进一步探讨。

"台独"政党团体以"台独"话语霸权来行销"台独"无害论，并极力宣导"台独"选项化认知，以台湾人的历史悲情为切入点，辅助于当前

---

　* 北京联合大学台湾研究院研究生。
　** 北京联合大学台湾研究院教授。
　① 梁章林：《台海脉动》，福州：海风出版社 2006 年版，第 165 页。
　② 徐博东：《台海风云见证录·时事评论篇》，北京：九州出版社 2012 年版，第 188 页。

台湾地区的"现行宪政体制",通过两岸长期隔离造成的非正常状态下的国家分裂情境"常态化",以"一边一国"的政策性定位来模糊台湾民众对"两岸同属一中"的认知,并企图建构"台独"有利舆论,从而逐渐脱离"台独"对岛内民众、两岸关系的危害性。"台独"无害论造成台湾民众对祖国大陆认知误解的进一步加深,滋长了台湾民众"拒统"与"反中"情绪,进而危害两岸关系和平发展。"台独"是中华民族历史发展的逆流,是影响祖国统一大业的毒瘤,"台独"得不到两岸民众的支持,任何分裂祖国的行径终将被唾弃。然而,我们也注意到,随着台湾地区开启所谓的民主化浪潮,政党轮替与"台独"政党民进党的上台,"台独"无害论逐渐开始占据岛内政治市场的舆论份额,并经过"台独"政党团体的包装与行销,"台独"无害论经历了"台独"言论无害——"台独"政党无害——"台独"政党上台无害三个阶段的发展历程,并以台湾青年所谓的"天然独"作为"台独"无害论发展的必然结果看待。岛内"台独"分裂势力从未放弃将台湾从中国分裂出去的企图,且手法、策略不断翻新,并一再蓄意挑起两岸民众和社会对立,割断两岸同胞的精神文化纽带,阻挠两岸交流与合作。"台独"分裂势力及其活动依然是维护两岸关系和平发展正确方向的最大障碍,是维护台湾和平稳定的最大威胁。"台独"无害论的社会思潮企图通过玩文字游戏、打模糊仗、耍空心计来应付攸关台湾未来前途与民众福祉的两岸政策,来掩盖其追求"台湾主权独立"、两岸"一边一国"的真实立场,这必将损害民族、国家、人民的根本利益,动摇两岸关系发展的基石,就不可能有和平,也不可能有发展。

二、"台独"无害论的表现形态、特征及演化逻辑

(一)"台独"无害论的表现形态

"台独"无害论通过对"台独"的重新包装,在"台独"性质、态度风格、理论方法、工具路径上做出策略性调整,降低岛内外民众对"台独"有害的疑虑,以因应两岸关系发展的被动性需要。"台独"无害论的表现形态根据其性质、特点等方面的不同,归纳为以下三种。

1. "和平台独"。从性质上说,"和平台独"亦即通常所说的"C型台独",是指在现实条件下对台湾地区的"国家"政治定位,取"独台"之

壳、行"台独"之实，亦即打着"中华民国"的旗号，却剔除其中涉及中国大陆的因素。例如，提案废除悬挂孙中山遗像、为"台独"分子设纪念日、放宽"公投"门槛、维持甚至增加教科书中的"去中国化"内容，或者可能在南海、钓鱼岛问题上疏远中国大陆，而向美、日靠拢。"C型台独"企图突破"独台"与"台独"的绝对划分界限，以"新台湾民族"的诉求建构一套所谓的切实可行的"台独"路线。

2. "柔性台独"。就态度风格而言，"柔性台独"不同于直接"冲撞两岸关系红线"为特征的"硬台独"，亦称为软"台独"或所谓的"务实台独"。"柔性台独"主要从行事风格上对"台独"进行重新包装，不同于陈水扁时期大搞法理"台独""公投制宪""烽火外交"等"硬台独"举措而令两岸关系的紧张情绪骤升，模仿马英九"务实低调"和"零意外"的做法，改"冲撞外交""硬性台独"为"务实""柔性台独"。以"台湾主体意识"等柔性外衣包装的"软台独"，通过潜移默化的"文化台独""去中国化"等政策导向，逐渐建构台湾民众在文化、情感上与大陆的疏离感，阻挠两岸统一。"只做不说"的"台独"策略，意图在国际社会普遍坚持"一中原则"，"法理台独"毫无生存空间的背景下，以"笑脸式"的"台独"手法积蓄"台独"资本。

3. "民主台独"。就理论方法而言，以所谓的民主、自由等普世价值来建构"台独"合法性，基于"民主原则和普遍民意"，让"台独"成为岛内政治生态可以接受的可行方案。民进党鼓吹的所谓"民主化"，其实质是将少数极端分子的"台独"思想运用民粹化的手段加以贯彻落实。① "台独"的理念与"自由民主"的价值相链接的论述，刘强认为是一种新的"台独"表现形式——"价值台独"，即以"普世价值"为包装，以"自由民主"为论述口号，以"深化民主"为具体行动，以妖魔化大陆政治制度为斗争策略，以确立"台湾主体性"为实质内容，为"台独"服务的政策主张和政治行动。②

与所谓的"民主台独"相伴随的是以工具路径为导向的"民意台独"的发展。"民意台独"是在"文化台独"基础上实现"法理台独"的程序

---

① 杨立宪：《浅析台湾的"政治民主化"——兼论"政治民主化"与"台独"的关系》，台湾研究，2007（5）：第15—19页。
② 刘强：《岛内"价值台独"论析》，现代台湾研究，2015（6）：第21页。

性步骤。① 借由"法理台独"法理层面的尝试性冲撞与社会舆论的关注与批评,"文化台独"在塑造、引导、拓展民意的实践性推进,使得民意"台独"具有了社会模板效应。用"文化台独"和"社会运动"营造"民意台独"的舆论氛围,用"公民投票法"的修改建立"民意台独"的实现路径,再用"法理台独"表达和确认"民意台独"的成果。

"台独"无害论被塑造为依民主原则、普遍民意而具有否定"九二共识"的天然道德制高点,拒绝定位两岸不是"国与国"关系,被视为"民主台独"或"民意台独"。一方面谋求两岸和平,另一方面心存"台独"目标,被视为"和平台独"。不敢或深知不能直接挑衅大陆,但以低调方式脱离一个中国架构,可以说是"柔性台独"。这是在民进党执意推动"法理台独"未果的背景下从文化与教育方面来进行"台独"改造,逐步在文化上和认可度上翻转台湾人的"国族认同",让台湾认同的比例增加,"台湾主体意识"就容易转换成"台独"意识,从而在社会舆论中建构"台独无害"效应。

(二)"台独"无害论的特征

第一,手段策略主动化。将"台独"有害的社会舆论压力转化为大陆"打压"台湾的舆论同情效果,并借助岛内"台独"社团的鼓动与绿色媒体的渲染,用"台独"有利于台湾的发展作为政策主张诉求,让"台独"有害论在岛内乃至两岸关系上"失焦"。"台独"政党团体鼓吹的形式多样的"台独"路径,设法摆脱"台独"过街、人人喊打的窘境,以积极主动的"台独"塑造者形象,将岛内阶级斗争融入统"独"斗争中,并借助"港独""藏独""疆独"的不法行为为自身赢取更多的主动话语权,化"台独"被动挨打为"台独"先发制人,"台独有理""建国无害",进而打造"台独有利,统一无果"的社会悖论。

第二,理论叙述工具化。在上世纪的台湾主流社会舆论中,不论是"台湾民族论""台湾托管论""台湾地位未定论",还是"住民自决论""中国主权过时论"、台湾意识论,"台独"理论始终是被绝大多数台湾民众所唾弃的对象。"台独"理论的不断"推陈出新",也难以改变两岸民众对"台独"有害的固有观念。但伴随着台湾政治的转型,"民主化""本土化"

① 祝捷:《蔡英文言论是"民意台独"的启动宣言》,华广网,2016年7月26日。

过程中夹杂着"台独"运动的"合法性"诉求，以"台独"理论作为工具性的民粹式选举动员方式，能够最大程度地降低"台独"有害论的争议性。

第三，行事风格渐进化。与过去民进党大肆鼓吹"法理台独"的冒进举措相反，"台独"无害论主张通过形式多样的包装，以岛内政治、经济、文化、社会领域"去中国化"为"可行路径"，蚕食"两岸同属一个中国"的国家民族认同基础，以所谓的"台独"只做不说的时间概念换取两岸必将走向统一融合的空间概念。一方面追求"法理独立"具有坚定的原则性；另一方面以极高的灵活性因应两岸关系发展中的统"独"态度，表现为"法理台独"柔性化与柔性"台独"法理化，以拖待变，通过使用一些带有强烈策略性、投机性、模糊性色彩的说辞和手段，期盼"台独"分裂势力能够"拖下去""熬下去""耗下去"，以水滴石穿的方式来逐渐裂解台湾民众的中国意识和中国认同，强化"台湾主体性"理念和"台独"认同，从而以渐进化的方式换取"台独"的时间性，试图赢得两岸统"独"话语的主动权。

第四，方式途径隐性化。"台独"无害论吸取了陈水扁暴冲式"台独"招致国际社会普遍指责、反感和两岸民众坚决反对的教训，以其隐形化的策略包装麻痹岛内民众对"台独"的恐惧，不公开主张宣告"台独"，不更换"国名国号"，在既有的"中华民国"外衣下，不断添加台湾主体性因素，淡化"两岸同属一中"的历史和客观现实，通过所谓"民主"方式，前置式地或植入式地实现台湾的"事实独立"，在国际社会和岛内民众中逐步形成"两个中国"或"一边一国"的既有事实概念和认定。

第五，内容渠道多元化。"台独"无害论旨在通过民粹的手段，在政治、经济、文化等多领域同时渗透，从政治"反中"、文化"去中"、法理"拆中"、经济"脱中"以及战略"制中"等方面着手为"台独"无害论营造一个"天然"的"台独"社会环境。并从民族情感、地理观念、文化体系上剥离中华文化等因素，"非大陆而薄中华"，从而达到政治"台独"、法理"台独"的目的。

（三）"台独"无害论的演化逻辑

1. "台独"无害论的建构脉络

第一阶段："台独"言论无罪化。在两蒋时期，"台独"言行是被绝对禁止的事项，任何的"台独"动机都会遭到台湾当局的严厉制裁与镇压，以法律制度的形式规定了"台独"的违法性。岛内民众对于"台独"也多是谈"独"色变,未曾在是否"台独"问题上有所动摇。但随着台湾"刑法"100条"谋反"罪的废除以及自台湾"解严"以来岛内党禁、报禁的相继解除,"台独"在政治上的禁忌被打破,被认作岛内多元声音之一的"台独"成为所谓的"言论自由"的象征。自此,岛内"台独"政党团体如雨后春笋般成立,"台独"言论无罪化由此深刻影响了岛内民众,"台独"成为岛内社会可容忍或可接受的政治现实。

第二阶段:"台独"政党团体认可化。民进党成立之初以反对国民党为目标的政治定位,逐渐获得一部分的同情者与支持者。但是随着民进党逐渐滑向"台独"的政党定位引发民众的强烈疑虑:1991年年底的"国大代表"选举、1995年的"立法委员"选举、1996年的"总统"选举结果表明了岛内民众对"台独"政党的不放心。但随着民进党淡化"台独"色彩、积极扎根地方基层等做法逐渐在随后的1997年县市长等选举中拓展了社会基础,岛内民众对民进党的政党形象观感逐渐由"台独"政党转向制衡国民党的第二大政党转变,放松了"台独"政党团体有害的刻板想法,朝着接纳与认可的方向转变。

第三阶段:"台独"政党上台无害化。2000年,淡化"台独"主张的民进党在国民党内分裂的背景下上台执政,但民进党在执政过程中重新点燃的激进"台独"行径致使两岸关系走在冲突与对抗的边缘。2008年国民党的胜选,是民进党"台独"失败的有力见证,"台独"政党上台有害论成为民众不支持民进党的重要因素。自此,民进党开始重新调整"台独"路线,但其不承认"九二共识"的立场终将难以得到岛内民众的认可。2012年台湾"大选"的失败,有专家认为是"九二共识"的胜利。2016年"大选"前后,民进党利用国民党的"不团结",模糊两岸关系,再次营造出"台独"政党民进党上台也有能力处理好两岸关系的假象,消解了岛内民众对"台独"政党上台有害的思维定势,从而再次上台执政。

2."台独"无害论的建构逻辑

第一,鼓噪两岸"二轨"交流模式"行得通"。大陆对于两岸官方之间的交流与合作,必然是建立在"九二共识"为基础的一个中国原则上,这也得到了两岸民众的认可。始终不承认"九二共识"的民进党自然无法在两岸"一轨"的官方沟通互动下进行,两岸沟通停摆,台海紧张局势加剧,进一步验证了"台独"有害性。然而,"台独"政党团体以"二轨"的交流模式欺骗台湾民众，透过学者、退休官员、公共人物、社会活动家等"二轨"交流模式表现出有能力处理两岸关系沟通"不会有意外"的情境。另外，民进党极力鼓吹所谓的"澳门模式"，即 2000—2008 年民进党执政期间，不承认"一中原则"的民进党当局仍可以与大陆发展出一套"行业对行业、团体对团体"的交流商谈模式，从而蒙混了"台独"政党上台有害的迹象。

第二，抹黑国民党垄断两岸交流"亦有害"。国民党极力倡导的两岸和平发展成果遭到民进党等"台独"政党的抹黑，两岸和平红利分配不均，民众无感，社会阶级矛盾激化，民众对"台独"有害的社会恐慌被自身社会经济效应不佳的民怨所取代。将"台独"有害的社会舆论引导到国民党无能。通过抹黑对手国民党在两岸经贸领域的垄断性与两岸交流合作的不稳定性与不确定性，分散岛内群众对"台独"有害的替代性认知，抵消了"台独"政党民进党上台"有害"的负面印象，加大了"台独"政党上台执政的可能性。

第三，强调"台独"政党团体自身优越感。"台独"政党团体通过体制内的竞选与卡位，逐渐获得了一定的行政资源，并运用各种社会资源带动岛内人才的吸收力度，形成一定规模的"台独"倾向人群的聚集效应：行政资源倾向"台独"人士，相关资源倾力支持"台独"团体发展，从而不断壮大"台独"声势。通过物质激励与团结激励来解决"台独"的集体行动问题，以"台独"作为目标激励吸引新党员，建立"台独"政党与新党员的连续互动，以所谓的资源支援台湾年轻人的政治参与，从而不断培养"台独"近卫军。在"台独"政党建构的新政商关系中，以社会公共资源为酬庸，以行政资源反哺社会"台独"人士，强化"台独"政党团体自身优越感与利益结构，从而逐渐褪去"台独"有害的社会认知。

第四，编造国家独立的"类比"与模仿意识。例如"台独"等政党团体提及的新加坡曾是马来西亚的 13 邦之一，最终因为某些客观因素却能独立，从而鼓噪台湾社会"我们为何不能像新加坡一样，创建台湾成为一个小而美的、受人尊重的国家、与中国平起平坐"。或是"台独"势力寄望于中国的分裂与国际力量的干预，例如交趾（越南）在中国唐代末年五代十国时脱离中国而去的例子。再或置两岸历史、文化的固有联系于不顾，提出"美国人也主要从英国移民而来，最终却能实现独立的例子"。"台独"政党通过国际社会中的某些国家的独立案例来蒙蔽台湾民众，激发台湾民众的模仿意识,最终为"台独"无害的社会论调奠定基础。

(四)"台独"无害论的未来走向分析

民进党当局上台执政以来,各种"台独"议题不断被炒作,"台独课纲""公投法""转型正义""两岸协议监督条例""加入TPP""新南向政策"等等层出不穷,其本质仍是不断从经济、文化、社会等方面切断与大陆的连接,将使两岸关系越行越远。在其任期内主要是为"台独"创造条件、打好基础,为岛内"台独"无害论的社会环境营造有利氛围。未来四年甚至更长时间,两岸统"独"对抗会更复杂、更多元,也更激烈。"去中国化"主要发生在政治和文化领域,主要是由台湾"本土化运动"和"分离主义运动"所推动;而"中国化"则主要发生在经济领域,主要是由中国大陆快速崛起带来的市场磁吸效应所推动。如民进党当局不承认"九二共识",继续推动"去中国化"举措,经济领域的"中国化"将难有进一步发展,届时,"台独"有害的社会舆论将会引发两岸关系的进一步反思。与此同时,如何加大"台独"无害论的批评力度,促使岛内民众对"台独"有害的认知,是当前的重要课题。

三、批判"台独"无害论的路径探讨

(一)坚定反对"台独"无害论,凸显"台独"有害的时空性

1. "台独"无害论的逻辑悖论批判

"台独"无害论萌生于岛内的民主化转型与"去中国化"的社会蜕变过程中,将两岸未结束内战现状以"一边一国"的"常态化"诉求于台湾民众,两岸长达半个世纪的隔阂成为"台独"无害论的温床,原本应为一个国家内部的主权与治权的争议演化为台湾"国家主体性"的分裂与反分裂。不论从历史逻辑、理论逻辑乃至其本质而言,"台独"无害论难有立足之地。

(1)"台独"无害论的历史逻辑无法成立。"台独"无害论是近二十多年台湾政治转型过程中产生的畸形,以社会日益趋"独"的未来性来说服更多的岛内民众的支持,试图磨灭历史上的台湾与大陆的关系,以当前现实性的两岸暂时性分离为历史逻辑的起点,以两岸逐渐联络的社会网络关系的

交流交往来证实"台独"无害的现实表现。但这种只站在当下的，以虚幻的"台独"为未来的幌子的论调，经不起台湾自古就是中国领土一部分的历史事实的验证。

（2）"台独"无害论的理论逻辑站不住脚。2008 年以来两岸社会、经贸等领域的日益紧密交流，两岸关系的和平发展，是建立在"九二共识"的基础上。"九二共识"是两岸增进互信、求同存异的压舱石。而民进党鼓吹的"维持现状"是不承认"九二共识"下的投机主义，以显示出"台独"政党也可维持两岸关系和平发展现状的形象，进而诉之于"台独"无害。"一中原则"才是两岸和平发展的关键，不承认两岸一中，民进党等"台独"政党的"台独"无害论理论逻辑难以得到两岸民众的认可。

（3）"台独"无害论的本质仍是分离意识。"台独"政党团体之所以用"台独"无害论来包装"台独"思想，其主要原因是"台独"得不到岛内外民众的支持与肯定。过去陈水扁激进"台独"的失败，岛内民众记忆犹新。"只做不说"的"台独"策略，不断积攒所谓的"台独"力量，似乎成为现阶段"台独"政党团体的"灵丹妙药"。但"台独"无害论的本质仍是分离意识，以各种形式的"去中国化"达到"台独不必在我"的社会共鸣感，以台湾年轻人所谓"天然独"作为"台独"的支撑点，注定难以成功。

2. 划定对台政策的红线与底线范畴

强化对台政策的红线与底线。"法理独立"是大陆对台政策的红线，触碰"法理台独"，就是触碰大陆对台政策的"高压线"，大陆必将"不惜一切代价"制止"台独"。"台独"政党团体在大陆坚定反对"法理台独"的情况下，在台面上避开"修宪正名"，台面下却以所谓的"台独"无害名头而大肆推动"文化台独""隐性台独"，这样的"温水煮青蛙"对于两岸关系的伤害绝不亚于"法理台独"。因而，必须强化对台政策的底线思维，即任何违背"一中原则"的"台独"行径都将予以坚决反对，尤其是"柔性台独""文化台独"等任何"去中国化"动作都将予以遏制。

（二）增强"统一有利"的论述，把握"以统反独"的话语权

1. 宏观层面：展现两岸统一的道路、理论、制度自信

两岸统一的道路自信，源自于"两岸必将统一"道路开辟、道路创新和道路自觉，需要我们进一步坚持和拓展祖国统一的道路。两岸关系和平发

展理论的形成、创新与发展,体现了新时期下大陆对台政策的理论自信。"一国两制"在港澳的深入开展,"一国两制"台湾模式的积极探讨,道出了大陆对台的制度自信。两岸统一的道路、理论、制度自信在新时期体现为两岸关系的主导权在大陆。大陆是主导两岸关系发展的决定性因素,中美大国关系或是岛内的政党轮替、蓝绿冲突、民意或是民粹的变化,都无法改变大陆的主导地位。展现两岸统一的道路、理论、制度自信,还必须继续坚持和维护共同政治基础、夯实两岸和平统一的社会基础、建立文化自信与制度自信的方案。

(1) 继续坚持和维护共同政治基础。坚持"九二共识"、反对"台独"是推动两岸关系和平发展的共同政治基础,核心是认同"大陆和台湾同属一个中国"。两岸双方要继续坚持、维护共同政治基础,持续推进两岸关系和平发展。"皮之不存,毛将焉附"。若动摇了共同政治基础的核心意涵,两岸关系和平发展成果将得而复失,两岸关系将重回动荡不安的老路。两岸共同政治基础的建立,必须以统一为导向,防止"台独"上台无害论成为一种社会氛围。

(2) 夯实两岸和平统一的社会基础。大陆要不断增强自身实力来增进对台民众的吸引力和向心力,降低美国直接介入两岸冲突的能力与意愿。大陆要继续促进两岸融合,让台湾人尤其是台湾年轻人的发展与大陆经济更紧密结合,扩大"两岸族"群体规模,增强对台湾基层社会的影响力,通过改变两岸社会交流形态以改善岛内民众的两岸态度。

(3) 建立文化自信与制度自信的方案。有了文化自信才能文化促统,有了制度自信才能破解"台独"人士对于大陆的"抹红抹黑"。需加快建立一套能够正当化现行体制的理论,将两岸现状与中华民族伟大复兴目标间的道路说清楚,建立有说服力的制度自信,才能破解"台独"的魔咒。将"台独"有害论包含于"统一有利论"的理论框架中,逐渐消除"台独"无害的思维阴霾。

2. 微观视角:诉求民族情感、价值与利益导向

民族大义是增强"统一有利"论述的前提。两岸是血脉相连、命运相连的一家人,不管彼此之间存在什么样的矛盾,在民族大义面前,为维护中华民族的整体和根本利益,两岸同胞都应超越分歧,齐心合力,一致对外。大陆和台湾是休戚与共的命运共同体。"兄弟齐心,其利断金。"实现中华民族伟大复兴,需要两岸同胞共同努力。而从中华民族整体利益把握两岸关

系大局，最根本的、最核心的是维护国家领土和主权完整。大陆和台湾虽然尚未统一，但同属一个中国，是不可分割的整体。在民族大义面前，两岸双方应超越彼此分歧，以各自的方式，共同维护国家的领土完整，反对"台独"分裂势力，共同维护民族的利益和尊严。民族大义是两岸关系的道德制高点，而民族情感则是两岸关系的润滑剂。以民族情感感化台湾同胞的统一意愿，以同根同源、同文同宗的一家人情怀共同推进民族复兴的伟大进程，为子孙后代开创一个统一富强、和平安定的美好未来。

价值导向是提高"统一有利"论述的关键。两岸共同价值既是对中华传统文化、两岸历史积淀的传承与萃取，也是对两岸现实交流互动的概括与催生，更是对未来两岸共同命运的前瞻与追求。两岸共同价值应该是当代人类文明、价值的重要组成。[①] 建构两岸共同价值体系，增强社会主义核心价值体系同两岸共有价值体系的联系。并透过政治社会化的途径，深入系统地向两岸民众宣导两岸和平发展的内涵和意义，让和平发展的观念深植人心，进而内化成为两岸关系互动中的行为准则。[②]

利益导向是夯实"统一有利"论述的举措。两岸关系的逐渐融合过程也是两岸民心的融合过程。两岸产业合作总体规划布局，扩大台中小企业、农渔民参与面受益面，使两岸经贸往来惠及更多民众，让他们更"有感"，夯实台湾民众在两岸和平发展中的利益基础，多渠道、多方式地将台湾民众纳入到两岸和平发展的大潮中，切身体验经济互惠往来的直接利益，进而提高台湾民众投身于两岸统一的积极性。两岸经济关系只有和平稳定，台湾才能从大陆经济各个方面分享到发展收益。因而，在利益导向上，说服更多的台湾民众认清"台独"的危害性与体认两岸和平发展的和平红利。祖国大陆发展中的"十三五"机遇、"一带一路""中国制造2025"和"自贸区效应"是台湾同胞在两岸和平发展中的参与路径，扩大两岸青少年和基层交流，深化两岸各领域交流合作，实现两岸关系的"帕累托优化"，把握符合两岸人民的统一性与互补性利益。

3. 实践方面：把握"以统反独"的话语权与主动权

随着岛内统派力量的衰微、国民党下野，两岸统一的声势在岛内有所下降，"台独"无害论在岛内政治市场的"正确性"，"台独"与反"台独"

① 倪永杰：《创建两岸共同价值 加强心灵契合》，台声，2015（23）：第49页。
② 刘国深：《两岸和平发展价值观社会化探析》，台湾研究集刊，2012（6）：第7—13页。

的斗争容易被岛内"台独"政党团体抹黑为对台湾的打压,进而消解岛内民众对统一的期待。因而,对台政策的目标应当由反分裂转为促统一,以旗帜鲜明的统一目标为导向,掌握国家统一主动权,把握"以统反独"的话语权,即以统一作为压制"台独"的手段,而不仅仅停留在反对"台独"的层面上。加强对台法律和政策的研究,在《反分裂国家法》的基础上,研议《国家统一法》的制定。并动员拥护"一中原则"的台湾社会各阶层力量、海内外的统促会组织以及关心两岸统一的有心人士,推动两岸关系由"反分裂"向"促统一"的行动转换。两岸统一话语权上升,"台独"话语权必将走向边缘化。就如台湾两蒋时期,始终坚持一个中国原则的立场,以两岸统一目标消解"台独"言行,终究难有"台独"做大做强的可能性。把握"以统反独"的主动权,最终调整两岸统一的思维范式,促使"台独"无害论向"台独"有害论转化,并以"统一有利论"加以引导,最终达到加快祖国统一步伐的目标。

结语 "台独"无害论必将理屈词穷

当前,"台独"势力在回避"九二共识"的前提下鼓吹"维持两岸现状"、渲染"民进党上台无害论",其实质仍是以"一边一国"为核心的"柔性台独"。"台独"无害论的宣导进一步掩盖了其"台独"危害性,不仅加深了两岸的隔阂和认同危机,还为未来两岸关系倒退埋下隐患,提升了两岸在国际和区域间摩擦的可能性。但"台独"无害论得不到大陆乃至国际社会的支持与认同,其分裂祖国的本质终将遭到两岸民众的唾弃。"台独"无害论名为"爱台",实则"害台"。民进党当局如果继续以"台独"无害论欺骗台湾民众,不承认"九二共识",两岸关系也会从双赢变成零和,从和平发展变成动荡不安,这必将损害民族、国家、人民的根本利益,动摇两岸关系发展的基石,就不可能有和平,也不可能有发展。"统则强、分必乱",这是一条历史规律。而只有抛弃"台独"无害的投机想法,继续推动两岸关系和平发展,才是一条维护两岸和平、促进共同发展、走向民族复兴、造福两岸同胞的唯一正确道路。

"文化台独"的危害及影响剖析

郑　君[*]

一、"文化台独"的概念及本质

"文化"概念有广义与狭义之分。广义的指人类在社会历史发展过程中所创造的物质与精神财富的总和;"文化台独"中的"文化"概念应该是狭义的,即指教育、语言、文学艺术、习俗、宗教信仰、传统制度等。"文化台独"应该包含两个层面的含义:1. 海内外分裂势力在文化领域的"台独"主张,是其政治纲领及政治主张的主要组成部分,指导其相关的活动,是为实现其总体目标服务的。2. 台湾执政当局利用其统治地位,在文化领域推行为分裂主义路线服务的政策,贯彻其政治理念。[①]

"文化台独"的主张及相关政策实质上是"政治台独"的主张及相关政策在文化领域的反映,"台独"分子通过舆论传播、文化教育等来引导台湾民众去维护和支持"台独"的政治理念、路线和政策。因此,"文化台独"尽管表现在文化上,但却是一个严重的政治问题。"文化台独"本质上是历史、文化领域的"去中国化",企图割裂台湾与中国的历史文化联系,反对和清除认同中国历史文化,为政治上、法律上的"台独"奠定基础。[②]"文化台独"通过修改课程标准、修改教科书,潜移默化地对台青少年灌输"台湾主体意识"。

---

[*] 河南师范大学政治与公共管理学院 2015 级研究生。

[①] 范希周:《台湾政局与两岸关系》,九州出版社 2004 年版。

[②] 应勇:《"文化台独"的现象探析》,现代台湾研究,2006 (6)。

二、"文化台独"的主要内容

首先，鼓吹台湾过去是"无主之岛"，"台湾只有400年历史"，曾统治台湾的荷兰、西班牙、明郑、清、日本、国民党等政权均是"外来政权"，"台湾不属于中国"，是"无主之岛"。这纯属荒谬之言。台湾自古以来就是中国领土不可分割的一部分。台湾大坌坑文化、圆山文化、凤鼻头文化、卑南文化都和大陆东南、华南地区新石器文化有很大的相似性，存在着割不断的联系。这些绝不是"台独"分子想篡改就能改得了的。古语曰：欲亡人国，必先亡人史。"台独"分子为达到其分裂中国的目的，企图搞乱台湾民众的历史观，割断其在历史上对中国的认同。自民进党执政以来，台湾当局不断炮制"两国论""一边一国论"，否认一个中国原则，在岛内民众的生活、文化、意识形态领域宣扬"台独"，否定一个中国原则的政策，弱化和否定台湾人民对中国历史、中国文化、中华民族和国家的认同。①

其次，主张台湾文化的"多元化"，台湾文化不是中国文化的一部分。"文化台独"论者鼓吹，"在台湾，事实上已具备有别于中国文化、有主体性的台湾文化或台湾新文化"；"台湾已形成特定的文化共同体"。② 这是自欺欺人的言论。两岸同胞本是一家人，使用共同的汉字、汉语，两岸民俗文化有其共性，拥有共同的艺术形式。"台独"分子贬损中国文化、歌颂外国殖民者的"罪行"，就是要明确区分"台湾海洋文化"与"中国大陆文化"的差异，最终在台湾建立完全不同于中国文化的"台湾文化"。他们企图从根本上削弱岛内民众对"中国的历史意识"认同，抹杀岛内民众的中华民族亲情，为两岸和平发展与统一设置重重障碍。

再次，鼓吹"台湾人不是中国人"，而是"和中国完全不同的台湾民族"，主张通过培养"台湾主体意识"来造就"台湾新民族"，这更加荒谬可笑。"台湾新民族"不是"台独"分子想捏造就能造得出来的。孙中山对国家意义上的民族早有明确论述，认为人种和血统、生活方式、语言、宗教、风俗习惯等五种要素凝结成了民族的必要元素。他认为，中国人"同

---

① 姚同发：《台湾历史文化渊源》，北京：九州出版社2002年版。

② 全国台湾研究会编：《两岸关系研究报告2001年》，九州出版社2003年版，第165页。

一血统、同一语言文字、同一宗教、同一风俗习惯,完全是一个民族"。[①]
今天台湾同胞具有与大陆同胞一样的血统、生活方式、语言文字、宗教信仰
和风俗习惯,两岸同胞都是中国人,都是中华民族的一分子。"台独"分子
无法改变两岸同胞共同的血统、生活方式、语言文字和民俗宗教而企图再造
"台湾新民族"。

最后,"文化台独"加剧了台湾民众的"族群"意识和"国家认同"
的对立,分化了台湾人民和台湾社会,危及台湾的稳定、繁荣和发展。"文
化台独"鼓吹割裂中华民族的"台湾民族""台湾文化",制造族群矛盾,
打压主张统一的台湾同胞。这只能加剧岛内社会矛盾、族群对立。如果民进
党当局、"台独"分子按照目前的方式继续推进"文化台独",强行去除岛
内民众的中国意识、消解中华民族情感,继续制造两岸中国人的对立、岛内
"台湾人"和"中国人"的对立,岛内政治仇恨只会愈演愈烈。台湾的稳
定、和平将难以维持,经济发展、人民生活改善将难以实现,这就从根本上
损害了岛内民众的根本利益。

三、"文化台独"的表现形式

(一) 语言方面

首先,强力推行台湾方言的教学。近年来台湾当局刻意在文化上制造台
湾与中国大陆的差异,主要表现在语言文字上推行所谓的"乡土教育",规
定中小学必须在闽南语、客家语、少数民族语中选修一种。其次,以"通
用拼音"代替"汉语拼音"。2000 年 10 月,台湾当局有关部门通过所谓符
合"台语"习惯和乡土语言具有更高相容性的"通用拼音法",推翻 1999
年 7 月采用"汉语拼音法"的方案,遭到社会各界的强烈反对。作为语言
学习及交流的工具,台湾当局将统"独"意识形态融入其中,企图形塑成
区别于中国汉语文化系统的"台湾拼音方案"。

(二) 历史教育方面

《认识台湾》是台湾"国立编译馆"组织编写出版的一套初中教材,它

---

① 孙中山:《三民主义》,载《孙中山选集》下卷第 594 页,人民出版社 1956 年版。

打着"本土化教育"的旗号分为历史篇、地理篇、社会篇，歪曲历史与现实，鼓吹"亲日情结"，以所谓"学术研究""中性描述"为幌子，本质上是"去中国化"，笼罩着台湾当局"政治干扰"的阴影。这套教材的出笼在岛内引起轩然大波，受到各界人士的强烈抨击，而一些"台独"人士则加以赞赏和认同。日本右翼漫画家小林善纪的《台湾论——新傲骨精神》中文版于 2001 年 2 月初在台湾公开出版。该书以"帮你认识真实的台湾"为幌子，一方面强调日本对台湾的影响以及台湾对"日本精神"的继承，以区别于传统的中华文化；另一方面企图从文化上切断台湾与中国的联系，以形成全岛一致的"民族认同"。《台湾论》以老少皆宜的漫画形式，歪曲台湾历史，宣扬日本军国主义，误导社会对台湾问题的认识，特别是通过许多台湾名人之口描述历史事件，更具有欺骗性和蒙蔽性。[①]

（三）蔡英文执政后"文化台独"的表现形式

首先，在人事安排上，任命最"独"的人士担任"文化部长"及"教育部长"。在蔡英文的人事布局中，除了"国防部""外交部"、陆委会等之外，大陆方面最在意文化与教育两个部门，因为这两个部门最容易连接到"文化台独"。"文化部长"郑丽君是本届"内阁"意识形态上最"独"的部长。近年来，民进党内对历史课纲问题着墨最深、动作最大的"立委"中，郑丽君的作为最引人注意。潘文忠在"独"派团体的支持下出任"教育部长"。任用这两位"文化台独"倾向甚明的人士担任"部长"，预示了未来蔡英文当局文化及教育的主旋律："去中国化"的脚步不会停止，两岸认同继续分化的趋势飘忽不定。

其次，全面强化"去中国化"，其行动快而迅猛。以理念主义著称的蔡氏"文化台独"与机会主义的陈水扁的"文化台独"最大不同之处，就在于行为方式的不同。蔡英文为尽快落实蔡氏"文化台独"，想做即做，全然罔顾客观环境与条件是否适合。为庇护"文化台独"教育下成长的"太阳花学运"骨干分子，经蔡英文授意，林全担任"阁揆"的第二号令即无罪撤告"学运"的 126 名重要涉案者，令众人跌破眼镜。"教育部长"潘文忠也不甘落后，上任第二天即宣布废止"微调课纲"。这些都是蔡氏"文化台独"特有的行为方式的例子。

---

① 范希周：《台湾政局与两岸关系》，九州出版社 2004 年版。

四、"文化台独"的严重影响

当前，"台独"分裂势力正加紧进行"文化台独"活动。他们推销"台湾不是中国一部分""台湾是台湾、中国是中国"的"台独"史观，将中华文化说成仅仅是影响台湾文化的因素之一，从而否认台湾文化是中华文化的一部分。其影响主要如下：

（一）"台独"分子长期坚持"文化台独"，致力于改变台湾民众尤其是青年一代的文化认同，从而进一步改变其政治认同、国家认同。"文化台独"重在通过"台独"理念教育，对岛内民众特别是对青少年进行"文化洗脑"，以潜移默化的方式改变人们的文化认同和政治认同，最终改变台湾社会的认同结构，扩大"台独"势力发展的群众基础和社会基础。经过"文化台独"教育，台湾社会的国家认同和文化认同结构已经发生了部分变异。这一形势将对两岸关系和平发展及未来国家完全统一构成严峻挑战。

（二）民进党再次执政，无力解决台湾经济所面临的种种困境，而借助"文化台独"，适时转移岛内社会矛盾的焦点，两岸关系将不可避免地再次处于紧张状态。民进党再度执政，其经济社会管理能力也未见有所改进，无法满足民众的期盼和根本利益。于是挑起政治和意识形态斗争，鼓噪、推动"去中国化"等"文化台独"活动，制造两岸民意对抗，将再次成为民进党得心应手的工具。两岸关系将不可避免地被置于危险的境地。

（三）以"文化台独"不断唤起年轻一代的"台独"思想意识，为未来的选举培植更多的选票和支持。近年来，民进党从推动"文化台独"当中获益匪浅，利用台湾的经济社会问题，通过"太阳花学运"和"反课纲微调运动"等，不断对台湾青少年进行"政治洗脑"和"文化洗脑"。在某种意义上，"文化台独"成为民进党获得数次重大选举胜利的法宝。

五、关于"文化台独"的几点思考

民进党当局推行"本土化""去中国化"，这是要从根本上割断台湾与祖国的联系，是不得人心的，其图谋也是不可能得逞的。

（一）近年来，"文化台独"甚嚣尘上，是两岸和平发展最大的潜在威胁。"太阳花学运"以及"反课纲微调运动"之后，"文化台独"的影响愈发明显和严重。在大陆反"台独"的政治高压下,民进党再要进行外部冲撞式的"台独"则难以成功而被迫收敛。于是民进党改变策略,着手从内部重铸民意,为政治生态结构打下根基,而其危害将更为深远。

(二)我们应该清醒地看到,尽管蔡英文执政后煞费苦心、不遗余力地推行"文化台独",但当前两岸关系的和平发展仍是两岸人民的最大共识,中华文化仍是两岸交流的最大纽带。两岸同胞理应通过文化交流塑造共同价值和思想意识,促使两岸同胞情感趋融、价值趋近、认同趋合,从而逐步打破"台湾命运共同体"的狭隘意识,建立"两岸命运共同体"的价值追求。

(三)"两岸同胞要携手同心,共圆中华民族伟大复兴的中国梦",这是台海两岸中国人必须共同承担的神圣历史使命。在弘扬中华文化灿烂文明的同时,与当今乃至未来的世界新潮接轨。站在中华民族伟大复兴的高地,不难发现任何形式的"文化台独"都是在开历史倒车,是与中华文化复兴的伟大事业背道而驰,是完全站不住脚的。

"文化台独"对两岸关系的
影响及危害

孟娅建[*]

2016 年 5 月 20 日，蔡英文代表民进党正式上台执政。蔡英文长期追随李登辉路线，"台独"理念根深蒂固，她拒绝接受"九二共识"及其"两岸同属一中"的核心意涵，虽然反复强调要"维持两岸现状"和"不挑衅""不意外"，却默许其执政团队推动多项"去中国化"的文化教育政策，"文化台独"重新泛滥，已成为蔡英文当局实施"柔性台独"路线的重要抓手，将严重破坏中国和平统一基础，两岸关系前景更趋复杂和险峻。

一、"文化台独"是蔡英文当局实施
"柔性台独"的重要抓手

"文化台独"是"台独"主张在文化领域里的反映，以分离两岸、达到台湾"实质独立"为目的。近年来，民进党不遗余力地推动"文化台独"，并从中受益，"文化台独"成为民进党赢得 2016 年台湾"大选"胜利的助推器。蔡英文上台后不愿回答两岸关系的性质，她在"就职演说"中通篇直呼"台湾"，多次称台湾为"这个国家"，"中华民国"仅提及 5 次，刻意彰显台湾的"主权国家"地位，可见蔡英文的"维持现状"是建立在台湾已是"主权独立国家"、现在名为"中华民国"的思维之上。"5·20"后，蔡英文当局在文化教育领域频频出手，"文化台独"已成为蔡英文实施"柔性台独"路线的重要抓手。

---

[*] 浙江台湾研究会副秘书长。

（一）任用"台独"人士担任文化和教育两大部门要职

蔡英文挑选"台独"意识极为深厚的郑丽君和潘文忠两位干将分别担任"文化部长"和"教育部长"。郑丽君在"立委"任内，以主打教育、文化、"修宪"等意识形态的议题、质询风格强悍闻名。她也是民进党内对历史课纲着墨最深、动作最大的"立委"，被台湾媒体称为"意识形态上最'独'的部长"。任用郑丽君，就是要依仗郑丽君的"台独"理念和犀利作风，为推动"文化台独"冲锋陷阵。潘文忠的立场一向"亲绿"，曾在国民党执政时担任"教育部"国教院副院长，主管"微调课纲"通过后的新版教科书审查，潘文忠聘请了多位"独"派色彩学者担任历史科审查委员的工作，结果是新版教科书维持了陈水扁时期的内容。"反课纲"运动爆发时，潘文忠又积极支持学生占据"教育部"。林全称潘文忠熟悉"12 年国教"及课纲问题、而"课纲是一个政治问题"[①]，蔡英文重用潘文忠，有着更深的用意。

（二）"行政院"公告正式废止马英九时期的"微调课纲"

潘文忠果然不负蔡英文的重托，上任次日（5 月 21 日）就举行记者会，宣布将以"行政命令"废止 2014 年通过的高中"国文"和历史"微调课纲"，理由是该"微调课纲"程序不正义，参与研修人员的代表性不足。5 月 31 日晚上，"行政院"公告"教育部"废止令，正式废止马英九时期发布的"普通高级中学课程纲要"语文、历史、地理、公民与社会课程纲要。"公告"称 2016 学年度将恢复过去课纲版本，其中的地理及公民与社会要回到 2008 年 1 月 24 日公告版本，即"98 课纲"。该课纲扭曲两岸关系，称"中国的第一大岛是海南岛""我国四面环海""中国诗人李白"等概念充斥其中，模糊大陆与台湾的历史和文化连结，充斥"一边一国""两国论"的概念。马英九执政时"课纲微调"是蓝绿博弈的一个重点，绿营极力维护教育上的"去中国化"，"反课纲"运动实质上就是"台湾国"和"中华民国"两种意识型态的争斗。民进党再次上台执政，马英九时期的"微调课纲"尚未全面推行就被快速废止，让"去中国化"和"两国论"基调再次占据台湾教育的主导地位，此举获得"北社、中社、南社、客社"等台

---

① 《教长人选出炉 林全：课纲是政治议题》，中评网，2016 年 4 月 20 日。

湾"独"派团体的一片叫好，联合发表声明表示"敬佩、大快人心"，"期待潘文忠废止高中课纲之后，透过公开、透明与专业的方式，制定新课纲，加强认识台湾的本土教育"①。

（三）以"去封建化"为由取消遥祭"国父"孙中山陵礼节

"遥祭国父陵"是历任台湾地区领导人就职后的例行仪式，蔡英文不得不按惯例率"副总统""五院院长"赴忠烈祠，但却以台湾已经经历3次政党轮替、已是"民主国家"为由，取消了仪式中的"遥祭国父陵"礼节，改为"向国父暨忠烈殉职员致祭"，民进党发言人向外界表示这是"去封建化"。祭"忠烈祠"对新一届执政当局来说具有象征性意义，民进党取消"遥祭国父陵"礼节，借此切断台湾与大陆特殊历史关系的企图心不言自明。

（四）撤销对"太阳花学运"参与者的控告

5月23日，"行政院院长"林全宣布，撤回对126名"太阳花学运"人员"进入行政院一事"的提告，认为"太阳花学运"是政治事件而非单纯法律事件，应该在"多一点和谐、少一点冲突"的原则下从宽处理。"太阳化学运"以"反中""反国民党"为诉求，126名被国民党起诉的参与者大部分是民进党的青年军，蔡英文收割了"太阳花学运"的成果，上台执政就把"太阳花学运"说成政治事件而非法律事件，以实际行动为违法犯罪者开脱，她还在"5·20就职演说"的最后，用台湾闽南话演讲了"太阳花学运"歌曲《岛屿天光》里的歌词"现在是彼一天，勇敢的台湾人"，对这场"反中"及推翻国民党当局的运动表示肯定，也给了长期支持民进党的"绿营"支持者一个交代。

除了以上动作，在蔡英文正式执政之前，掌握了"立法院"多数席次的民进党"立法院"党团先行一步。2月23日，新一届"立法院"开议之际，民进党"立委"高志鹏就以"转型正义"为名，提出废除悬挂"国父孙中山"遗像的提案，获得民进党"立委"的支持，揭开民进党再次上台推动"文化台独"的大幕，全力配合蔡英文当政后实施"柔性台独"路线。孙中山是连结两岸特殊关系和情感的重要历史人物，是两岸人民共同的精神

---

① 《新教长宣布将废微调课纲"独"派叫好》，中评网，2016年5月23日。

纽带,在大陆被尊为杰出的爱国主义者和民族英雄、中国民主革命的伟大先行者,在台湾被尊为"国父",岛内各级"政府机关"、学校以及各种重要场合都悬挂其遗像。孙中山力主建立一个统一的中国,1922 年 8 月 17 日,他在《孙逸仙宣言》中明确指出:"中国是一个统一的国家,这一点已牢牢地印在我国的历史意识中,正是这种意识使我们作为一个国家而被保存下来,尽管他过去遭遇了许多破坏力量"。① 民进党的"台独"党纲与孙中山的"中国是一个统一的国家"主张背道而驰,岛内随处可见的孙中山像让民进党及"台独"分子有如芒刺在背,现在民进党占据了"立法院"多数席位,就想凭借席次优势通过废"国父孙中山"遗像提案,淡化台湾民众对孙中山的记忆,切割两岸之间的特殊历史关系。此提案后来虽被蔡英文制止,但并不保证今后民进党会停止此类"台独"行径。

二、"文化台独"是蔡英文推行 "柔性台独"路线的必然选择

蔡英文从未认同"九二共识",根本不愿接受"两岸同属一中"这一核心意涵,不愿看到两岸关系走得越来越近,公然推动"法理台独"必然遭到大陆乃至国际社会的强烈谴责,"文化台独"具有隐蔽性,成为她实施"柔性台独"路线的必然选择。

(一)蔡英文的"台独"秉性使然

蔡英文具有深刻的"台独"理念,因理念相近,被李登辉延揽担任"国安会"咨询委员,成为"两国论"的主要参与者。民进党执政后,经李登辉举荐,进入陈水扁的执政团队,成为"一边一国"(论)出笼的主要推手。蔡英文"台独"理念极其坚定,已故的美国前驻华大使李洁明曾特别形容蔡英文"是个非常坚决的台独信仰者"②,2010 年 5 月 26 日,蔡英文以民进党主席身份参加"台湾教授协会"举办的一场新书发布会,就在这次发布会上,她表达了与"极独"势力一致的政治立场,首度公开声称"中

---

① 《对外宣言》,《孙中山全集》第六卷,中华书局 1985 年版,第 528—529 页。
② 《傅建中:我所认识的蔡英文》,中评网,2016 年 3 月 28 日。

华民国是流亡政府"①。2012 年"大选"前,她直接否认两岸有"九二共识"。蔡英文这次参选,虽不再公开否认"九二共识",改以"维持两岸现状""在中华民国现行宪政体制下,依循普遍民意,持续推动两岸关系的和平稳定发展"② 的两岸论述,获得美国的默许,也骗到中间选民的选票。她在"就职演说"中虽提到"会依据'中华民国宪法'、'两岸人民关系条例'及其他相关法律,处理两岸事务",③ 但不回答最重要的也是最核心的两岸关系性质。以蔡英文的固有理念,"中华民国"是目前借用的符号,"维持"的是 2300 万人口的台澎金马,其"两国论"立场并未改变。蔡英文当政后首次出访,在参观巴拿马运河时,题字留下"President of Taiwan (ROC)",看似不经意的签名,却流露其内心想法,真实显示其"两国论"的立场。

(二) 延续李登辉路线的需要

李登辉主政时期,实施了背弃和否定一个中国原则的分离路线,其中一个手段就是在意识形态领域推行"文化台独"政策,重用一批本土学者重新叙述包括"原住民史"内容在内的台湾历史,强调台湾有自己的历史,台湾的历史与大陆没有渊源关系,以"台独史观"对民众尤其是年轻世代进行洗脑,一步一步地培植并强化民众的"台湾主体意识",不断降低"中国国家"认同,视台湾为"国号"是"中华民国"的国家,两岸是"特殊国与国"关系。2016 年 4 月 26 日,由"独派"大老辜宽敏创办的"新台湾智库"公布的民调显示,民调针对国族认同进行的调查,认为自己是台湾人的占了 84%,认为是中国人的仅有 6.9%;74.4%认为台湾现况是一个"主权独立的国家",认为不是的仅为 14.2%。④ 李登辉分离两岸的"台独"行为,严重伤害了两岸关系,使得两岸关系越来越远,造成了严重恶果。

蔡英文长期追随李登辉路线,与李登辉"情同父女",熟稔李登辉重用本土学者建构"台独史观"达到分离两岸的手法,此次"5·20 就职"从内容到就职仪式的舞台背景、演唱的歌曲刻意彰显台湾本土文化,她提出"同样在公平正义的议题上,会秉持相同的原则,来面对原住民族的议题"

① 《蔡英文抛出"中华民国是流亡政府"惹众怒》,环球网,2010 年 5 月 27 日。
② 《蔡英文在 CSIS 演讲全文:打造亚洲新价值》,中评网,2015 年 6 月 4 日。
③ 《蔡英文 520 就职演说(全文)》,中评网,2016 年 5 月 20 日。
④ 《绿民调:7 成 4 认为台湾是"主权独立国家"》,中评网,2016 年 4 月 26 日。

"我们不敢忘记,这个岛上先来后到的顺序""新政府会用道歉的态度,来面对原住民族相关议题,重建原民史观"。① 蔡英文重新挑起"原民史观"议题,似乎在向世人预告,她的"柔性台独"与李登辉路线一脉相承,将以"台独史观"来叙述台湾历史,为紧接着的"转型正义"清算国民党以及下一步的"台湾正名"打造理论基础。

(三) 受"绿营""极独"势力及其支持者的牵制

支持蔡英文的既有李登辉等老一代"极独"势力,也有受"去中国化"教育洗脑蛊惑的新兴"急独"势力,他们都把蔡英文当作"台独"新代言人,以各种方式使蔡英文按照他们既定的"台独"发展道路前行。经历了2014 年的"九合一"和 2016 年初的台湾地区领导人与"立法委员"的选举,民进党获得了"全面执政",党内形成了台湾现在就是一个"主权独立的国家"的共识,这样的共识也时刻影响着蔡英文的决策。蔡英文不能也不敢失去"极独"势力的支持,也想凭借手中的权力对支持她的"绿营""极独"势力及民进党基本盘有所回报,在不敢公然推动"法理台独"的情况下,选择"文化台独"为手段,推动"台独"发展成为一条激进"台独"势力接受的道路。

(四) 图谋彻底打趴国民党,让民进党在台湾长期执政

中国国民党认同"两岸同属一个中国",坚持"九二共识",马英九执政 8 年,承认"九二共识",在此政治基础上,两岸关系得以和平发展,取得丰硕成果。孙中山先生力主"中国是一个统一的国家",成为中国国民党和大陆拥有共同历史的精神纽带。民进党所坚持的"台独"政治纲领,与孙中山先生的主张完全南辕北辙,蔡英文要让民进党长期执政,必然要用掌握的权力清算主张"一个中国"的国民党,"去孙中山化"是"去中国化"的重要象征,目的是要斩断国民党连结大陆的"精神纽带",让国民党失去凝聚人心的中心思想,变成散沙一盘。民进党再以"不当党产处理条例""促进转型正义条例"等配合进行政治清算,多管齐下,让国民党在相当一段时间内失去党魂,失去战斗力,国民党将无力翻身。

---

① 《蔡英文 520 就职演说 (全文)》,中评网,2016 年 5 月 20 日。

三、"文化台独"对两岸关系的影响

"太阳花学运"和"反课纲"运动是绿营长期推动"文化台独"催生的恶果，民进党蔡英文收割了两大"社运"成果，成为最大得益者。以"反中""反国民党"为主要诉求的"太阳花学运"，严重冲击马英九当局的执政基础，蔡英文认为"台独"已是台湾青年世代的"天然成分"，更加自信民进党"台独"的社会基础依然存在。蔡英文当局实施"柔性台独"路线的意图已十分明了，"文化台独"成为她实施"柔性台独"的助推器，给两岸关系发展和未来的国家统一带来严重破坏。

（一）达到分离两岸的目的

民进党等岛内"台独"势力一直将"文化台独"作为分离两岸关系的一种手段，目的是割裂台湾与大陆的历史渊源关系，培植岛内民众的"台湾主体性意识"，强化"台湾国家认同"，最终虚化"中国国家"认同。通过"文化台独"途径分离两岸关系、台湾脱离中国就成为蔡英文当局的主要目的。蔡英文虽然提出要"维持现状"，"5·20就职演说"称自己是依照"中华民国宪法"当选，有责任捍卫"中华民国"的主权和领土，但强调要坚守"既有政治基础"。其实，只要民进党不废除"台独党纲""台湾前途决议文""正常国家决议文"等三个主张"台独"的纲领性文件，那么蔡英文口中的"中华民国"实质上是指台湾，其主权和领土仅限于2300万人口的台澎金马，她"维持现状"的实质是不喊"台独"的"柔性台独"策略。2016年6月17日，蔡英文的政治领路人李登辉在台北教育大学演讲时称："何谓台湾的现状？就是台湾不隶属于中国、独立的状态，台湾的'中华民国'，与中华人民共和国，都是个别的'存在'"，并称"台湾已经实质独立"，就清楚地告诉世人蔡英文"维持现状"的真相。蔡英文当局坚持以"文化台独"为手段，行分离两岸之实，必将严重破坏两岸关系发展。

（二）削弱中国国民党抗衡"台独"的能力

国民党是岛内坚持"两岸同属一中"的主要力量，经历了"九合一"及2016年1月的"大选"，溃败的国民党失去了在台湾地区的执政权，至今组织涣散、士气低迷，内部严重分裂，跌入历史低谷，短期内难有起色。孙中山先生一手创建了中国国民党，主张中国是一个统一的国家，该党几经易名，1919 年 10 月 10 日定名中国国民党并沿用至今，正是寄予了孙中山先生追求国家统一的厚望，"国家统一"是国民党的灵魂，是国民党连接大陆历史的"精神纽带"。民进党在国民党陷于历史低谷之际借用"文化台独"的手段斩断国民党的"精神纽带"，无异于釜底抽薪，将使国民党失去立党的社会根基，直至裂解国民党，无力再与民进党进行政治抗衡。

（三）持续导引并改变台湾民众的民族观，增添国家统一的复杂性

"文化台独"以"台湾独立"为价值取向，凸显台湾"自己的文化"，虚化中国文化在台湾的主导地位，是"台独"势力为实现"实质台独"服务的手段。陈水扁执政时期不断推出"去中国化"的多项措施，强化了台湾民众尤其是当今年轻世代的"台湾主体意识"，但对于追求"台独建国"为政治主张的民进党而言，强化民众的"台湾主体意识"仅是"台独"进程中的一环，通过"台独"文化教育，弱化岛内民众"中国人"认同，改变"民族观"，建构完整的"台独建国"理论基础才是真正目的。民进党再度执政，为它实现这一目标提供了现实条件，蔡英文"就职演说"肯定了台湾少数民族的地位，提出要"面对原住民族的议题""重建原民史观"，①表明她要在任期内建构所谓的"台湾民族"、重塑台湾历史的企图。民族认同是国家认同的基石，一旦"台湾人不是中国人""台湾民族不属于中华民族""台湾已经形成自己的民族"成为岛内的主流意识，离民进党推动"台湾国家正常化"也就不远了，国家统一的复杂性必将大大增加。

结　语

民进党再度上台执政，岛内各种"台独"势力欢欣鼓舞，重新祭起"文化台独"的大旗，从文化上切割台湾与大陆的连接，以期渐进地达到"法理台独"目的。蔡英文当局拒绝"九二共识"，以"维持现状"为口

---

① 《蔡英文 520 就职演说（全文）》，中评网，2016 年 5 月 20 日。

号，在"中华民国"的旗号下推动隐性"台独"工程，这样一条"柔性台独"路线更具有欺骗性和隐蔽性。蔡英文当局推出"文化台独"手段层出不穷，对此，大陆应保持密切关注，高度警惕，始终坚持"九二共识"的政治底线，高举《反分裂国家法》，以法律武器打击民进党的"台独"动作，坚决遏制任何形式的"台独"分裂行径和图谋。

"文化台独""新南向"与分裂政治

田飞龙[*]

今年的"5·20"是台湾民主政治的巅峰时刻，也是两岸关系的分水岭。这不仅是因为蔡英文女士成为"中华民国"首任民选女"总统"，更因为民进党取得了"全面执政权"，从地方政权到"中央机构"一线"飘绿"，形成对中国国民党的绝对政治优势。选举的全面胜利与"民主"巩固的"价值观骄傲"，可能形成一种特别的政治诱惑：可否抓住这一历史机遇实现"台独"梦呢？在民进党及台湾新生代的政治意识中，国民党以"一中宪法"和"九二共识"为基础的两岸关系模式使台湾面临实质上的从属地位，不符合其理想中的台湾定位与前景。

蔡英文在"就职演说"中模糊处理两岸关系定位，积极开展抗衡性"外交"，推动"新南向政策"以提升经济自主，放任岛内"去中国化"系列取向，这些行为固然是其兑现竞选承诺及研判内外形势的产物，但却为两岸关系和平发展蒙上了浓重的阴影，而一系列内外挑战也将纷至沓来。根据民主政治的选举信任周期，如果蔡英文当局不能在一定时期内解套困局，兑现"新政"，有可能逐步丧失目前的政治优势。总体上，民进党的执政出路在于从选举民主的激情中冷却下来变得理性，重估两岸关系的重要性质，建设性恢复两岸政治互信及经贸协作。

一、"文化台独"与"李明辉警告"

"台独"是民进党的"建党纲领"，在"全面执政"背景下自然成为最大的政治诱惑，但也构成了极大的政治陷阱。"台独"面临着显著的政治阻

---

* 北京航空航天大学法学院副教授，全国港澳研究会理事。

力，这种阻力不仅直接来自于日益强大的大陆及其统一法制，还来自于中美的大国均势格局。美国在民进党的"台独"梦中并非真正的天使般形象，在反对大陆和平或武力统一台湾的同时，亦反对民进党的"激进台独"。台湾是中美关系及东亚国际法秩序的一个战略均衡点，和平统一或"法理台独"均是这一均衡点的结构性偏移，势必损及中美关系的总体互信和稳定。所谓中美有效管控大国关系风险，在逻辑上就包含了对"激进台独"的共同遏制责任。

但是，对于暂时不触及"法理台独"的"文化台独"，大陆虽百般批判却无处着力，美国则基于民主价值观以及放任民进党制衡大陆的隐秘心理而不愿干涉太深。中美有遏制"急独"的责任却没有应对"缓独"的良方，而"去中国化"则成为台湾新时期的一种"文化正确"和"政治正确"。因此，在"就职演说"后的短期内，两岸关系已经"冷若冰霜"，而蔡英文当局极力重构周边关系及谋求经济自主性以抗衡大陆的多重压力，岛内施政取向及民间舆情则相互配合开展包括废除"微调课纲"等在内的"文化台独"运动。在"政治台独"无法一步到位的条件下，"文化台独"似乎成了台湾内外约束条件下的理性选择。然而，"文化台独"是没有代价的吗？

近期，台湾著名儒家学者李明辉先生在接受媒体采访时提出了严重的文化警告：台湾的"去中国化"在文化上是错误的，有可能导致台湾式"文革"，使台湾丧失中国传统文化优势。这可称为"李明辉警告"，是台湾知识分子的良知体现，是对民粹加持民主的文化激进主义的有力批判。四年前，马英九先生在"就职演说"中充分展现了台湾民主与中国传统文化的结合优势，展现了"中华民国"对传统文化的文化代表权和领导权。这是台湾价值观和软实力的重要构成。台湾获得国际社会认可甚至大陆知识分子垂青，不仅仅是其实现了民主转型与巩固，还因为其实现了儒家传统文化与自由主义的价值和解与政治共存，体现了一种优良的"保守改良主义"转型风格。如今，民进党当局废除"微调课纲"，放任"文化台独"消解中国认同与历史记忆，这是一种过度自负下的文化激进主义。近代以来的人类革命区分为政治革命、社会革命与文化革命，一般认为英美式的以政治民主为中心的政治革命是节制的、保守的、改良的革命，建立了自由民主与文化传统的均衡互动结构，是良制美仪，但法俄式的以社会与文化为中心的革命则是激进、暴烈、虚妄和代价高昂的革命。何去何从，在判断上并不困难。李明辉先生就是"中华民国法统"内高度认同传统文化和"宪政"民主价值的儒家学者，其文化担当和守护意识极其强烈，因而能够敏锐察觉到"文化台独"沉重的文化代价。

李明辉先生是台湾价值观真正的代表，秉持港台新儒家的学术传统和自由主义的基本价值。台湾民主的良性转型，台湾经济的优质发展，以及台湾社会风俗礼仪的良好保存，与李明辉式的中道温和的政治文化立场有着内在关联。李明辉先生是独立学者，面对大陆新儒家尤其是大陆的"政治儒学"兴起对港台新儒家之学术与政治传统的结构性挑战，曾挺身而出捍卫台湾学统和道路。尽管李明辉先生对大陆新儒家、大陆政治及大陆转型复杂性的认识有所偏颇，但其文化政治立场却是台湾成功的奥秘和台湾民主价值观的真正土壤。如今，李明辉式的良知学者及其所代表的中道温和立场日益边缘化，台湾在民主的骄傲、民粹的躁动与地缘政治变迁的误判中越走越远。

"李明辉警告"表明，"文化台独"及其近期表现已突破台湾自身文化及"宪制"的基础层面而扩大成一种自我挖根式的文化自伤，其长远的文化与政治代价并非目前鼓噪"文化台独"的政客及青年人可以想象和承受的。当台湾民主逐步丧失涵育它的文化保守土壤而日益裸露出激进、暴躁和盲目的虚妄之根时，台湾现时的价值观与生活方式的优势甚至台湾式的"小确幸"恐怕就将成为海中浮冰。认真对待"李明辉警告"，是台湾政治家、文化学者及普通民众的共同责任，其长远意义在于维护台湾优质民主的保守文化土壤与价值观整合性优势，为台湾自身及两岸和平发展愿景保持一种可观和可欲的政治文化存在。

二、"新南向"撞车"一带一路"

蔡英文"就职演说"与施政规划的一个重点是经济自主性的建构。所谓经济自主性，在两岸关系的特定发展阶段是有特别含义的，即台湾经济相对于大陆市场的依赖性被控制和降低到一个可预测和可调节的范围之内，不使经济关联和利益互持对台湾政治决策产生结构性影响。民进党面对大陆快速经济崛起、台商大量投资内地及两岸经贸来往日益深化的局面，有一种自然而然的政治恐慌，将大陆的经济输出理解为一种政治性的统战策略，害怕两岸之间因过强的经济关联而导致政治被严重套牢。2014 年的"太阳花学运"尽管是青年世代参政首秀，但背后必有民进党精英层的评估、指导和助力。民进党与台湾青年力量共享着一种面对大陆的政治恐惧感和解套欲望。这种恐惧在精神分析上属于一种存在意识，进而表现出在政治上封闭交流渠道及在文化上排斥中国因素。

但是，民主政体也需要过日子，也需要经济战略，否则企业家和老百姓也都会骂娘，甚至用脚投票。因此，蔡英文当局在调低两岸关系之经济预期的同时就必须提供一种经济替代战略。在"就职演说"中，蔡英文将这一替代战略命名为"新南向政策"，即台湾的投资与经贸合作的重点转向东南亚国家以获取经济增长新空间，同时有效降低对大陆的市场与政治依赖。

不过，这一"新南向"经济战略可能面临严峻的挑战，其中最大的挑战就是与大陆主导的"一带一路"战略撞车。从区域经济规划来看，台湾的"新南向"战略在经济地域上被大陆的"一带一路"完全覆盖，但台湾又不愿意搭乘大陆的经济快车，一切都需要台湾当局和企业"白手起家"，其政治与经济成本十分高昂。更关键的是，不搭车也就罢了，跟随台湾当局南向发展的台企还将面临大陆企业的激烈竞争。以目前台湾的政治经济综合实力特别是台湾当局对海外市场的布局与影响能力，很难在与大陆的直接竞争中胜出。"5·20"之后，蔡英文设立的"新南向事务办公室"基本没有开会、提出具体规划及与各部门和企业对接，显示出这一战略的实施困难。在大陆官方与大陆资本共同推进的"一带一路"进程中，台湾"新南向"战略的经济自主性建构目标很可能落空。"新南向"战略不是来自于审慎的区域经济研究和规划，而是来自于摆脱大陆经济整合压力的政治意志，而恰恰这一出发点又是违背基本的经济理性与区域经济发展规律的。蔡英文当局的这一战略势必给台商和台资造成极大的负担与压力。从经济理性上看，台商与台资很难断然为了政治利益而放弃大陆市场，更难放弃搭"一带一路"便车的经济机遇。冷对大陆市场和虚提南向战略，是政治利益优先的经济决策，其弊端和困境势必日益显现，蔡英文当局届时将不得不根据企业及民众意愿而做出调整。

当然，蔡英文当局提升经济自主性固然独力难支，但还存在另外一种并行却稍显隐秘的替代战略，即借助美国重返亚太及美国主导的TPP获得新的国际经济体系身份和增长空间。这又与美国的地缘政治战略有关。为抗衡中国，美国不仅需要军事上重返亚太，还需要经济上提供新的愿景和体系。美国只有对盟友同时提供安全和发展才可能继续维持其民主世界领袖地位。越南就加入了美国主导的TPP。这一新经济体系相当于WTO的升级和浓缩，建构了一个重新确定经济标准与规则的自由贸易体系，但这一体系对外部国家则构成严重的贸易壁垒。如果说 WTO 是经济上的联合国，TPP 就相当于经济上的北约。TPP 也确实对中国主导和重构区域经济新秩序构成实质性挑战，是美国遏制战略的重要组成部分。如果说"新南向"主要是政治提气，那么积极加入一个新的"经济高端俱乐部"TPP 则是蔡英文当局理性务实的选择。只是这一选择存在两大不确定性：其一，TPP 的经济增长潜力及台湾的可获得份额与可持续性到底有多强，还不清楚，这主要取决于美国经济自身的增长空间以及新规则的公平性与激励效果；其二，TPP 与中国主导的亚投行、"一带一路"等区域经济体系的关系还不明晰和成熟，若二者发生激烈的贸易战，已经登上美国经济战车的台湾恰好处于两大经贸体系的摩擦边缘，其取舍进退势必十分纠结。

无论是独自的台湾南向经济梦，还是加入美国的 TPP 梦，都是蔡英文当局对两岸经济关系的替代性战略选择。然而，这种替代可能无法完全实现，可能遭遇台商与台资的经济抵制，可能打乱台湾经济的转型进程和方向感，可能损害台湾民众的经济福祉和生活理想。被大陆经济套牢是一种想象，"新南向"和加入 TPP 也是一种想象，但台湾经济及其利益关联是客观实在的。台湾民主若保持多元活力和理性，最终应当对蔡英文当局的决策调整有所制约和引导。

三、失衡的政党政治

在"全面执政"的条件下，除了"司法独立"之外，民进党控制了"立法院"多数和行政权系统，这固然保障了民进党执政意志在立法与行政上的顺利推行，但也由于缺乏有效的权力制衡而可能出现所谓的"多数人暴政"（托克维尔）。

台湾尽管实行多党制民主，但在民进党"全面执政"和国民党快速衰落之下，政党政治已经失衡。在"立法院"内，国民党基本丧失了对民进党的制衡与否决能力，而党内的政治团结和纪律状况亦难有改观。洪秀柱临危受命，悲情担当，但国民党内历来派系林立，大佬政治横行，若非经历特别党务改革，很难形成强势凝聚力和战斗力。行政系统，在蔡英文的"总统"负责制之下，民进党有效填充各主要职位，严格把控了行政权。蔡英文的"转型正义"工程，有可能对国民党在政治上"一剑封喉"，促其进一步弱化、分化和瓦解。

民进党至少在政治团结、社会动员与民生论述上相对优越于国民党。但这种优势也并非可以一劳永逸地保有。在"全面执政"背景下，台湾政治社会的"分裂"态势日益明显，这种分裂复杂呈现于蓝绿、统"独"、代际之间。因此，民进党也会逐步遭遇到"立法院"内的恶质拉布、统派的社会运动与抗争、经济下行压力下的公众问责以及在两岸关系冷却期的内外挑战。台湾民主及其政党政治未能凝聚起一种必要的精英共识，未能形成一种诉诸理性和商谈的公共政治文化。国民党的反对党角色及行动一定会"高仿"民进党的既往做派，台湾继续陷入"分裂政治"而内耗不已。这种内耗尽管为民主政治所理解和容纳，但其强度与形式应是可控和有限的，台湾似乎已经超限。近期的"美猪事件""冲之鸟礁事件""微调课纲废止事件"已经展现出既往对抗传统与风格。

总之，"文化台独"的虚妄化、"新南向"的虚空化和政党政治的失衡化，构成对蔡英文当局执政初期的主要挑战。如何应对这些挑战并寻求合理出路，还需要观察，或者还需要民进党继续完成这份"未完成的答卷"。我们有理由审慎乐观地期待台湾的良知学者、理性政治家、温和的民众能够善用台湾的传统文化资源、"宪政民主体制"与公共理性文化以有效制约"全面执政"的民进党当局寻求替代和渐"独"的权力欲望及社会空间里虚妄对待历史文化、自我挖根式的文化激进主义冲动，建构一种本于两岸关系、面向亚太及全球的中道政治文化形态，继续保有及扩展文化与政治体制优势。

析论绿营挺进"文化台独"之路

何溢诚[*]　许智超[**]

一、"文化台独"发展的历史脉络

1977 年—1978 年　台湾乡土文学论战

"台湾乡土文学论战"指的是在 1977 年至 1978 台湾文学之写作方向和路线的探讨，一般称之为"乡土文学论战"，其中卖力倡导以文学鼓吹"台独"的"宗师"叶石涛发表了《台湾乡土文学史导论》，首次提出台湾文学的"台湾立场"和"台湾意识"。表面上这是一场关于文学之本质应否反映台湾现实社会的文坛论争，但是在实质上却是"台湾战后历史中一次政治、经济、社会、文学的总检验"。在乡土文学论战中，"'本土'这个认知仍然隐约之间侧身于'中国'符号之下，尚未正式浮显为一种抗争场域"。受限于当时国民党对中国民族主义之宣传，知识分子早就习惯在言论上进行自我检查，因此较为强调"台湾主体性"的言论并不敢正式浮上台面。20 世纪80 年代由于党外运动在政治场域上对民主自由的争取，乡土文学作家中这种中国立场和台湾立场的冲突，才正式爆发出来，而演变成从 1983 年开始的"台湾意识论战"。

1983 年—1984 年　"台湾意识"论战

80 年代以降，党外运动逐渐盛行，同时间身份认同的争议正式展开论辩，主张台湾本土意识及"台湾独立"的知识分子及政治运动人士通过党外杂志进行的一场思想论战，主题在于台湾人应抱持怎样的国族认同。由于

---

　* 复旦大学新闻学博士、台湾青年联合会理事长、世新大学传管所兼任助理教授。

　** 复旦大学新闻学博士生、台湾青年联合会副秘书长、两岸理性交流论坛发起人。

台湾当时仍处于威权统治时期，长期的中国民族主义观念与政治图腾也根深蒂固，赞成"台湾意识"的一方不敢或不能直接举起"台湾意识"或"国族认同"的旗帜，所以论战是以所谓"台湾结"对"中国结"的形式展开，因此该论战又被称为"台湾结与中国结论战"。这场论战使文学运动与政治运动更紧密结合，"台湾意识"成为公开话题，打开了国族认同的思想与言论禁区，并为日后"台湾独立"的法理论述及运动开展创造了空间。

1990 年

李登辉公开声称："台湾文化是海洋文化与大陆文化的结合物"，而不是"中国文化的一部分"。

1997 年 6 月

时任"总统"李登辉表示"我要国民小学教育里多加些台湾历史、台湾地理等课程"，紧接着"教育部"开始推动新版中小学生教科书《认识台湾》，在《历史篇》中表示"台湾 400 年前是无主的土地"，主张"我们都是台湾人"和强调"台湾魂"与"台湾精神"，并淡化"中国人""中华民族""中华文化"等中华文化为主的名词，潜移默化地消除台湾与大陆在历史和文化上的联系，而此举当时曾引起台湾社会一阵哗然，台湾文史学者王晓波、利瓦伊士等人，逐页逐句完成《认识台湾》历史篇与社会篇的修订与批驳。

2000 年

台湾首次政党轮替后，民进党陈水扁主政，其"就职演说"中首次提出"台湾文化"，以"华人文化"取代"中国文化"，并提出要"让立足台湾的本土文化与华人文化、世界文化自然接轨"，希望在李登辉"文化台独"实践的基础上，进一步推动"文化台独"。其一，从理论上分析台湾文化并非属于中华文化的分支，而是台湾本土少数民族接受"外来文化"影响而形成。其二，从人种 DNA 切割台湾与大陆的血缘联系，同时强调台湾史上遭受荷兰、西班牙、日本殖民统治的特殊经历，形塑"殖民进步论"的历史经验。其三，则是众所皆知的"去中国化"课纲：陈水扁当选后，台湾"教育部"将以前的公民、历史、地理三科合并为"社会科"，独立的历史科目在中小学的课程中消失。与此同时，"九年一贯"课程改造的脚步逐渐加快。

2001 年 2 月

日本右翼文人小林善纪杜撰一部美化日本军事主义的《台湾论》，该书借助采访具有日本"皇民化"思想的李登辉、许文龙等人，美化侵略与赞颂日本对台湾的殖民统治，同时鼓吹"台湾独立建国"，狂热宣扬军国主义思想。书中称，在台湾找到了日本业已失落的"日本精神"（即军国主义精神），并与"文化台独"紧密结合起来，进而鼓吹"台湾独立"。该书公开发行后，立即激起了台湾有识之士的强烈批判。特别是身为台湾奇美公司董事长的许文龙等在《台湾论》中有关慰安妇的说法更激起岛内民众极大愤慨。

2002 年 10 月

台湾"教育部"做出决议，从小学三年级开始提前实施乡土语言闽南语、客家语的"音标符号"系统教学并公布课程纲要，推行"去中国化"，以图进一步切断台湾与大陆的文化纽带。

2003 年 9 月

台湾"教育部"颁布《高中历史新课程纲要草案》，"同心圆理论"史观正式出炉，[①] 中国史里明代中期以后、清史、民国史全部放入"世界史"。新课纲发布后引起学界与政界震撼，台湾大学历史系教授吴展良投书《中国时报》表示，将台湾史与中国史分离，并将明朝中叶以后的中国置入世界史的做法，是"一边一国"的史观；另一方面，国民党"立院"党团的质疑声浪不断，最终"教育部"在各界压力下暂缓一年公布。

2004 年 11 月

2004 年"两颗子弹"事件导致陈水扁再度险胜连任"总统"，陈水扁表示"台湾是主权独立的国家，需要一部合身、合用、合时的台湾新宪法"，他"任内一定要推出一部新宪，让台湾做正常的国家"，同时并延揽提出"同心圆理论"的杜正胜入阁担任"教育部长"，并公布新修订的高中历史"课纲草案"，"台湾史"正式独立成册。新版课本体现以下特点：

一、凸显日本殖民统治的正向作用，并修正文字如"日据"改为"日治"。

二、清朝统治年间史料大幅减少。

三、"民国史"切割为"中国史"与"台湾史"两部。1945 年以前部

① "同心圆理论"：曾任台湾"教育部"顾问杜正胜提出以台湾乡土史、台湾史为同心圆的史观。

分列为中国史，1949 年以后部分列为台湾史，并减少 1945—1949 年历史。

四、"开罗宣言"定位为"新闻公报"，并将"旧金山和约"与"中日和约"佐证"台湾地位未定论"史观。

时任"教育部长"杜正胜解释，辛亥革命及"中华民国"成立时台湾仍处日本统治之下，新课纲为了论述以台湾为主体性的史观，欲将孙中山建国列为古代史，而后在各界争议下改称"作业疏失"。

2006 年

"普通高级中学暂行课程纲要"开始使用，但因为"95 暂纲"未完成修改流程，仅能作为过渡用。时任"教育部长"杜正胜同时请周梁楷教授接下历史科召集人，继续进行课纲修定。

2007 年

"教育部长"杜正胜委托台湾历史学会以《海洋教育与教科书用词检核计划》为名，对教科书不当用词进行检核，检核对象含括小学、初中及高中各版本教科书，之后该学会提出报告建议修改与中国相关字词，"教育部"随即将该份计划以行政命令函转各教科书出版社参考。如"国父"得改为"先生"，"国字"得改为"中国字"，"光复"得改为"战后"等等作为通过审查的参考。

2008 年

台湾高中一年级学生开始使用新版本《中国史》的历史教科书，新版本在许多细节上进行大幅修改。新版教科书中过去惯用的"我国""本国""大陆"等用词，全改为"中国"，同时将"统一中国"是"历史的展望"，改为"统一中国"是"历史的口号"，[①] 对孙中山"国父"称谓一词删除等等；过去的历史教科书为了表示对"中华民国的创立者"孙中山先生的尊敬，通常在名字前面加上"国父"并空一格。另一方面将民国史巨幅修改，[②] 如武昌起义、广州起义等清末"具有革命正当含义"的"起义"，一律改为"起事"；将配着插图介绍的"黄花岗 72 烈士"著名的历史事件从书中删除，将"起义"意涵改成"起事"遂令其中性化。

---

① 过去的教材里"统一中国"是未来希望所在，意味"必须实现"。修改后"统一中国"只是过去政治口号，"并不可能实现"。

② 新版教科书完全删除或极度简化了南京大屠杀内容。各界提出质疑时，主管部门却称历史"不再赘述"。台北市立第一女子高级中学的历史老师质问：这和日本右翼否认南京大屠杀的立场有何不同？

2008 年 5 月

国民党籍"总统"当选人马英九宣誓就职"中华民国第十二任总统"，而后"教育部"召开普通高级中学课程发展委员会第十八次会议。会中，"国文"科召集人柯庆明教授发言为文言文、白话文之争议提出说明，而历史课纲则未有讨论。

2012 年 7 月

国民党中常委邱毅于中常会建议，应该删除高中历史教科书中"皇民化""台独"化等不宜的内容，台湾与中国史应合并称为本国史，马英九"总统"亦认为这是符合"宪法"的既定"国策"；之后项目小组完成"国文"科与历史科课纲修改，对外公布预计 2013 年实施。

2014 年

台湾"教育部"正式公布"微调"后的课纲并预定于 2015 年实施。①

2015 年

新版"微调"课纲遭到社会部分人士反对，并促成"反高中课纲微调运动"，台湾多所高级中学的学生发起以"反对高中课纲微调"为目的之学生运动，最终"教育部"决定由各校自行选择新旧课纲；在新课纲尚未废除之状况下，各县市首长自行决定是否适用新课纲。

2016 年

民进党主席蔡英文于"总统就职演说"中，未提到承认"九二共识"核心意涵"一个中国"，林全"内阁"以行政命令撤销了马当局的"微调课纲"。

二、"文化台独"目的是"政治台独"

以上述历史脉络推论，从李登辉至陈水扁时代开始推行教育改革，实质上就是为了推动"文化台独"。在马英九上任后教科书修改实为拨乱反正，回归到"一个中国"的方向。但"独"派透过"太阳花学运"与"反高中课纲微调运动"等方式，反制与推行"文化台独"。新任蔡英文当局撤销了

---

① "课纲微调"：主要在于字面调整，如"慰安妇"改为"妇女被强迫做慰安妇""日本统治"改为"日本殖民统治""多元文化发展"改为"中华文化与多元文化的发展"等等，而当年台湾"同心圆史观"的主体并未调整。

"微调课纲",诚然是继承陈水扁时期的"去中国化"政策,形成以"文化台独"为主的总路线。国民党主席洪秀柱针对废除"微调课纲"批评蔡英文当局进行"文化台独",将会使台湾与大陆形成对抗关系。另一方面,学者王晓波亦认为,这项指标回到陈水扁时代的"98课纲",走向日本"皇民化"思想与"去中国化",而"中国文化大学"国家发展与中国大陆研究所教授庞建国则指出,"新政府"如果真的想要"维持两岸现状",乃至于进一步改善两岸关系,就不能自欺欺人。情势非常清楚明了,面对绿营执政,大陆不仅不允许台湾搞"法理台独",也不可能通融台湾往"柔性台独"的方向去切香肠,任由"文化台独"的作为蔓延,林全言论与政策只会使两岸之间猜忌更深,冷上加冷。

蔡英文近来积极拓展其所谓"踏实外交",试图在"维持现状"的承诺下稳住友邦关系,但从巴拿马当局的冷淡相待,对比马英九时期高规格接待都可看出国际关系不比以往,同时蔡英文署名"President of Taiwan (ROC)"更彰显其隐性推动"台独"的原形毕露;相较于陈水扁时期的刚性"法理台独",未来可预见蔡英文将更隐晦细腻地推动柔性"文化台独"巩固"事实台独",而其着眼点与下手处在于,理念信仰的固化与意识形态的建构,具体而言可列举内、外两部分:

(一) 对外关系: 两岸经贸切割与淡化联系

1. 外盟美日

从美猪开放与对冲之岛礁的暧昧态度,可以确认蔡英文当局亟欲拉拢美日远离甚至对抗北京,近来新任驻日代表谢长廷针对是否对福岛核灾食品进口限制松绑表示"若无污染大概就会慢慢解禁"。亦可证明新当局迫不及待强化台日关系;另一方面,以美国为首的跨太平洋伙伴协议(TPP),其成员占全球 GDP37%,高于欧盟 28 国的 23%,TPP 会员国更占台湾一年出口金额的 33%,尽管台湾目前仍未加入,蔡英文当局跃跃欲试的态度,可从美猪议题中的利益交换看出端倪。

2. "新南向"政策

在经济层面上是为了避免台湾经济过度依赖单一市场,并找出新的外部市场经贸合作商机,但政治上诚然为结盟东南亚国家远离大陆,但大陆早已是东盟加一成员,在东南亚的贸易和投资与日俱增,况且东南亚国家多同大陆有邦交,且大陆是这些国家的第一或第二大贸易伙伴,是否会倾向台湾得罪大陆？甚且台湾南向东南亚时必然同大陆交会，以目前两岸维持对立的"冷和平"现状下，台湾方面主客观条件是否足以抗衡？

（二）对内关系：两岸文化切割与本土化

1. 教育

李登辉执政即推广本土化教育，而后陈水扁追随其路线实行全面"去中国化"政策，课本采用"台湾"与"中国"分本教学，并逐年加重台湾史地比例与淡化中国史料两岸联系；蔡英文当局执政后快刀斩乱麻，废除马当局课纲"微调"政策，正式宣示"文化台独"之路继续向前挺进，未来可预期台湾史地将占比重超过50%，"同心圆史观"的推广将更形强化，利用建构年轻世代"天然独"之心昭然若揭。"天然独"论述一来可将"台独"运动的责任推给年轻世代，二来仍可自圆其说蔡英文"维持现状"的保证，所谓"维持现状"无非维持"过往李扁去中国化的台湾同心圆史观"现状，应付北京与美国。

2. 媒体

2013年"旺中集团并购中嘉案"在街头抗争下不予通过，表面上看起来是反对"媒体垄断"的言论多元化自由表现，但政治上实则为意识形态光谱两端的决战。旺中集团友陆倾向众所皆知，而反对者无非是抗争代表倾陆的媒体集团，掌握媒介话语权，影响二十余年来"台独"运动深化的成果；有别于传统媒体反陆大获全胜的"战果"，"台独"运动更是通过新媒体、自媒体运营铺天盖地，尤其"反大埔""太阳花""反课纲微调"等一连串抗议事件，皆可见小英基金会2012年耕耘与网状各大新媒体据点包围马当局的成功。毛泽东当年得意的"乡村包围城市"与林彪"围点打援"战法，正可说明民进党为首的"台独"势力全然效法，只是当年通过基层网状的"乡村"，而今透过"互联网"思维分散各处的基层组织与自媒体逐步包围中央；然而，未来可预见蔡英文站稳脚步后，将逐渐收编与整治自视功高的"婉君"们，"英派"当道岂容网络造谣生事，具体如林全裁示，将召集"卫生福利部"、通讯传播委员会、"内政部警政署"和"法务部"，研议网络散播不当内容解决方案，"确保有效遏止网络传播不当照片等内容"，斗争运动即将展开，待全面掌握传统媒体与互联网世界的话语权后，"可预测"地推动"台湾主体意识"的维持现状，才是谈判专家蔡英文一步一脚印的踏实深耕。

3. 台湾当局

蔡英文在 2000 年担任陆委会主委期间，在"立法院"接受"立委"陈超明质询时曾指称，"我们的一个中国各自表述，是在 1992 年所谈的过程，在我们的立场是各自表述一个中国"。如今却在巴拿马署名"President of Taiwan（ROC）"，其反复摇摆姿态，除却自惭形秽外，更难取信国际社会与友邦。如今显而易见其"一致性、可预测性、可持续的两岸关系"无非就是包装在"维持现状"的"台湾主体意识"同心圆论述，未来可想见台湾当局从上至下将更形强化"台湾"二字，由"政府"带头下，让"台湾"（"国"）植入人民的认知中，隐性推动"台独"的观念建构；传播学上"议题设定"指的是媒介通过报道内容的方向及数量，对一个议题进行强调，而被强调的议题与受众心目中所认知的重要议题有显著的关联，蔡英文如今已然取得政权，"议题设定"下的操作让政敌纷纷倒台，如今站稳脚跟，势必进行"议题建构"——政府发掘与深化议题，"台湾主体意识"如节庆活动、影视推广等等并加以建构与宣传，使它们成为公众讨论的焦点和构筑"台湾"意识形态。

2001 年，海峡两岸关系研究中心主任唐树备在"中华文化与两岸关系论坛"指出："中华文化历史悠久，源远流长，博大精深，一直是中华民族强大凝聚力的源泉，是维系全体中国人的精神纽带，是中华儿女共同的宝贵财富，也是实现祖国和平统一的一个重要基础。"同时亦指出"共同的文化是构成一个民族的基本要素之一，要分裂一个民族，必破坏这个民族的文化，制造民族、文化认同的混乱。"

清朝学者龚自珍曾说："欲要亡其国，必先亡其史，欲灭其族，必先灭其文化"，台湾三十余年来"文化台独"进程的目的，是要全面系统地割断台湾与大陆的联系，抹去台湾人民认同和归属感。"文化台独"片面强调台湾的"本土认同"和"台湾主体性"，以"本土认同"的层次来取代中国认同，并诱导"国家认同"归依成"台湾是一个国家"观念，从历史观、文化观、民族观来彻底改造台湾人民，可想而知最终无非是"台独建国"。

"文化台独"通过全面性的扩大深化，误导民众在不知不觉中接受"台独"理念，乃至于今日形成有利"台独"势力生存和发展的土壤。"文化台独"相较于"政治台独"，具有更大的欺骗性和隐蔽性，不知不觉经由阈下刺激，如同慢性毒药般缓慢腐蚀台湾人民的"中国认同"，更造成民众在国家认同和民族认同上的混淆，进而形成一些无分事实的人民对民进党当局推行"政治台独"所带来危害的无意识。假若有志之士仍然沉默以对，"天然独"将继续培养下世代，紊乱频仍的萧条更会导致民生凋敝，树倒猢狲散，覆巢之下无完卵，岂可不慎乎。

蔡英文启动"文化台独"分裂活动及其危害性

王建民[*]

"文化台独",始于李登辉执政后期,在陈水扁任内大幅推进,蔡英文当政后又作为推动"台独"活动的重要策略全面促进与落实。所谓的"文化台独"就是从历史、文化、教育、意识形态、象征、符号、标识等多方面,推动"去中国化""去中华化"及塑造"台湾国"历史、文化、教育、观念意识等一套"台独"政策举措,危害重大、影响深远,必须坚决反对。

蔡英文执政两个多月,几乎一事无成,几无任何政绩可言,但在推动"去中国化"与"文化台独"方面却不断向前推进,这是危险的"台独"举动,如果持续在错误的道路上走下去,定会带来严重的、更多的后患。

蔡英文推动"去中国化"或"文化台独"的举动一个接一个,而且有着重要的策略布局。首先,蔡让具有强烈"文化台独"思想意识的"台独"人士主管文化、教育部门。新任"文化部长"郑丽君,是蔡英文的亲信,是"反课纲微调"大将,是"文化台独"旗手之一。新任"教育部长"潘文忠,长期在教育部门任职,曾任"国家教育研究院副院长","台独"立场明显,是阻挠马英九"课纲微调"的主力之一,被认为是绿营在马当局教育界的"卧底"。蔡英文选择具"文化台独"倾向强烈的"绿营"人士主管教育、文化部门,是有意全面推动"文化台独"、持续削弱台湾中华文化的重要人事布局。

恢复推行"台独史观"与"殖民史观"课纲,从教育上持续宣扬"文化台独"理念。民进党正式执政第二天,新任"教育部长"潘文忠就以

---
* 中国社会科学院台湾研究所研究员。

"研修人员代表性不足"与"程序不正义"为由，宣布暂停马英九任内推动的"课纲微调"（即"2014 课纲"），要延续李扁"去中国化"的"台独"课纲，预示着"同心圆史观"与"台独史观"将成为台湾教育的核心理念，会进一步削弱中华传统文化教育，以此达到让台湾年轻一代与后世代不会再有"中国史观"与"中国意识"之目的。日前台教育部门又任命充满政治偏见、"深独"的"扁朝"时代"教育部"主秘庄国荣主持"课纲"研修事务，预计结果会更加荒谬与"更独"。另外，蔡英文当局持续宣扬"殖民史观"，不断颂扬日本殖民统治对台湾建设的贡献，将日本殖民统治的历史残留作为"文物"保护，预示着未来台湾社会普遍性颂扬日本殖民统治的现象将会更加泛滥。

蔡英文延续李扁做法，有计划地消除台湾社会的中国或中华文化象征、符号与标识，大搞"去中华化"（不再讲中华文明与中华文化，未来不再遥祭黄帝陵，而是强调台湾文化，宣扬台湾是优秀的多元文化，是与中华文化不同的海洋文化，继续在制度上建构和培养台湾特色文化）、"去（孙）中山化"（蔡英文以"去封建"为由决定取消过往台湾领导人遥祭中山陵的仪式，不再纪念"中华民国"创立者孙中山。绿营"立委"以"转型正义"之名提议废除向孙中山遗像行礼）、"去蒋化"（绿营将蒋介石视为"228 事件"的罪魁祸首，视为威权专制欺压台湾人的罪人，要彻底推动"去蒋化"政策，持续拆除蒋介石与蒋经国铜像，将"中正纪念堂"改为"立法院"大楼，以方便民众来抗议）。企图以"台侨"取代"华侨"，切割台湾与中国海外侨胞的历史渊源与关系，切割台湾人与中国人的关系。另外，持续宣扬台湾本土意识与"台独"意识，切割"中国意识"，从意识形态认同上建构"台湾国家意识"。

另一方面，蔡英文为"台独"人士树碑立传，塑造"台湾民族英雄"。民进党一直将所谓为"台独自焚"的郑南榕视为"台独"牺牲者，多年来一直进行纪念活动。2014 年 4 月"太阳花学运"期间，台南市率先宣布将市政府前两条街更名为"南榕大道"。日前蔡英文提议将郑南榕自焚日 4 月 7 日定为"法定纪念日"即"言论自由日"，并交由"立法院"实施。未来不排除将郑南榕入祀忠烈祠，以树立"台独"的正当性。

蔡英文还有意弱化与淡化两岸文化交流。她在颇受关注的就职典礼中没有任何两岸文化交流的主张与论述，新任文化部负责人郑丽君在"立法院"接受首次质询时也只字未提两岸文化交流与政策，预示着未来两岸文化交流与合作将受到很大影响，原本两岸文化界推动签署两岸文化协议将难以实现。更值得关注的是，蔡英文却在"新南向"政策旗帜下努力扩大与东南亚地区的文化教育交流与合作，以平衡或削弱两岸文化交流。

蔡英文当局在"台独"分裂思想下推动"去中国化"与"文化台独"活动，会带来严重的社会政治后果，不仅会割裂两岸历史文化，伤害两岸人民情感，进一步恶化两岸关系，而且也会让所谓的"台湾文化空洞化"，"独害"或"毒害"台湾下一代，让台湾陷于更大的文化价值混乱与"台独"泥滩之中。海峡两岸同胞要充分认识蔡英文当局推动"文化台独"的危害性与严重性，共同反对与抵制，共同弘扬中华文化，建立两岸命运共同体。

当前两岸文化交流面临的
问题及对策思考

贾 蓓[*]

两岸文化交流是推动两岸和平发展的重要动力。2016 年民进党重新执政后，两岸关系发展的不确定性与风险急剧增大。在此背景下，两岸文化交流对和平发展的稳定与润滑作用进一步突显。未来应积极排除障碍，加强两岸文化交流的思维创新、形式创新、功能创新等，为反对"台独"、维护两岸关系和平发展创造条件。

一、两岸文化交流的现实紧迫性

（一）"台独史观"教育影响深远

李登辉、陈水扁主政台湾 20 年间，台湾当局大力提倡"本土意识"，通过修改课纲等一系列方式推行"文化台独"和"去中国化"，宣扬"台湾史就是'国史'"，否定中华文化在台湾文化中的主体地位。在两岸文化差异、政治隔绝与对立以及台湾长期的"去中国化"政策的影响下，台湾民众对中国和中国人的认同，对两岸关系的看法都发生了极大的改变，本土意识急剧上升，要求统一的声音越来越少，主张"台独"的比例越来越高。因此，必须通过深化文化交流进行影响和改变。

（二）经贸交流的影响效果有限

2008 年以来，两岸经贸往来迅速增多，然而经济交流、经济让利并没

＊ 中国社会科学院台湾研究所助理研究员。

有让台湾民众的认同感回升。要求统一的民调不升反降，据指标民调最新民调显示，66.4%不赞成两岸最终应该统一，且越年轻而不赞成"终统"的比率则越高，而"赞成台湾最终应该要独立成为新国家"的则占52.6%。①这种经贸交流对两岸心灵契合的促进作用有限的现象亟须深化文化交流来弥补。

（三） 两岸关系和平发展不确定性增加

民进党执政五个多月，无论是人事任命还是政策制定，都带有明显的"台独"色彩，"文化台独"和"去中国化"政策更是自上台伊始就已经显露端倪。文化交流作为经济交流和政治交流的中介，本身具有连接情感、增进感情的功能。因此，新形势下加强两岸文化交流，注重发挥文化交流在两岸关系中的柔性作用显得更为重要和紧迫。

二、两岸文化交流面临的问题

文化交流往往在政治交流和经济交流过程中扮演着过渡和润滑的角色，但其先天具有的意识形态等特质，又决定了双方的交流并非想象那样简单、轻巧。当前两岸文化交流也面临进入深水期的困难和未来两岸关系风险因素增加的挑战。

（一） 不同历史观和意识形态分歧是限制两岸文化交流的根本问题

在两岸长期隔绝和政治影响、操纵下，两岸人民在历史观念上分歧明显且深刻。尤其是李登辉时期推行"同心圆史观"以及"台独"分子不断鼓吹"殖民进步说"等混淆历史的做法，使青年人产生了与大陆截然不同的历史观，人为强化了两岸社会心态的疏离感，导致了两岸文化交流内在的深层障碍，增加了两岸人民心灵契合的难度。因此，尽管两岸都重视文化交流的特殊作用，但都持相对审慎的态度，尤其是在涉及意识形态、社会制度层面的广播影视、报刊杂志、互联网等方面的文化交流更加谨慎，客观上影响到两岸文化深层次的交流与合作。

---

① 参见台湾指标民调 2016 年 5 月 30 日公布的《民众终极统独观》，http://www.tisr.com.tw。

（二）蔡当局模糊两岸共同政治基础成为双方文化交流的重要障碍

民进党上台以后，始终对两岸关系性质这一根本问题采取模糊态度，没有明确承认"九二共识"和认同其核心意涵，破坏了两岸关系发展的政治基础，也破坏了两岸制度化交往的政治基础。尤其是蔡英文当局上台后一系列"撤销新修课纲"，任命政治立场偏"独"的"文化部长""教育部长"和"大法官"，将"冲之鸟礁"改为"冲之鸟"，"外交休兵"改为"元首外交"等施政明显带有"台独"色彩，为两岸之间建立政治互信更添困难，不仅对两岸文化交流的制度化、机制化带来负面效应，也不利于两岸文化交流在和平发展的大环境下顺利进行，今后两岸文化交流所衍生的问题与争论，也将更加白热化。[1]

（三）两岸文化交流不平衡、不对等严重制约其发展

现阶段两岸文化交流呈现出大陆积极开放、台湾方面小心谨慎，大陆政策更加宽容、台湾限制较多等不平衡、不对等现象。台湾当局一直以来对两岸文化交流持有戒心，极力淡化两岸文化交流的政治色彩和政治影响，担心一旦两岸文化交流更深入，台湾不仅没能影响大陆，反而被大陆"统战"，尤其绿营一直将两岸文化交流"污名化"、与大陆"统战"挂钩。台湾始终在两岸文化交流上畏手畏脚，不仅不利于两岸正常的文化交流，反而对两岸文化交流产生一定的阻碍作用。

（四）两岸文化交流短期效果有限

文化是通过潜移默化的渗透来发挥作用的，文化本身的特点决定了两岸文化交流需要在长期不断的努力中深化、加强，才能达到预期目的。两岸文化交流，短期内又不容易收到显著效果，不像两岸经贸合作般立竿见影，能给双方带来实实在在的利益。因此，两岸文化交流的积极作用尚未充分展现，相较于两岸其他各方面的交流与合作还有很大的加强与深化空间。

---

[1] 柳金财：《争辩中的两岸文化交流》，联合早报网，2016 年 5 月 5 日。

三、两岸文化交流的影响因素

两岸文化交流既有内在的自发性和民间性，也因其特殊的历史和现状，在很大程度上受制于各种外在因素的影响。当前两岸文化交流的影响因素主要有以下几个方面。

（一）两岸文化天然的血缘关系

两岸文化同根同源，在长期的历史进程中，两岸同胞拥有相同的语言和文字，血缘与文化的天然联系是任何势力和个人都割裂不了的。胡锦涛在纪念《告台湾同胞书》发表30周年讲话中指出：中华文化源远流长、瑰丽灿烂，是两岸同胞共同的宝贵财富，是维系两岸同胞民族感情的重要纽带。中华文化在台湾根深叶茂，台湾文化丰富了中华文化内涵。台湾学者也曾指出，真正的台湾文化、台湾历史，本来就包含着"中国文化""中国历史"，是不可分割的融合体。中华传统文化在台湾保留得较为完整，而大陆的故宫、圆明园、莫高窟、中山陵等著名历史文化景观，对台湾同胞而言是书本上、记忆中的东西，两岸同胞内心存在的天然的民族情感以及同根同源的亲近感在两岸文化交流的每个阶段都发挥着积极影响。在两岸关系发展遭遇坎坷时，血缘与文化的天然联系维系着两岸文化交流不中断；在两岸关系和平发展时期，血缘与文化的天然联系又对两岸文化交流发挥积极的促进作用。

（二）两岸对文化交流的政策导向

两岸文化交流虽有天然不可分割的情感维系，但历史原因造成的两岸分离现实，使两岸双方政策导向对两岸文化交流产生重要影响。一方面，积极的两岸文化政策会推动两岸文化的交流和繁荣。马英九执政时期，两岸都采取了较为宽松和积极的政策，鼓励两岸文化交流，使两岸文化交流自2008年以来实现了跨越式发展，增强了两岸人民之间的了解和互动；另一方面，消极的两岸政策对两岸文化交流带来的负面影响十分显著。由李扁执政时期因推行"文化台独"导致两岸文化交流近乎停滞，即可看出政策对文化交流的影响之大。未来两岸文化交流能否在"冷和平""冷对抗"的背景下实现积极、良性互动，关键在于民进党当局能否在承认一个中国原则上迈出实质性的一步，能否抛弃"台独党纲"。

(三) 岛内蓝绿对抗的政治生态

台湾政治的特点是蓝绿对抗,彼此在台湾前途、国家认同、两岸政策等根本性问题上呈现出原则性的矛盾和对立。以民进党为主的绿营在大陆问题上几乎"逢中必反",其执政时期主张"本土化",推行"文化台独",极力撇清与中华文化的关系,使两岸文化交流几乎冷冻;在野时期则采取抗争、抹黑、阻挠政策推行等方式,反对当局与大陆进行文化交流,对两岸文化交流的发展和深入处处掣肘。

(四) 国际关系角力的政治背景

两岸关系不仅受两岸双方的影响,从两岸问题产生伊始,就留下了国际政治大背景影响的烙印,而美日在其中的作用与影响尤为突出。台湾文化本身就深受美日影响,20 世纪上半叶因日本殖民统治而受到日本殖民文化影响,两岸隔绝后,又因政治上投靠西方,而受到以美国为主的西方文化影响。2013 年,美国高调宣布"重返亚太",2015 年安倍政府推行"安保法案",都让台湾分裂势力认为自身战略地位提高,岛内"文化台独"借机死灰复燃,台湾当局有关文化政策的政治考量也受到影响。由此可见,国际关系中大国的角力影响台湾的自身定位及其相关政策制定和导向,进而影响两岸文化交流。

四、对未来两岸文化交流的思考与建议

在当前及未来一段时期,两岸关系发展前景不乐观的情况下,两岸关系如同逆水行舟,不进则退。文化交流是软性和柔性交流,可降低两岸极端非理性政治行为出现的可能性。未来,两岸文化交流应坚持"寄希望于两岸人民",注重发挥文化交流加强心灵契合的作用,

(一) 建立两岸文化交流的共识

1. 确立共同的交流目的。两岸文化交流的最终目标是实现两岸关系和平发展、促进两岸和平统一、实现中华民族伟大复兴。而当前两岸在文化交流的目标上存在差异,因此在实现最终目标的过程当中,应秉持宽容理解,尊重差异,循序渐进的原则,设立共同的阶段性或某方面目标。在不伤害两

岸人民感情的基础上逐步推进目标、建立共识,在逐步缩小分歧、化解隔阂中培养同理心和心灵契合。逐步使两岸民众通过真正的文化观念、价值观的融合,重塑现代意义上的、两岸民众共同接受的中华文明价值观。①

2. 加强共同的情感维系。在两岸文化交流中,注重强调两岸共同的历史记忆。习近平总书记在主持中央政治局集体学习时指出,要推动海峡两岸史学界"共享史料、共写史书"。在"台独史观"教育下成长起来的台湾年轻一代,对大陆抱有较强的排斥心理,"两岸同属一个中国"的意识和观念十分淡薄。两岸共同对抗日战争史、两岸交流史和移民史等两岸共同关注的问题进行研究和交流,将共同的历史记忆作为两岸人民的感情维系,有利于扭转台湾社会存在的历史偏见,统一两岸人民的"历史观",加强双方命运共同体观念,对"文化台独"形成威慑力。

(二) 重视并加强两岸文化交流向南部与青年倾斜

1. 两岸文化交流结构应加大向下沉、向南靠。在当前两岸关系不容乐观的情况下,应该更多地将文化交流结构"向下沉",即将文化交流参与者向普通民众转向,使两岸文化交流的参与者既有精英又有大众,让更多的普通民众更深入地感知中华文化。南部地区作为"绿营"大本营,相较于北部地区,对大陆的了解较少。加强与台湾南部地区民众的文化交流,使两岸文化交流由北台湾为主转向南北并重,能够让南部普通民众更了解大陆的真实情况,唤醒心中的中华文化意识,增加对大陆的认识与好感。

2. 两岸文化交流重点要向青年倾斜。青年作为两岸文化交流的生力军,代表着两岸文化交流的未来,两岸文化交流应着重加强青年文化交流,持续扩大青年参与的广度与深度,在交流和碰撞中使两岸青年彼此更加了解、亲近,增进文化认同,改变台湾青少年对大陆的刻板印象。青年人正处于思想较为活跃和开放的时期,因此可针对其开放、自由、活跃的特点,在两岸文化交流中注重体验式和互动式交流,丰富交流内容,如在交流中注重增加实地走访、亲身体验民俗传统、了解大陆生活状况尤其是大陆青年生活习惯、所思所想等,使青年人乐于参与其中,感受中华文化的魅力,切身体会大陆的发展和变化,在交流中逐渐接受和建立两岸命运共同体的理念。

---

① 杨立宪:《再论新形势下如何深化两岸文化交流》,重庆社会主义学院学报,2012 (6)。

（三） 创新并丰富两岸文化交流的形式与内容

1. 两岸文化交流方式要不断丰富。两岸文化交流应及时了解民众的兴趣点，结合时代特征，与时俱进。其一，可充分利用新媒体的作用。在互联网和大众传媒时代，台湾民众尤其是青少年了解大陆资讯大多是通过网络、电视等方式。两岸可搭建文化交流网络平台，用影像、文字、即时交流等民众感兴趣的方式，使互联网成为两岸文化交流园地，不仅可提升工作效率，还能弥补两岸实地交流活动的不足。其二，应注重加强"体验式交流"。全国政协主席俞正声在第八届海峡论坛上说，两岸关系形势越复杂，越需要两岸民众加强交流，尤其要多举办一些体验式交流，让两岸民众乐于参与、有所收获。[①] 两岸文化交流中，应注重让两岸民众切身体会对方在传承和发扬中华文化的过程中产生的优秀文化成果，通过亲自操作、实地感受等亲身体验加深对中华文化印象，提升对对岸的兴趣度和好感度。

2. 两岸文化交流内容要不断充实。两岸文化交流应注意增强有效性，内容应随时代的变化和民众口味的变化而不断充实和丰富。其一，据民众兴趣变化调整，雅俗共赏。两岸文化交流不仅应重视传统高雅文化的交流，还应该根据民众的兴趣点和关心点有针对性地进行文化交流。如近年来大陆综艺、电视节目在台湾广受追捧，《中国好声音》《琅琊榜》等融合了台湾元素的综艺和制作精良的古装戏尤其受到台湾民众的喜爱，大陆的网络流行语也在台湾年轻人中广泛使用，而台湾电影等传统优势文化产业在大陆也广受欢迎。类似的交流容易调动民众的兴趣。其二，据时代变化调整，因时而动。当前，文化创意产业是全球热门产业，竞争激烈，两岸在文化创意上的合作与交流大有可为。台湾和大陆有共同的文化源头，且台湾文化创意产业发展较早，有许多具有国际知名度的文化产品，但市场狭小，而大陆当前重视文化创意产业的发展，技术条件成熟，拥有广阔的市场，加强两岸文化创意产业合作与交流必将带来双赢的结果。

（四） 引导并发挥民间力量对两岸文化交流的促进作用

1. 要鼓励两岸同胞发挥各自优势，传承发扬中华文化优秀传统。台湾文化是中华文化的一部分，但也具有自身明显的地域特征和独有特色；中华

---

① 《第八届海峡论坛在厦门举行，俞正声出席并致辞》，人民网，2016 年 06 月 13 日。

文化应充分吸收和融合台湾特色文化，台湾文化也应在两岸文化交流、融合中发挥建设性作用。这种共通共融的过程，将使两岸同胞构筑起共同精神家园和命运共同体。① 一方面，可利用闽台共同文化根源，推动传统文化赴台交流，加强具有闽台特色的福建闽剧、歌仔戏、南音、高甲戏等特色文化交流；另一方面，可积极邀请台湾文化团体和文化界人士来大陆参加各类文化艺术活动，为台湾文化艺术界人士来大陆发展文化事业提供更好的服务和更大的发展空间。

2. 要引导民间机构发挥先锋作用，促进两岸文化良性互动。大陆和台湾很多促进文化交流的民间机构在两岸文化交流中发挥了重要作用，也因其不具有浓厚的政治色彩，给一些相对敏感的文化交流提供了柔性解决方式。例如两岸博物馆的交流主要通过民间基金会，如海峡两岸文物基金会、鸿禧基金会等沟通桥梁，民间交流较少涉及政治立场，推动起来反而有利、有成效。因此，今后在两岸关系不明朗的情况下，积极引导两岸民间机构发挥作用，能够使两岸文化交流的润滑剂作用得到更好的发挥。

总体来看，今后的两岸文化交流，应多些文化考量，少些政治较劲；多一份历史情感，少一分提防猜忌。文化交流应求同存异，充分利用其维系两岸感情的纽带作用，增进了解，减少敌意与误会，为中华民族的和平统一发挥重要作用。

---

① 李义虎：《中华文化复兴三题议》，中评网，2015 年 11 月 19 日。

读《党支部工作手册》后对两岸
交流工作的新思考

王裕庆[*]

随着民进党当政而产生两岸关系发展的不确定性，未来两岸交流的工作也比以往来的艰巨、重要，而必须调整未来两岸交流的工作方式与思维。最近笔者参加两岸青年交流工作发现，虽然大陆已经提到所谓"体验式交流"的新交流工作的模式，但事实上已经逐渐变成一种形式主义，而实际操作上仍是以"饭局白酒团"，"官方机构参访团"与仅"交流、交流再交流"而完全没有共产党进步思想引导的研讨座谈团居多，甚至还出现严重撕裂两岸青年之间的感受，并放上独喝整瓶名酒照片的两岸官二代与富二代拼名酒比富贵的交流团，使得两岸部分青年对两岸交流工作失去了认同感，尤其是认同中国特色社会主义价值观与反"独"促统的认同。此外，现今两岸交流工作还出现认同问题与坚持立场问题，而且真正爱国的台胞有时在大陆参加交流活动时，还常因接待单位与协会干部对大陆"一中立场"的不坚定，而出现"以为自己是参加台湾当局海基会与陆委会"活动的错乱感受，他们不但是极为台湾的立场说话，还没事有事地拿出台湾当局的法律来限制台生在大陆参与建设祖国的发展空间，仿佛让参与者感受到自己就是外人，完全没有感受到交流工作的活动有把台生当成自己人民的态度，反而是参与者与其他有志之台生会主动为大陆说话，提醒主办单位与协会干部，自己的立场要坚定。因此，坚定立场不仅是大陆要求台湾同胞，同样的大陆本身也应该"以身作则"，不要让真正爱国的台湾同胞寂寞，因所谓大陆对错误同胞意识形态的"包容"而感觉在大陆的交流场子孤立无援。

---

* 北京大学国际关系学院台湾博士生。

此外，笔者还发现一个奇特的两岸交流现象，当大陆官员不敢与台胞谈立场与主义时，一些有"反共"与"台独"及"独台"倾向的台胞，反而会得寸进尺把他们的错误观念返销给大陆社会，并企图在大陆社会用他们所谓的西方民主价值观与"台湾就是一个国家"等政治错误理念来蛊惑大陆老百姓，而且还动不动就说台湾什么都比大陆好，而一些大陆老百姓却也不明就里地迎合说法，甚至还开始贬低大陆社会成果。甚至据笔者的了解，现今在大陆高校还出现所谓大陆"国粉"、西方民主价值观、同情台湾社会与怨恨大陆体制的所谓大陆公知，就常常是台湾有关部门煽动与蛊惑争取的对象。而且在大中华社会许多关键的群众骚动与社会事件如"连云港反核""香港占中""太阳花运动"和谣传教育部长将不用西方意识形态等问题中，就发现一些台胞透过各种社交媒体管道从中挑拨与挑逗大陆同胞与大陆学生，希望他们出来反动与对抗当局，而其打的理由就是"反共"，来与反大陆政府的台胞心灵相通。所以现今反"独"的工作的确严峻，因为"反共"问题已经与"台独"紧密结合，甚至可能在大陆发生"台独"分子希望"先发制人"的"民主运动"，或是创造出"台湾是唯一华人自由社会反共基地"的幻影，以蛊惑大陆一些政治立场不坚定的年轻人倒向他们，并用所谓的"中华民国"的外壳与"西方民主价值观"来共同包装误导这些大陆政治立场不坚定的年轻人支持"台湾存在独立"的正当性。一些我们的学者在讨论台湾问题时，虽然心中是支持"两岸同属一中"，但却不知不觉把国际关系理论的多国关系错误套用在两岸关系上，而在场的台湾学者也心中"呵呵"得意地不予以纠正，最后导致整个讨论就会严重地偏移大陆"一个中国"的立场，而"两国论"思维就也开始在大陆学术界谈论中错误地发酵，开始影响整个大陆社会对台湾身份的思考。

还有一个值得关注的点，现今许多大陆学者研究台湾问题时，也过于忽视台湾当局就是大陆的对手的思考，而且把台湾当局的一些"台独"行为错误解读为少数，却没有看到台湾当局的行为也与所谓统派私下的"反共"思想不谋而合，甚至还过于相信所谓台湾统派立场的学者与专家的说法，而导致大陆对于台湾问题无法对症下药。就拿"去中国化"的问题来分析，台湾当局之所以想"去中国化"，就是因他们自己也明白，如果两岸没有在思想上与文化上区分，最后产生的结果就是统一，故而就不断地从两党竞争、两岸竞争到现在过分的两族区分搞所谓"去中国化"。甚至，现今民进党当局也很聪明地利用"反共"思想来结合"去中国化"的正当性。换句话说，台湾当局"去中国化"，其实不是从民进党开始，而是从国民党李登辉就开始了。之所以国民党李登辉会想搞"去中国化"，完全就是因为台湾当局的生存已经得到威胁，如果两岸同胞再血浓于水下去，恐怕不到 30 年两岸就统一了，那这些所谓台湾当局领导人恐怕就没有利益与好处。而且更可悲的是，这种区分思维还不仅是国民党与民进党有，甚至一些所谓支持"中华民国"，不愿意放弃"中华民国"的政党也是有这个问题。或许，他们会调整回到"我们是中国人"，但事实上他们会因岛内的权力利益与经济利益，也不会放弃"反共"思想，而区分两岸同胞阻碍统一发展。这或许也是两岸交流将近 40 年，两岸一直处于交流而不统一，而出现只来拿利益不谈感情与统一的情况，甚至还出现严重的利益买办与政治买卖的情况的原因，使得整个两岸交流工作在业绩上看似很漂亮，但事实上没有实质推进统一工作的进展效果。换而言之，交流无非就是为统一工作做准备，但现在交流却反而是给他们拖延统一的时间，而且台湾当局的心态也不过就是为了怕被灭而开始无限期拖延，故而就不断会用所谓"交流不够"作为拒统与"反共颠覆"的方式，来争取自己继续割据东南一方时间的借口，甚至一些本身就不是大陆立场看似统派的台胞，也迎合当局的说法来误导大陆，而造成交流工作一直原地踏步，使得统一问题不会开始谈，没有谈就不能完成统一不是吗？所以，台湾当局心中那份"割据政权"的小计算，就是大陆要极为小心的问题，而且这个问题还会被所谓大家认为的统派给带进大陆来误导大家。因此，本文认为未来对台的统战工作就必须真正建立在"共同利益的基础上，为实现共同的目标而结成联盟"①，而不能把仍然存在维护"中华民国"或台湾当局"割据政权"利益思想的投机分子当成自己的同志。换句话说，就如同解放战争时，共产党革命的方式一样，统战工作就是一个前提，"放弃蒋介石政权"者才是统战争取对象，不然其他都是对手，没有什么投机空间。所以，什么是真的统派与大陆的好朋友，那就是愿意放弃"中华民国"割据政权思想，为中华民族统一做实事的人才是真统派与大陆的好同志，这些才是我们应该不能怠慢与照顾的对象，很多交流利益真的不能留给来自台湾的投机分子。

总之，从这些两岸交流工作的规划现况发展来看，笔者发现两岸交流是需要不断调整，甚至还需要运用笔者最近勤读的《党支部工作手册》里的

---

① 党支部工作的性质，《党支部工作手册》，党建读物出版社 2014 年版，第 208 页。

方式来重新构建两岸交流的灵魂。虽然《党支部工作手册》主要是谈如何建立一个党支部的党建工作，但事实上其内容的先进性与组织的严密性，也是我们未来观察与管理任何两岸交流协会组织最好的管理范本。笔者读《党支部工作手册》后，对于两岸交流工作浅薄的心得如下。

首先，参与两岸交流工作的组织协会单位，都应在党支部一样的组织管理方式下，来完成以大陆反"独"促统目标的"担任政治任务""坚持政治属性"①"彰显政治特征"②"强化政治功能"③ 等四大内涵，并且对于来自台湾参加交流活动的人员，也应肩负起"贴近群众""团结群众""引导群众"与"赢得群众"④ 的功能，来使反"独"促统的目标，因合格协会组织的领导形成一个"桥梁与纽带"⑤。

其次，任何两岸交流活动和参与组织，都应在"三亮""三比""三评"⑥ 的政治规则规范下，让他们依据反"独"促统的原则"亮标准、亮身份、亮承诺"，并在规划活动与工作时，就使他们彼此间"比技能""比作风""比业绩"，而在交流活动完毕后，就用民主的方式来"群众评议""组织互评""领导点评"。这样就可以让整个两岸交流活动出现更多的创意与活力，甚至还会让各交流单位与组织努力争取时间，来尽力为自己的交流活动做出更完善的表现。正因这"三亮、三比、三评"在党支部工作里的重要，故而共产党才可以从人民战争中得到举世无双的成果，因此笔者真心认为两岸交流工作最好的评比方式，就是把党支部工作的"三亮、三比、三评"纳入，未来不论是给台生安排"体验式交流"，还是团体交流，相信未来两岸的交流工作就会出现相互比赛与学习效法、自我进步的新型动力。

最后，参与两岸交流工作的干部与人员，也需要了解《党支部工作手册》中的"谈心工作"⑦，而且谈心的艺术也不是仅为挑对方爱听的说，而不敢修正与引导群众的言论。在谈心工作的部分，谈心的"主题""场合""态度""人选"⑧ 对于党建工作来说，都描述得非常细致。而且最令笔者

---

① 党支部工作的性质，《党支部工作手册》，党建读物出版社 2014 年版，第 1 页。
② 党支部工作的性质，《党支部工作手册》，党建读物出版社 2014 年版，第 1 页。
③ 党支部工作的性质，《党支部工作手册》，党建读物出版社 2014 年版，第 1 页。
④ 党支部工作的性质，《党支部工作手册》，党建读物出版社 2014 年版，第 1 页。
⑤ 党支部工作的性质，《党支部工作手册》，党建读物出版社 2014 年版，第 1 页。
⑥ 党支部工作的性质，《党支部工作手册》，党建读物出版社 2014 年版，第 37 页。
⑦ 党支部工作的性质，《党支部工作手册》，党建读物出版社 2014 年版，第 84 页。
⑧ 党支部工作的性质，《党支部工作手册》，党建读物出版社 2014 年版，第 84 页。

感同身受的部分，就是在手册里特别谈到"态度"的部分要"坚持原则，不姑息迁就。谈心时，不能放弃原则，姑息迁就，不能顺着谈心对象的错误思想，用同情代替说理，用小道理代替大道理，用许愿换得一时安抚，用投其所好赢得一时信任，用吹捧换取一时感激"。换句话说，现今两岸交流的工作虽然很民主，但对于许多该坚持的立场，却因台湾同胞的一已感受而出现"用同情代替说理，用小道理代替大道理"，甚至"用许愿换得一时安抚"，导致台湾同胞无法被祖国交流工作引导，而出现沟通问题。因此，参与两岸交流工作的干部、组织与协会，都应必须"一读再读"《党支部工作手册》的组织教育进步方式，而不能一无所知地就来参与两岸交流工作，这样或许才会真实地把统一工作带进民心而影响台湾社会。

总结心得，两岸交流就应该有组织、有纪律地脚踏实地推进，从而让交流变得有意义、有前进发展的力量。因此，《党支部工作手册》就是一部进步思想的组织法宝，当笔者浅析其内容后，就马上联想到当今两岸局势的复杂，必须借助这部法宝来构建规范，找回两岸交流工作的新动力与灵魂，甚至还彻底明白中国特色社会主义制度的先进性与进步性，而成为未来反"独"促统的利器。

对当前"台独"问题的观察与思考

高　鹏[*]

2016 年初，民进党赢得岛内"大选"，实现"中央"与地方全面执政优势，两岸关系面临绿营执政下的复杂形势，"台独"风险与挑战持续增大，维护和平发展任务更加艰巨。

一、新路径"台独"是对旧形式"台独"的继承与演进

过去，"台独"的主张与行动，包括政治主张激进的"台独建国"，从法律途径、渐进式的"法理台独"，塑造意识形态的"文化台独"，还有"生活台独""心灵台独"，"太阳花学运"部分新世代标榜的"天然独"等不同形式。蔡英文上台后，"台独"主张与活动有了不同于以往的新演进，有人评价说是"柔性台独"，或者说是新路径"台独"。其特点有：

（一）看似柔性的政治主张

不发表激进的"台独"主张，暂时不搞激烈对抗的"法理台独"，不再单纯地否定"中华民国宪政体制"，而是举"中华民国"之旗，把"中华民国宪法""两岸人民关系条例"作为挡箭牌缓解大陆压力。然而，新路径"台独"无论出现何种柔性主张，都脱离不开否认"两岸同属一个中国"，落实"实质两国论"，为"渐进台独"铺路的实质。

（二）制造"经济脱中"的可能性

2016 年之前，绿营一贯抹黑大陆惠台政策，抹红国民党的两岸经济政

策。执政之后，民进党当局试图扭转两岸的经济联系，主张两岸产业结构的竞争大于合作，失利大于共赢，推动 "新南向政策" 和加入 TPP，降低对大陆的经济依赖，反制大陆对台湾的经济影响。同时，为不能解决台湾经济发展的困境寻找借口。

(三) 以 "多元文化" 之名推动 "文化台独"

旧式 "文化台独" 以 "去中国化" 为核心，通过修改 "教科书" "去蒋" 等文教手段，扶持本土意识的增长。新路径 "文化台独"，不再是简单地 "去中国化"，而是标榜台湾文化的多元性，宣称尊重每一种文化，声张台湾少数民族文化、闽南文化、中华文化都是台湾文化多元性的体现，把根植于大陆的中华文化视为台湾文化的一个组成部分，试图建立台湾新文化，用新文化建构 "独立性" 更强的 "台湾意识"。

(四) 固化 "台独" 的社会意识

随着台湾主体意识持续强化，相当一部分民众对两岸现状的定位倾向 "两岸两国"。随着岛内媒体持续 "绿化"，"台独" 话语霸权逐步上升。"台独" 势力认为到了巩固并深化 "台独" 社会基础的时刻，在宣扬本土思想、培养青年群体 "台独" 意识上大做文章。

(五) 以民主的名义对抗大陆

以民主的名义继续强化 "台湾前途由 2300 万台湾人民自决论"。利用两岸体制差异，操纵 "天然独" 与大陆 "天然统" 形成两岸民意对立。以 "转型正义" 的名义清算国民党，实质上是切割台湾与大陆的连结，筑牢 "台湾是新生的民主国家" 的政治认同。与 "港独" "藏独" 多毒合流，试图利用所谓民主的外溢效应对抗大陆。

(六) 推动 "外交抗中" 路线

在国际场合，台湾 "邦交国" 数量有限，影响有限。民进党当局可能利用 "全民外交" 手段，通过 "护照签证"、参加国际组织、参与国际活动等途径做文章，利用台湾民众要求 "主权尊严" 的心理对抗大陆。

（七）李登辉路线复辟，配合美、日对抗大陆

20 世纪 90 年代，岛内受李登辉路线的影响，认为台湾可以利用国际反华势力的格局，玩弄美、日对抗大陆，实则误判形势。蔡英文当局奉行"亲美、媚日、反中"的对外政策，全面配合美国的亚太战略，实际上是李登辉路线的复辟，以小博大，风险极高。

二、"台独"与认同问题

"台独"是"台湾国家认同"建构的最终目标。"国家认同"需要长时间的积累才能发展出来，其形成和维持需要多重基础，包括："身份认同（族群血缘关系）""文化认同（历史文化传统）""制度认同（以"宪法"为准则的政治社会经济体制）"。

在两蒋时代，虽然"中华民国"在内外都遇到认同危机，统"独"争论并不是岛内社会主流，"国家认同"问题隐藏在"乡土文学""台湾结/中国结""台湾意识/中国意识"等软性的文化话语之中。从 80 年代末开始，在台湾政治转型、李扁执政二十年，"台独"势力鼓噪的影响下，近三十年台湾社会长期存在着身份上的"台湾人/中国人"、文化上的"台湾文化/中华文化"、制度上的"台湾特色的民主制度/中国特色的社会主义制度"等三方面论述，强调两岸差异性，推动"台独"或者"独台"的"台湾国家建构"倾向，其本质都是分离主义。2016 年民进党再次执政后，分离主义的重心有从"政治分离"向"承认现状"转化，塑造和维持实质性"台独"的特征。这也就是本文所阐述的新路径"台独"。

过去，岛内以"台湾"为符号的"身份（族群）认同"建构并不成功。在"身份（族群）认同"上，由于两岸在历史、地域、族群、语言、历史、风俗、宗教信仰等方面的联系，脱离大陆母体的"台湾血统论""台湾民族论"没有任何论述基础，必定失败。廖文毅、王育德、史明等"台独"理论家于 20 世纪五六十年代创造"台湾血统论""混血论"，意图塑造"台湾身份认同"，并不被大众认可。

"文化认同"是身份构成的过程，构成元素就是诸如历史、地域、族群、语言、风俗、宗教信仰等文化符号，而大多数台湾人认可台湾文化是中华文化的传承，认为台湾文化独立于大陆的是少数。正因为如此，岛内

"台独"势力推进"文化台独",才会出现用多元文化塑造台湾新文化的调整。我们需要注意的是李扁执政二十年以来,特别是扁当局"教育部长"杜正胜的"同心圆史观",这种史观也是当前蔡英文当局所极力维护的论调。这种史观以台湾史为核心,向外辐射再讲中国史和世界史,其逻辑以"空间关系"为主轴,违反历史学以"时间顺序"为主轴的教学规律,可批判的理由非常充分。

未来,新路径"台独"最大的可能是在"制度认同"上做文章,利用"民主"制造"台独"的机会。在这个问题上,我们需要注意的是两岸交流中的"双刃剑问题"。多交流,自然有助于两岸相互了解。但是,当一方带着偏见审视对方,并且由此认为对方的一切说辞和表象都是伪装或带有特定目的,那么即便交流再多,恐怕对扭转其刻板印象也是无济于事。这正是两岸交流中的真实困境。随着两岸往来的日益频繁,台湾民众愈发认识到两岸差异的存在,甚至喜欢刻意寻找大陆的缺点以证明其过去所受教育的正确性,反之大陆民众亦然。在这种情况下,促进台湾民众认同大陆十分困难。

三、几点思考

第一个问题是,两岸对于未来的统与"独"都认为时间在自己一边。两岸存在对于统"独"认知上的相悖之处:台湾方面认为时间在自己一边,"维持现状"(或者说是维持僵局),最终台湾将走上某种形式的"独立"。大陆方面则认为时间在大陆一边,实力原则是解决两岸问题的根本之道,最终两岸将走向统一,至于统一的模式与统一后的政治安排,两岸人民有智慧解决。如何解决如此之大的认知差距,值得思考。

第二个问题是,台湾问题被包裹在一个日渐失去效能的旧的主权概念、主权形式中,两岸是否将渐行渐远。大陆很多人一是在主权形式上理解台湾问题,认为台湾问题事关"国家核心利益"即"主权"问题;二是在"中华民族统一"上理解台湾问题,诉求"民族感情"拉近两岸距离。然而,在岛内,随着多数台湾民众与政党丧失对"中国"这一主权符号的需求,"中国"退化成一个地理概念,台湾问题被包裹在一个日渐失去效能的旧的主权概念、主权形式中,感情拉拢所取得的成果也相当有限。

第三个问题是,岛内民众在面对"中国"的时候,往往并不清楚"统一"是什么,缺乏"统一"的具体想象,这暴露出我们在统一论述上的不足与理论创新的匮乏。同时，也暴露出我们在建构"中国认同"工作上的缺陷。如果没有强有力的"中国认同"论述，我们内部就搞不好，更搞不定两岸关系，必然滋生分离主义导致政治危机。"中国认同"要能够促进台湾民众对"中国"产生心理上的安全感和精神上的归属感，要能够引起台湾民众对"中国"未来、两岸未来统一极大的想象，才能把"台湾认同"拉回到母体之内。

"民主、革命、小确幸"

——"台独"的欺骗性逻辑及其后果

郭振家[*]

台湾民进党已经成立三十年，而"台独"理念在台湾的传播要远比民进党更悠久。台湾当局从两蒋时期对"台独"的严厉取缔，到李登辉、陈水扁时期的大肆放行，"台独"理念越来越从非主流转为主流，台湾社会思潮已经越来越"去中国化"了。

一、"台独"壮大的历史过程

所谓"台湾独立"，就是主张把台湾从中国分裂出去。这种分裂运动，始于二战结束之后。1945 年 8 月 15 日，日本天皇宣布无条件投降，按照《开罗宣言》的规定，日本"窃取于中国之领土"台湾等必须归还中国。10月 25 日，台湾光复，回归祖国的怀抱。当时一些日本军国主义人士并不希望看到台湾回归中国，日本驻台湾总督安藤吉利即策动一些日军中的军国主义分子和汉奸分子在台湾建立起"台独"组织，同时，驻台日本右翼军人还发动了"台湾独立"事件，这便是"台独"活动的发端。[①] 由于蒋介石接收台湾之后针对"台独"一直采取的是严格取缔的政策，因此，"台独"相关活动都是在海外进行。譬如，20 世纪 50 年代至 60 年代中期，廖文毅的"台湾民主独立党"、黄昭堂的"台湾青年社"都是以日本为活动阵地。[②] 蒋经国执政初期对于蒋介石的对"台独"政策是继承的态度，但是后

---

* 中国劳动关系学院公共管理系副教授，兼职于中国人民大学中国对外战略研究中心。
① 汪米：《50 年的殖民统治日本在台湾都干了些什么》，新华网，2010 年 9 月 17 日。
② 杨立宪：《"台独"组织与人物》，九州出版社 2008 年版，第 1 页。

期，由于中国和美国建交，再加上美国履行了对中国政府的承诺（即"断交""废约""撤军"），台湾成为"孤儿"的声音充斥台湾媒体，蒋经国逐渐认识到了"反攻大陆"之类的理念已经施行无望，故而转向了支持台湾本土人士的从政和参政，1986 年 9 月 28 日，民进党成立，早前的大量"台独"分子也纷纷"闯关"回台了。

蒋经国在 1987 年开放台胞回大陆探亲，两岸关系交流的大门终于开了一条"缝"。但蒋经国在 1988 年 1 月的辞世使得国民党的内部面临分裂，而两岸关系也增加了不确定性。从李登辉的言辞来看，李登辉在刚上台之初，借助于国民党内各种派别的争执，先是排挤了"蒋家"势力（宋美龄后来出走美国），接下来是分化外省籍的李焕和郝柏村，最终实现了国民党权力的集中。李登辉长期实施的是弱化国民党和壮大"本土派"的策略，因此，早在 1990 年"野百合学运"期间，李登辉即给予暗中支持。后来，民进党参加地方选举，李登辉也一路大开绿灯，因此，一路掩护最终有了民进党 2000 年上台执政。此外，李登辉还分裂国民党，成立了"台联党"。2005 年 1 月，苏进强在就任"台联党"主席时表示："将发扬本土精神，推动正名制宪，为台湾迈向正常化国家而奋斗"。①

光是台湾本土派参加政治进程并不能长久实现"台独"，还需要从教育的视角对下一代年轻人"洗脑"。从李登辉到陈水扁执政，一方面，台湾大量施行切割式的历史教育，即将台湾历史与中国历史分开和并列；另一方面，是对于日本侵略中国的历史进行了不断"美化"。从陈水扁时期的"课纲方案"，到马英九时期的"课纲微调"，再到蔡英文时期的放弃"课纲微调"，不断增加新世代对于台湾的认同和对于中国的否认。2014 年"太阳花学运"之时，大量年轻人借着"反服贸"的议题登上了历史的舞台，并在 2016 年的"立法院"选举拿下 5 席（"时代力量"），这些年轻人当然是接受"去中国化"的教育长大的。

我们不能否认，在复杂的国际背景之下，"台独"活动在早期有着各种国际势力的支持，这其中，既有着"台湾地位未定论"的政策炮制，又有着《与台湾关系法》、对台军售等对"台湾独立"的实质撑腰。但我们更需要关注的是，当前的"台独"活动大本营就是在台湾，"台独"实践的推动者就是以民进党为中心的各派"绿营"。

---

① 杨立宪：《"台独"组织与人物》，九州出版社 2008 年版，第 138 页。

二、民主和革命的基本含义

中国语境中对民主与革命这两个词解释薄弱，使得用中国文化的"分合统一"理论与台湾民众沟通的时候，总是处于某种劣势。

"民主和革命"这两个词汇源自西方的近现代历史，民主和革命是彼此相关又完全不同的两件事情。民主的形式是扩大民众参与，尤其是以选举的方式选出领导人，其实质是意味着去集权化。革命则意味着以激进的方式推翻或者颠覆过去的政权和政治秩序。长期以来，西方因为宗教和封建的双重专制，许多国家都是先革命再走向民主道路的，例如英国的资产阶级革命、法国的大革命。① 甚至于美国的独立革命（American Revolutionary War），也是先有革命后有宪政民主的实现。

革命往往具有如下三个方面的特征：时代的急剧转变、大量民众对于现状的不满、革命性力量的推动。当然，革命往往具有较大的破坏性，以上提及的革命均伴随着流血事件甚至大规模战争。民主则不同，在去除了专制主义的基础上，西方语境下的民主，最后的落脚点一定是妥协，以及法治理念的贯彻。媒体对于政府行使监督之责，但并不是滥用，而是在言论自由的框架下，对政府起到了监督的作用。

为什么大多数国家实现的是先革命后民主？因为民主实践的前提是不同派别需要认同一部共同的宪法。这部宪法很难不经历革命即得到认同。这部宪法不仅仅是各派别的行事规则，更涉及相互之间对于"你""我"身份角色的共同认同问题。台湾当前若敢于"修宪"变更主权和领土，等同于追求"法理台独"，必将招致战争；但是，抱着国民党时期的"中华民国宪法"，民进党又是有"百般委屈"，两党并未针对"宪法"有真正的共识。这也是大陆对于民进党不放心之处：民进党的"台独党纲"与"中华民国宪法"有着根本上的抵触。

三、"台独"逻辑的偷换概念——从民主和革命的视角

台湾从来不是一个国家，也并不了解一个国家诞生所需要付出的艰辛和

---

① 冷战结束以来，以颜色革命和阿拉伯之春为代表的社会运动有着深厚的西方介入背景。其后果，主要是搞乱了一些地区和国家的治理秩序，但是，并未在亚太中华文化圈产生重大影响。这些案例并不能算是"先民主后革命"的成功案例。

心血。"台独"希望各种讨巧，不是"从革命到民主"，而是希望逆转为"从民主到革命"，或者，实施一种隐瞒，名为"民主"，实为"革命"。"台独"壮大早期确实是借用了民主实践和"本土化运动"，但"台独"在长期发展中，却无法摆脱其基本教义的"束缚"。

（一）"台独"曾经与民主化有过交集

在 20 世纪 80 年代，不论是推动民主化还是推动"台独"，两个目标所面临的共同敌人都是国民党威权。自 40 年代末期开始两蒋统治台湾，随着台湾中产阶级的壮大，希望政治参与的意愿越来越高；此外，台湾国际环境的恶化也使得蒋经国执政的合法性受到质疑，因此蒋经国于 1987 年开放党禁报禁之举完全符合民意，而之后李登辉于 1991 年终止所谓"动员戡乱时期"也为台湾社会的民主转型提供更大的空间。

台湾自 20 世纪 80 年代末期迄今已经历了七次"宪法"修改，"修宪"先后实现了"国会"全面改选、"总统"直选、取消"行政院长"副署权、取消"立法院"对"行政院长"任命同意权，"冻省"、废除"国民大会""立委"席数减半、采单一选区两票制等。此外，1996 年台湾实行所谓"总统民选"，2000 年实现"政党轮替"，实际上可视为是民主已经完全付诸实践了。所以，接下来各个党派应当是维护民主的真谛，都按照制度和规则办事，这才是真正的民主。

（二）"台独"的本质是革命

2000 年、2016 年两次台湾民进党上台执政，但"台独"并未实现（实质上是永远实现不了）。所以，台湾的民主化也就不能"算"实现。即便是实现了，民进党也一定要制造"威权"，制造对立，从而推动其实质的"台独"。这才是民进党长期以来的真正思维和做法。民进党不为推动民主，只为在"民主"的掩护下推动"台独"，一叶障目，骗得了一时，骗不了一世。因此，我们看到，在陈水扁执政时期的贪腐现象十分严重，但这并未被民进党"道德审判"，反而说是国民党不断打压；而蔡英文上台不久，针对国民党的"不当党产条例"出台了，从 1945 年起清算，并且任用陈水扁辩护律师顾立雄担任"不当党产委员会主委"。同样的，"军公教"继续是民进党打压的对象，可笑的是，2016 年 9 月 3 日号称 25 万人的游行抵不过 2015 年 7 月数百人的围攻"教育部"（蔡英文答应了"反课纲微调"的抗争诉求），这不是选择性民意吗？这不是"永远叫不醒装睡的人吗"？

因此，民进党执政下，确保的是"台独"理念的推行，包括任用"台独"理念人士去"教育部"和"文化部"，当然也包括海基会任命"深绿"的田弘茂。"台独"的理念中并没有民主所需要的妥协和包容，充斥的是革命需要的斗争和彻底，当然这其中也不需要有对于社会公共价值的肯定和坚持。所以，"台独"的本质是革命。

（三）"台独"必然带有欺骗性

"台独"当然是无法实现的，这一点可以从如下四个方面来看。首先，中国大陆的壮大、民意对统一的支持、中国文化对于统一的支持是客观存在的，《反分裂国家法》强调"国家绝不允许'台独'分裂势力以任何名义、任何方式把台湾从中国分裂出去"。其次，是来自当前国际法的约束。台湾在1945年已经回归中国，包括美日在内的大多数国家至今均不承认台湾的主权地位，就是要遵守二战后的相关国际法安排。第三，台湾永远承受不起与大陆进行冲突的巨大成本。随着两岸的差距越来越大，台湾应当思考的是如何利用庞大的大陆资源，而不是如何"与大陆为敌"。最后，"台独"本质是革命，当前台湾的社会生态有三个与革命不兼容的时代特征：大多数人对于现状并不是革命式的不满（深绿"急独"除外）；台湾社会并不存在急剧变革；青年群体的"小确幸"心态喜欢带来好处，不喜欢承受牺牲。尤其是最后一点，指望青年参军去挺"台独"吗？暂不论"台独"为了对付国民党长期在丑化军队形象，就说承受巨大牺牲方面，"台独"青年人士愿意吗？恐怕答案也是否定的。

所以说，"台独"本质是革命，但又不敢公开宣称革命；革命不可行，必须"软包装"，必须搞欺骗，这样就有了所谓"心灵台独""文化台独"、反对"课纲微调"、亲日和善等等，总之，并不敢宣布"法理台独"。

四、欺骗性"台独"及其严重后果

"台独"支持者十分清楚，自己的理念并不是民主，而是革命。但这样的实质是不能清楚告诉台湾民众的，因为如果明言的话，"台独"的支持者将寥寥无几。但民进党继续这样欺骗性的"台独"，将促使两岸关系不断走向死胡同，成为两岸关系的真正乱源。欺骗性"台独"将带来如下的严重后果：

（一）"台独"必将冲击台湾政治现状

台湾现在所谓"中华民国宪法"是一个"一中"宪法。在台湾岛内，有相当多民众对于"宪法"的支持是台湾社会稳定的基础。2003年11月27日，台湾"立法院"通过了国民党、亲民党（"泛蓝"阵营）版本的"公投法"；而主张"公投"适用范围包括"国旗、国号和领土变更"等"台独"内容的民进党（"泛绿"阵营）版本被否决。今天，泛蓝和泛绿阵营并未发生根本性的改变。推动"台独"，就是意味着颠覆性改变台湾政治现状。

（二）"台独"必将冲击台海和平和地区稳定

"台湾独立建国"，实质上是对中国主权的破坏。中国大陆不可能放任"台独"不管，两岸多年交流达成的共识必将付诸东流。民进党对于"九二共识"的久不表态其实就是一种表态，"民进党当局单方面破坏两岸共同政治基础，实际上是把他们对共识的否认强加给大陆"。[①] 此外，民进党向美日靠拢，在国际舞台上的种种表现（东海、南海，冲之鸟礁等方面）逐渐偏离中国传统立场，也将台海沦为各地角力的舞台。"台独"希望成为多方博弈的一方，但由于其力量弱小，到头来会沦为某些国家的"棋子"。而"台独"若像陈水扁时期一样希望占据舞台的"中央"，必将影响台海和平和地区稳定。

（三）"台独"将冲击中美关系

"台独"并不是一匹容易驯服的"小马驹"，经历了陈水扁这样的 trouble maker 之后美国可能深有体会。但是，针对"台独"先是绑架民进党再是绑架台湾"民主"，美国未必有足够的认识。一旦"台独"推动一些激进方案，中美关系必将受到一定的冲击。当前，台湾深受所谓"颜色革命"和"阿拉伯之春"的影响，幻想通过民主游行示威就实现所谓的"独立建国"；而"台独"支持者并未看到，美国当前在叙利亚问题上不得不与俄罗斯签署相关的停火协议，美国在阿富汗问题上不得不接受中国建设的介入。当然，在俄罗斯敲打格鲁吉亚（2008）和俄罗斯吞并克里米亚半岛（2014）

[①] 《国台办2016年9月28日新闻发布会全文》，中评网，2016年9月28日。

问题上，美国也并没有全面与俄罗斯发生对抗。所以，"台独"支持者并不了解大国之间的战略规划和折冲逻辑，"台独"给美国制造麻烦和冲击中美关系的时候，或可能最终遭到中美两方的联合反制，或可能最终成为中美两国战略交换的"节点"。

五、结语

台湾或者谋求统一、或者谋求独立，这实际上是一个"二者必选一"的问题。"台独"从理论到实践十分复杂，当前，"台独"理论已经从"文化台独"向"血缘台独"迈进，妄图一步步割裂两岸之间的情感联系。中国大陆仅仅通过中国传统文化中的"分合统一"理论已经很难在语境上与"台独"支持者进行沟通，更遑论战胜后者。所以，我们需要"另辟蹊径"。"台独"理论者所依赖的西方民主理论并未支持"从民主到革命"的路径，这也是包括美国政府在内的国际社会对于"台独"并不支持的原因。当前的台湾是以"民主"之名推"革命"之实，其推行"台独"的欺诈性，需要学界持续长久地进行论争。

略论"文化台独"

李　立*

"文化"的定义有广义、狭义之分，广义的指人类在社会历史发展过程中所创造的物质与精神财富的总和；狭义的指教育、语言、文学艺术、习俗、宗教信仰、传统等。民进党当局推行的"文化台独"中的"文化"概念应是狭义的。"文化台独"是一种以确立台湾独立性为价值取向，以"去中国化"为特征，为"台独"服务的社会文化思潮。从其发展趋势来看，影响已浸入到台湾社会的各个阶层，危害性也越来越大，一旦成为台湾的主流意识，必将对两岸的和平统一造成严重的危害。因此，必须高度关注，坚决遏制"文化台独"思潮的蔓延。

一、"文化台独"的内涵

"文化台独"的内涵包括：海内外分裂势力在文化领域的"台独"主张，是其政治纲领及政治主张的重要组成部分，指导其相关的活动，为实现其总体政治目标服务；台湾当局利用其统治地位，在文化领域推行为分裂主义路线服务的政策，贯彻其政治理念。

文化领域的"台独"主张与在文化领域推行为分裂主义路线服务的政策分属于社会上层建筑体系的不同方面，前者属于思想上层建筑范畴，后者已融入政治制度，属于政治上层建筑范畴，二者相互作用，互为因果。文化领域的"台独"主张及相关政策实质上是政治领域的"台独"主张及相关政策在文化领域的反映，前者是为后者服务，通过舆论宣传、文化教育等引导社会、引导民众去维护和支持"台独"的政治理念、路线和政策。因此，

---

* 北京联合大学台湾研究院副教授。

"文化台独" 虽然表现在文化上, 但却是一个严重的政治问题。

以往, "由于两岸长期的意识形态及社会制度的对立与斗争, 台湾许多政界、学界人士 (包括不同的省籍、族群) 表示不能认同政治的中国, 理由是在国际社会代表中国的是中华人民共和国, 但却能认同历史的、文化的中国"。① 换言之, 他们在历史、文化方面认同中国, 在政治、法律方面无法认同中国。以至于把 "一个中国" 定义为历史、地理、文化的概念, 而不承认其政治、法律的内涵。"文化台独" 本质上正是从历史、文化领域的 "去中国化", 企图割裂台湾与中国的文化联系, 反对和清除对中国的历史、文化的认同, 在 "一个中国" 概念中进一步去除文化、历史的涵义, 为政治上、法律上的分裂主义奠定基础。

从理论上看, 文化领域的 "台独" 主张的宣传将在一定程度上直接影响和冲击台湾社会对中国的文化认同, 而文化认同是民族认同、国家认同的基础, 进而影响和冲击台湾社会的民族认同与国家认同。"民进党当局在文化领域推行为其分裂主义路线服务的政策, 灌输其意识形态, 贯彻其意志。"② 毫无疑义, 统治阶级的思想、意识形态就是该社会占统治地位的思想及意识形态, 用政权力量通过文化教育和大众传媒等机制, 以意识形态的灌输和舆论宣传的导向在文化、历史方面 "去中国化", 这将使台湾社会在政治文化层面的 "国家认同" 发生实质性变化, 这种影响对于青少年尤为严重。然而, 文化这一社会历史发展传承下来的行为模式的集合体, 通过人们长期检验的总体发展得以维系, 具有一定的连续性和稳定性。文化作为社会意识和上层建筑是一定社会存在和经济基础的反映, 社会意识形式有其相对独立性。所以, 文化认同一旦形成, 将难以改变, 就具有一定的反作用力。正因如此, 尽管经过长达 50 年的日本殖民统治和 "皇民化" 教育, 中国传统文化在战后台湾仍然拥有巨大的影响力与凝聚力。以往海内外分裂势力有关文化领域 "台独" 主张的宣扬和 "台独" 路线的推行不可避免地面临强大的客观制约和现实障碍。

从实际运作上看, 不论是文化领域的 "台独" 主张的宣传鼓动, 还是在文化领域推行为分裂主义路线服务的政策, 在现阶段都将面临着比之于政治上推行分裂主义路线更为强大的阻力, 同时势必进一步加剧台湾政坛、社

① 林劲: 《浅析 "文化台独" 的实质及影响》, 《台湾研究集刊》, 2001 年第 2 期。
② 石之瑜: 《堕落与疯狂——民进党的党国文化》, 台北: 海峡学术出版社 2002 年版。

会的省籍和族群矛盾，引发政坛纷争，对台湾社会的危害显而易见，也是客观存在的，但有相当的局限性，极少数人推行"文化台独"的图谋终将无法得逞。

二、"文化台独"的历史演变

"文化台独"的出现经历了一个比较长的发展变化过程，即由早期出现在岛内的文化"本土化"运动衍生出所谓的"台湾意识"，最终异化成为"台独"政治目标服务的文化分裂主义思潮。而伴随着岛内文化"本土化"运动的分化变质，"台独"势力利用"文化台独"为其卑劣目的服务也由来已久。

20世纪50—70年代，海外"台独"势力涉及文化领域"台独"主张的"台湾民族"论调的宣传（因为民族理论必须用地域、经济、文化等方面因素来加以论证）。由于在理论上、逻辑上、历史事实上无法逃脱的荒谬与错误，使之难以持续，逐渐为企图超越血缘、文化、民族等因素，归结于命运、利益、前途因素的"台湾国民主义""台湾命运共同体"的宣传所取代。

80年代以后，海内外"台独"势力在台湾政治环境发生剧变的形势下注重台湾历史、文化的宣扬，强调台湾历史、文化及社会的特殊性，鼓吹确立所谓的台湾历史、文化的"主体性"。企图利用台湾社会及民众对国民党长期压制台湾历史、文化的研究与教育的反抗心理，进而强调台湾人的"国民意识"，仇视中国的历史和文化，鼓吹"台湾有自己的文化，中国文化是台湾文化的一部分，犹如美国文化、日本文化也是台湾文化的一部分"。

民进党在文化领域的"台独"主张，具有代表性的是民进党中央党部1994年印发的《台湾文化年历》中将党纲中"基本纲领"条目列入，并作简短的阐释，在第五条"创新进步的教育文化"之下写道："为了扭转国民党40年在台湾施行的党化教育与大中国洗脑，民进党主张一个创新进步加教育文化，让台湾人寻回自己的母语，找回自己的历史与文化，建立一个以台湾为中心，以台湾为骄傲的文化"。

"台独"分子在文化领域里推行的"台独"理念，具体表现在：

1. 倡导"台湾文化主体性"。"台独"分子诬称，台湾文化属海洋文化性质，与中华文化的大陆文化性质有着本质的不同。因此，台湾文化有其主体性，中华文化只是台湾文化的一部分。彭明敏鼓吹"台湾文化与中华文化不同"，民进党甚至要"把'中国'从台湾文化字典中连根拔除"，来"凸显台湾文化的主体性"。① 企图从文化体系上将其与中华文化加以剥离，进而为台湾脱离中国提供理论依据。

2. 鼓吹"台湾命运共同体"。无论是彭明敏的"台湾命运共同体"，还是李登辉的"台湾生命共同体"，其实质在于强调台湾与大陆命运不同。谢长廷说："我常想，要怎么说，台湾'独立'的观念才能被接受。所以我从文化着手，先说台湾是命运共同体……"② 企图以此来"证实"所谓的"台湾共同体"与"中国共同体"是两个互不隶属的对等共同体，借口"本土化""台湾化"，图谋民众放弃中国认同，改采"台湾认同"。李登辉执掌台湾党政大权后，大肆推行"文化台独"：一是推出新编教材《认识台湾》，为"台独"领路；二是在台湾"族群"问题上大做文章，宣扬"台湾人不是中国人"的谬论；三是提出"新台湾人"之说，公开鼓吹"两个中国"，制造台湾和大陆的分裂；四是复辟"皇民文学"；五是搞"文学台独"。以台湾文学的"本土化""自主论""主体论"来否认台湾文学是中国文学的一部分。"陈水扁在文学领域搞'台独'，就是'文学台独'，这是陈水扁搞'文化台独'的又一花招，值得警惕。"③

3. 谋求重建"台湾文化"，从地域上、历史上、文化上与中国划清界限。其突出之举就是提倡"台语运动"，即废"国语"（即普通话），改用"台语"（即闽语话）。于是，从官方到民间，从大学到小学，一时间"台语"甚嚣尘上。《民众日报》还开辟了"台语"专栏，公开宣扬"台语是台湾文化的树根，是'台独'树木的活水，是'台独'树木开花结籽的原素。向前继续成长，枝叶茂盛，变成'台独'树木，致荫世世代代的台湾人"。④ 陈水扁任台北市长时，除在"国语"文竞赛外，首创"台语"竞赛，而且评审费采差别对待："国语文"竞赛评审费每日新台币 2400 元，

---

① 台湾《自立早报》，1993 年 8 月 30 日。
② 谢长廷：《谢长廷新文化教室》，台北：月旦出版公司 1995 年版，第 100 页。
③ 赵遐秋：《透视"文学台独"》，北京：九州出版社 1998 年版。
④ 台湾《民众日报》，1995 年 6 月 22 日。

而闽南语、客家语竞赛的评审费每日高达新台币 5800 元。① 陈水扁上台以后,"文化台独"更加张狂,陈水扁制造了所谓台湾文学曾用"台湾话"创作而成的谎言,鼓吹用"台语"写作。台湾著名作家陈若曦说:"不能想象我们要用几代人去适应一种新文字,我觉得用台语写作不是'两难的抉择',而是作家的文学生命是否'自杀'的抉择。"② 不仅如此,陈水扁还强化所谓"乡土教育",规定台湾中小学生必须在客家话、闽南话、少数民族语中选修一种,以此弱化"国语"在台湾的地位;中小学统一闽南语用字,并将"台湾主体性"纳入教育纲领;尤其是近期更是修改历史教科书,大搞所谓的"台湾正名"。"文化台独"步步升级,其目的是要达到"台湾独立"。

三、"文化台独"的谬论

"文化台独"的谬论主要表现在它的历史观、文化观、民族观上。

"文化台独"的历史观认为,台湾只有 400 年历史,曾统治台湾的荷兰、西班牙、明郑、清、日本、国民党等政权均是外来政权。"中国"与荷兰、西班牙一样,都曾统治过台湾,台湾自古以来就不属于中国,是"无主之岛"。据此,民进党当局对高中历史课程进行了修改,公布了《普通高级中学历史课程纲要草案》,将明朝中叶以后包括清朝和"中华民国"的历史都放进高中二年级的"世界历史"课程中。这是非常荒谬的。台湾自古以来就是中国领土。战国时代称之为"岛夷",汉朝和三国时代称之为"东鲲""夷洲",隋唐时代称之为"流求","从隋朝起,台湾跟大陆的关系更加密切了。"③ "唐元和年间,有唐代十才子之称的施肩吾不愿宦海浮沉,遂于公元 806 年率施氏家族,移居澎湖列岛。"④ 明朝万历年间,"台湾"名称正式在公文中出现。1885 年,清政府正式划台湾为单一行省,刘铭传为首任巡抚。刘铭传在台湾进行了近代化建设,走在大陆各省前面,对台湾做出

---

① 丁介民:《从政策层面与非政策层面看"台湾意识"之苗长》,《前瞻与回顾学术研讨会》论文集。
② 陈若曦:《台语写作要不得》,《中国时报》1996 年 6 月 10 日。
③ 白寿彝:《中国通史纲要》。
④ 连横:《台湾通史》,卷一。

了贡献。"而台湾于数年之内,无一不备,可以和它相比的唯有直隶。"①

如果将外国入侵者对台湾的占领看成台湾没有归属的根据,这简直是对台湾人民反抗侵略者正义斗争的侮辱,是对台湾人民爱国主义传统的亵渎。

"文化台独"的文化观认为,"台湾文化并不只属于中华文化,也非中华文化的一部分,中华文化只不过是与西班牙文化、荷兰文化等占领国的文化一样,是一种外来文化。台湾文化包括荷兰文化、日本文化、少数民族文化、汉文化、西洋文化等文化要素,这些因素共同构成了独立于中华文化之外的台湾独立的文化系统。② 如果说台湾文化是多元文化的综合体,具有包容性,这是无可指责的。但"文化台独"论者却以此来说明中华文化只是台湾文化中的一元,并将中华文化与外来侵略文化相提并论,就变得十分荒谬了。

另外,从文化的特点来看,"文化台独"论者认为,台湾文化是海洋文化,中华文化是大陆文化,二者具有本质的不同。这显然是将文化的差异夸大本质的区别,从这种区别推演出台湾文化"独立"于中华文化系统之外,为"台湾独立"寻找根据,但却经不起推敲。中华文化是多元一体的结构,台湾文化与中华文化是一体的,在本质上是相同的,但作为多元中的一元,又具有自己的特点。中国有 56 个民族,每个民族都有自己的文化,每一个民族的文化都有自己的特点,正是民族文化的各自特点,才构成中华文化的丰富多彩。中国地域辽阔,"东临大海,西披黄沙",不同的地域有不同的文化,这不同的地域文化的特点构成中华文化的深厚内涵。因此,不管从哪个意义上说,台湾文化的特点正是中华文化丰富多彩的明证,而非"独立"的根据。"'文化台独'的目的就是要割断台湾文化与中华文化内在的精神联系。"③

"文化台独"的民族观认为,台湾已形成与中华民族完全不同的民族,这就是"台湾民族"。台湾人所赖以生存的台湾社会,在于 400 年来的移民与开拓,近代化与资本主义化,以及长期以年的殖民地解放斗争的历史过程里,从华南移往台湾的汉人开拓者与其后代成为主要的成员,并和少数民族共同居住,而吸收它,同化它,结果以台湾特有的"共同地缘"(自然地理

① 郭廷以:《台湾的开发和现代化 (1683—1891)》,载《近代的台湾》。
② 姚同发:《台湾历史文化渊源》,北京:九州出版社 2002 年版。
③ 阮次山:《"台独"究竟能走多远?》,北京:九州出版社 2004 年版。

环境）和殖民地被压迫的"共同命运"（社会环境）为主要因素，逐渐形成为单一、共有的统一共同体民族，成员之间的共同意识也随之发生。就是说在台湾岛内已经形成了和近代的民族概念相吻合，但是和中国完全不同的"台湾民族"。它的精神是，凡事都以台湾的社会现实为出发点，凡事也都以台湾人的快乐和福祉为依归，也就是台湾人关心"台湾民族"的前途和命运，主张"台湾民族"利益，要努力建立"台湾独立国家"，发展台湾经济，并发展台湾固有文化的思想和行动。台湾人出头天的理念基础就是"台湾民族"主义。打破"中华沙文民族主义"要依靠"台湾民族主义"这个法宝。而事实是怎样的呢？恰恰相反，"台湾早期住民大部分是从大陆直接或间接移居台湾的。"① 考古发现的台湾最早的人类化石，即左镇人化石，与福建考古发现的"清流人""东山人"有着共同的起源，"'左镇人'就是从大陆东南地区到台湾的"。② 台湾98%的人是汉族，"大多为闽之漳、泉、兴化人，与粤之惠、潮、嘉应人"。③ 不管是从血缘上，还是从语言、文字、民俗、价值观念上，台湾地区的各个民族都与中华民族血脉相连，不可分割。从分裂出发，"台独"分子将自己的分裂意识假"台湾民族意识"推出，将少数人的"独立"图谋冒充广大台湾同胞的意愿，完全是强奸民意。其目的是要割断海峡两岸同胞的血缘联系。

四、"文化台独"的实质

"文化台独"的实质是要从政治、文化、意识形态等各个方面逐渐建立"台湾独立"意识，目的是将台湾从中国的母体中分离出去，最终走向"独立"。

具体来说，"文化台独"就是为"政治台独"服务，为"台湾独立"奠定社会基础和思想基础。它提出要培养所谓的"台湾文化主体意识"，其内容就是强调"台湾文化不同于中国文化""台湾文化的独立性"。要从根源上割断台湾文化与祖国文化的天然联系，淡化中国文化对台湾民众的影响，用"台独文化"对他们尤其是对广大青少年进行洗脑，使其远离中国

---

① 姚同发：《台湾历史文化渊源》，北京：九州出版社2002年版。
② 宋文薰：《由考古学看台湾》，载《中国的台湾》，台北："中央文物供应社"1986年版，第113页。
③ 姚同发：《台湾历史文化渊源》，北京：九州出版社2002年版。

传统文化的熏陶和影响，从意识形态上拒绝认同中国文化，进而抗拒统一。

"文化台独"向台湾人民灌输"台湾人不是中国人"的意识，其实质就是弱化其对国家、民族的认同感，培植分裂主义土壤。有学者已经指出，如果按照这种趋势发展下去，必将在两岸人民心中形成"台湾人不是中国人，台湾民族不是中华民族的组成部分"的认识和观念，其后果将是极其严重的。

"文化台独"强调"台湾人不是中华民族的一部分，已形成一个独立的民族"。其目的就是要以潜移默化、日积月累的方式，侵蚀台湾民众的"中国情结"，影响其对国家与民族的认同。尤其是向广大青少年灌输"台湾人不等同于中国人"，"台湾的民主化就是要建立台湾人自己的新国家"的思想，在深层次上影响岛内民意趋向，培植分裂主义土壤，营造"台独"气候。

五、"文化台独"的危害

"文化台独"倡导台湾文化的"主体性"，鼓吹"台湾文化与中华文化"不同，想从文化归属上将台湾文化同中华文化隔离开来，其目的就是反对区域性的台湾文化是中华文化不可分割的组成部分，企图从文化体系上把台湾文化从中华文化中剥离出去，进而为台湾脱离中国奠定一定基础。鼓吹"台湾命运共同体"，对台湾民众心目当中的龙的意识、长江、黄河的意识横加污蔑，甚至以"本土化""台湾化"为借口，要求台湾民众把对长江、黄河的景仰转移到对浊水溪、淡水河的"关怀"上来。显然，这种"关怀转移"的背后，就是要求台湾民众放弃中国认同，改采"台湾认同"。

文化认同是民族认同、国家认同的基础。"文化台独"正是要破坏台湾民众认同中华文化这一关系民族认同和国家认同的基础，以图谋"台独"。所以"文化台独"本质上就是要把台湾从中国分裂出去，最终达到"台湾独立"的目的。但"文化台独"与'政治台独'是有区别的。与"政治台独"相比，"文化台独"虽然没有直接破坏国家的主权与领土完整，但是它对祖国和平统一大业的破坏却同样严重，而且因其所具有的煽动性和欺骗性，其危害更加深远：

（一）"文化台独"模糊台湾民众的国家认同和统"独"心态。"文化台独"直接冲击的是台湾民众的文化认同，而文化认同是民族认同、国家认同的基础，所以"文化台独"在冲击岛内民众文化认同的同时，必然会影响台湾民众的国家认同和统"独"心态。尤其是对于台湾青少年，潜移默化的"文化台独"教育的灌输，将使其产生历史文化认知的错乱，进而造成民族认同的迷失。

（二）"文化台独"是一个比较软性的"台独"。其特征就是在柔弱的外表下用软刀子杀人，相较"政治台独"，其危险性更大。"政治台独"是激进的，"文化台独"是舒缓的；"政治台独"是大张旗鼓的，"文化台独"是潜移默化的。因此，"文化台独"这种软性的特征更加能迷惑人。

（三）"文化台独"是断根"台独"，"本质上是凶狠的，他们共同的手法就是为剪断台湾文化与祖国大陆母体联系的脐带。① 综观台湾"文化台独"形形色色的表现，不管涉及语言文字、文化历史，还是涉及宗教信仰、民俗风土，它的手法如出一辙，就是割裂台湾与祖国大陆、台湾文化与中华文化的历史渊源关系。

（四）"文化台独"是腐蚀心灵的"台独"，"它一贯的策略是以文化腐蚀民众心灵，为推行'台独'理念，开通'心'路。"② 一方面，中华文化在岛内处处被断根、被断脐；另一方面，西洋文化尤其是日本文化，却无孔不入。"文化台独"大量入超"皇民文化"，借助洋人搞"蚀心""台独"。

当然，"文化台独"最大的危害就是将两岸引向战争。"台独"意识已透过历史、文化领域进入台湾民众，特别是青少年的思想意识中，国家、民族、文化的认同观念已逐渐从"中国""中华"转向"台湾"。"文化台独"不仅对两岸关系造成危害，而且对台湾人民的思想意识、价值观念、价值取向、理想信念、精神追求以及国家、民族、文化的认同也造成混乱。思想的混乱会带来人心的浮动，由此引起社会的动荡。可以预见，台湾的社会混乱和矛盾会不断加剧，为了转移矛盾，必然会制造两岸紧张关系，使两岸关系陷入恶性循环之中，在这种恶性循环中播下仇恨的种子，离间两岸人民的感情，胁迫台湾人民走"台独"之路。一旦"台独"意识成为台湾的主流意识，陈水扁当局就会假借民意公开宣布"台湾独立"。"台独"即意味着战争。

---

① 姚同发：《台湾历史文化渊源》，北京：九州出版社2002年版。
② 姚同发：《台湾历史文化渊源》，北京：九州出版社2002年版。

六、"文化台独"行不通

民进党当局用"台独文化"对岛内民众尤其是对广大青少年进行洗脑，使其远离中国传统文化的熏陶和影响，从意识形态上拒绝认同中国文化，进而抗拒统一。但中华文化在两岸中国人心中根深蒂固，"文化台独"走不通。

（一）中华文化与台湾文化源远流长，关系密切。考古发现的台湾最早的人类化石，即"左镇人"化石，与福建考古发现的"清流人""东山人"有着共同的起源，"左镇人"就是从大陆东南地区到台湾的。所以，1945 年以前的台湾人，多来自位于中原河洛地区的汉民族，其语系又分为闽南的河洛人和客家人。目前河洛人占台湾人口将近 70%，其他则为客家人、少数民族和 1945 年之后陆续移居来台的大陆各省籍人士。以人口而言，河洛人占大多数，因此闽南河洛文化当为台湾文化的最主要组成部分。河洛为中国古文化发祥之地，台湾河洛人文化来自祖国，与中华文化有着密不可分的关系。

（二）从语言、民俗、信仰，到伦理道德等价值观念都体现了中华文化的本质特征。中华文化是多元一体的结构，台湾文化与中华文化是一体的，在本质上是相同的，但作为多元中的一元，又具有自己的特点。中国有 56 个民族，每个民族都有自己的文化，每一个民族的文化都有自己的特点，正是民族文化的各自特点，才构成中华文化的丰富多彩。中国地域辽阔，"东临大海，西披黄沙"，不同的地域有不同的文化，这不同的地域文化的特点构成中华文化的深厚内涵。因此，不管从哪个意义上说，台湾文化的特点正是中华文化丰富多彩的明证，而非"独立"的根据。"文化台独"的目的就是要割断台湾文化与中华文化内在的精神联系。

（三）文化这一社会历史发展传承下来的行为模式的集合体，通过人们长期检验的总体发展得以维系，具有一定的连续性和稳定性。文化作为社会意识和上层建筑是一定社会存在和经济基础的反映，社会意识形式有其相对独立性。所以，文化认同一旦形成，将难以改变，就具有一定的反作用力。正因如此，尽管经过长达 50 年的日本殖民统治和"皇民化"教育，中国传统文化在战后台湾仍然拥有巨大的影响力与凝聚力。所以，民进党当局推行"文化台独"面临着强大的客观制约和现实障碍。

不论是文化领域的"台独"主张的宣传鼓动，还是在文化领域推行为分裂主义路线服务的政策，在现阶段都将面临着比之于政治上推行分裂主义路线更为强大的阻力，势必进一步加剧台湾政坛、社会的省籍和族群矛盾，引发政坛纷争，对台湾社会的危害显而易见，也是客观存在的，但有相当的局限性，极少数人推行"文化台独"的图谋终将无法得逞。

毫无疑问，岛内大多数民众的中国人认同，绝大多数民众反对"台独"的民意结构，是实现祖国和平统一的基础。如果任由"文化台独"模糊台湾民众的文化认同、国家认同，造成两岸民意之间的对立，将直接破坏祖国的和平统一进程。

中华文化具有五千年的悠久历史，是包括台湾同胞在内的全体中华民族共同创造的，中华儿女都应该倍加珍爱它保护它，任何企图在中华文化上涂污抹黑，欲通过"去中国化"、搞"文化台独"来达到个人政治目的的人，只能是一败涂地。

警惕民进党用"公投"实现
"法理台独"图谋

杨广霞　黄峻枝[*]

一、民进党推动"公民投票法"的历史活动

早在 20 世纪 70 年代中期,"台湾基督教长老教会"就鼓吹用"公民投票"的方式使台湾成为一个独立自主的"国家"。许多学者都将"台湾基督教长老教会"视为最早在台湾岛内推销"自决理论"的组织。[①] 此后民进党更是不遗余力地推动"公民投票"活动,该党利用"公民投票"推动"法理台独"的行为具体可分为三个层面:推动地方性在地"公投";在"立法院"提出"公民投票法草案";在自身的党纲中以不同文字变换"公投自决"的表述,皆声称以"公民投票"的方式来决定台湾的未来。

(一)民进党致力于推动地方性"公投"

20 世纪 90 年代,民进党与地方县市结合不断推动地方性"公投",自 1990 年 5 月至 2003 年"公投"通过"立法"之前,台湾总共举行了 21 场地方性"公投",平均每年举办 1.62 次,频率相当高,其议题已不限于环保,而扩及其他民生议题。[②] 这些"公投"议题大都涉及当地民众的切身利益,包括环境问题、地方规划问题、经济问题等。虽然这其中的大部分

---

　* 北京联合大学台湾研究院研究生。

　① 黄嘉树:《台湾能独立吗?——透视"台独"》,海口:南海出版公司 1994 年版,第 46 页。

　② 曲兆祥:《公民投票理论与台湾的实践》,台北:扬智文化事业股份有限公司 2004 年版,第 122 页。

"公投"结果因没有法源依据而不被接受，但是民进党仍然从其中获得了预期的利益。因为一方面塑造出民进党为地方民众的切身利益发声的形象，收获了民意的同时又为自身树立了良好的政党形象；另一方面也使得"公投"的概念逐渐为民众所熟知，为以后民进党推动"公投入法"创造了民意基础。

（二）民进党人士积极推动"公投立法"

1993年，被称为"蔡公投"并创立"公民投票促进会"的蔡同荣在"立法院"提出了第一个"公民投票法草案"版本，这同时也为民进党试图以"公投"来决定台湾的前途定下了最初的蓝本。此后，民进党"立委"再次抛出"公民投票法草案"，分别是蔡同荣版、林浊水版、黄尔璇版，在民进党肆无忌惮的宣扬下，国民党也不甘示弱，提出了自己的"公民投票法草案"版本，即郁慕明版本。此后在2004年，在各种偶然事件的碰撞中，"公民投票"掀起了一股高潮，当时正值2004台湾"大选"，各政治势力为了赢得选票，不得不相互妥协，这时陈水扁又利用SARS病毒的偶然传入，刻意掀起民粹化动员，试图以"公民投票"的方式加入WHO组织，但实则是为了转移自身执政不利的焦点，同时也是为了附和"激进台独派"追求尽快"台独"的心态，这一系列的因素促成了"公民投票"的最终"立法"，虽然最终通过的版本大都以国亲版本为主，但其中也掺杂着民进党的"防御性公投"条文，此条文的通过为民进党追求"法理台独"打开了方便之门。不过民进党这一系列利用"公民投票"以试图实现"法理台独"的行为可谓步履维艰，从2004年陈水扁鼓动的第一次全台性"公民投票"的失败来看，即使陈水扁已经声嘶力竭地渲染了"公投"的氛围，但终究还是因未达到法定人数而以失败告终。

（三）民进党党纲中规定"公民投票"的方式决定台湾的未来

民进党在致力于推动"公民投票"的"立法"活动的同时，也致力于在党纲中借助"公民投票"来决定台湾的未来。因此在民进党的党纲中能看到该党利用"公民投票"的企图。从1991年民进党通过的"台独党纲"中可看到"台湾前途由台湾人民自主决定"的规定；到了1999年，由于民进党"台独党纲"的"激进台独"言语并未赢得民众的支持，从1991年底的"国民大会代表"选举的结果来看，"激进台独"路线显然不受欢迎。1992年"立委"选举中的一些个案结果再次证明，"激进台独"的主张并不能打动多数选民，而温和的主张更容易得到大多数选民的支持。因此，在90年代，"台独"主张对于民进党来说绝不是什么"十全大补药"，可以说是"票房毒药"。再到1996年民进党在"首届总统民选"中惨败。民进党迫于选举压力而不得不变换"台独纲领"的文字表述方式。因而，到了1999年5月，民进党"八届二次全代会"上制定了"台湾前途决议文"，该决议文称："台湾，固然依目前'宪法'称为'中华民国'，但与中华人民共和国互不隶属，任何有关独立现状的更动，都必须经由台湾全体住民以公民投票的方式决定"。这一宣示固然未能放弃"台独"基本立场，但已经以党内决议文的方式，接受了"中华民国体制"的客观事实。① 此时，与建立一个"新而独立国家"的"台独党纲"相比，新论述强调台湾已经是一个"独立的主权国家"，"任何改变台湾主权独立现状的要求"需要经过"公民投票"，这标志着民进党实现了将原来的"反对现状、是否独立、公投决定"的理念向"维护现状、若要统一、公投决定"的新理念转型。② 同时，由此决议文的条文内容可看到，民进党显然在利用民众参与"公民投票"来实现台湾的"独立"，更是以所谓的"民意"来抵御大陆武力实现两岸统一。

二、民进党试图修改"公民投票法" 追求"法理台独"的现状

2016年台湾"二合一"选举再次把民进党送上了权力的巅峰，同时赢得了"立法院"的绝对多数和"总统"宝座。这一绝对优势的条件给追求"法理台独"的"基本教义派"以伺机而动的机会。自2016年2月1日"立法院"重新改组以后，民进党内的"激进台独""立委"马不停蹄地在"立法院"提出修改"公民投票法"的版本，他们所提的版本皆具有追求"法理台独"的意图。

（一）极力主张修改"公民投票法"

2016年2月台湾"立法院"重组以后，民进党籍"立委"共提出5个

---

① 刘国深：《民进党意识形态研究》，台北：水牛图书出版事业有限公司2006年版，第136—137页。

② 曾润梅：《民进党"台独"主张大事记》，中国网。

修改"公民投票法"的版本，它们分别由民进党"立委"林淑芬、陈亭妃、叶宜津、高志鹏、李昆泽所提。他们所提的版本虽有些微差别，但是他们所提的内容仍有共同之处，主要可归纳为三大修改主张，即废除"公民投票审议委员会"、降低"公投"门槛、松绑"主权条款"。民进党"立委"提出这些修改主张的意图十分明显，最主要的目的是为"法理台独"铺平道路。

（二）试图利用修改"公民投票法"完成"法理台独"

民进党修改"公民投票法"的三大内容，虽然从各自的意义上说是有具体的目的，但最终的目的都是为了实现"法理台独"。废除"公民投票审议委员会"，是间接地为"法理台独"铺路。具体到主要目的，民进党是想从源头上掌握"公投"的流程，并引导"公投"的议题设置，使得民进党完全掌握"公投"的主导权。降低"公投门槛"同样也是间接为"法理台独"铺路，主要目的是为民进党试图增加"民意基础"。因为一直以来民进党就善于利用微小的事件，将它无限扩大化，以引导它转向对自身有利的方向，然而，随着如今"民意"的多样化，民进党并未能完全掌握与引导"民意"，从先前民进党主导的多次"公投"活动来看，大多数"公投"未通过皆因门槛过高，因此，民进党极力主张降低门槛以达到顺利引导"民意"的目的。民进党提案将"宪法"、领土、主权纳入"公投"范围，是直接为未来谋求"法理台独"作铺路。民进党在操纵民粹的情况下，直接发动"公投"，省去了"立法院"的程序，也减少了阻碍"公投"的力量，企图以"公民自决"决定台湾前途。该党一直以来就以追求"台独"为其最终的政治目标，更是希望通过制定新"宪法"以达到重塑法源，并重新规定主权和领土的内涵。同时，此条件下，民进党也试图利用各种途径大幅修改现有的"宪法"，也试图在国际上表达所谓的台湾"全民意志"。民进党如此种种做法明显地在借助台湾2300万人的"民意"来"威胁"大陆。

（三）在"公民投票法"修正案上急刹车

民进党"立委"在"立法院"大刀阔斧地修改"公民投票法"，以试图通过将"领土变更案"纳入"公投"，并新增两岸政治协议在事前、事后都必须经由台湾"全民公投"才能换文生效的规定。这两项相关的"公投法"修正案原本预定5月12日完成初审，但最后以"还有细节要讨论"暂时搁置。民进党突然急刹车的原因主要有两个：其一，这两项"修改案"严重影响两岸关系的发展。国台办发言人表示"反对任何形式的'台独'分裂活动"，这显然已挑动两岸的敏感神经，如若通过则可能给两岸关系带来新的灾难；其二，这样极其激进的"修改案"是民进党内"基本教义派"提出并推动的，蔡英文在5月20日上任之前并未对此"修改案"进行任何表述，因此可以推测，由民进党主导的"立法院"之所以急刹车是忌惮蔡英文在上任之前有任何闪失，同时也可推测民进党激进人士在没有得到蔡英文的指示前，不敢轻易推动"公投法"的修改，以免带来严重的后果。

民进党的上述一系列修改"公投法"的动作表明，既得不到民进党内的支持，也遭到大陆的强烈反对，这严重违反"两岸同属一个中国"的历史连结和现状的"公投法"修改案更得不到台湾岛内主流"民意"的支持。民进党内某些激进"台独"人士如果不知难而退，不仅给"全面执政"的民进党带来麻烦，也会给两岸关系的进一步发展带来阴霾。

三、利用"公民投票法"来挑战两岸关系的历史与法理地位难以得逞

台湾自古以来就是中国领土不可分割的一部分，无论从地理位置还是历史连结上看，台湾与大陆都是同根同宗同源。尽管民进党一直以来用各种方式利用"公民投票"来实现"法理台独"，但是却从未顺利达到过目的。无论是早期竭力推动的地方性"公投"，还是后来陈水扁及民进党推动的"公投"活动，成功通过的案例都寥寥无几。

"公民投票"虽然是体现直接民主的最有利的工具，但是台湾的政治环境并不适合实行"公民投票"。首先，政党恶斗严重，政党意识形态偏执化，各政治势力都争先恐后地把举办"公投"当作争取"民意"与选票的工具；其次，民粹泛化严重，民众很容易被一些别有用心的政治人物欺骗和鼓动，台湾的"公投"发动者们常将"民意"挑动至非理性状态。[①] 最终导致民众动不动就走上街头要求"公民投票"，这些行为虽然表达了民众的心声，但是在一定程度上严重削弱了"代议制政府"的功能，甚至使得某些对民众有利的政策也无法正常实施；最后，并不是任何议题都适合拿来

① 张莉：《台湾"公民投票"考论》，北京：九州出版社2007年版，第19页。

"公投"的，具有高度争议性的议题更不适合让民众决定，因为具有高度争议性的议题往往需要专业人士来进行评估。

民进党向来善于利用"公民投票"获得政治利益并逐步追求"法理台独"，但是自从该党第二次成为执政党后，即使热衷于"公民投票"，但也力不从心。这是由于：（1）基于台湾内部复杂的"立法院"生态，即使民进党在"立法院"占绝对多数，依然无法完全主导具有意识形态对立的泛蓝阵营和极端"绿化"的"时代力量"，这使得修改"公投法"举步维艰；（2）蔡英文当局一直热衷于推行"柔性台独"政策，并不轻易主张推动"激进台独"；（3）基于外部环境影响，大陆十三亿人民不会允许台湾民众单独实行所谓"公民投票"，两岸同属于一个中国，若要共同，也应包括大陆的民众的参与。同时，大陆民众始终视台湾同胞为自己的兄弟，坚决反对"台湾独立"，如变相"台独""渐进台独"及"去中国化"等，要求动用一切必要手段包括武力阻止上述事情发生，[1] 并且，美国也不会为了"台独"火中取栗。由此可推测，未来台湾"公民投票法"成功的几率很小，未来台湾举行"公民投票"的机会很可能越来越小。

---

① 《大陆民众致台湾民众的一封信》，"联合早报网"，2004 年 12 月 13 日。

"文化台独"的危害性剖析

刘卫云[*]

一、文化的意义

文化是民族凝聚力和创造力的重要源泉，凝聚着整个民族对世界、对历史的认知和现实感受，沉淀着民族最深层的精神追求和行为准则。文化同时是国家向国际传递形象的媒介，它像一张名片，如提到长城、秦兵马俑，大家都会想到拥有悠久灿烂历史的中国。在现代社会，文化在国家综合实力评价中占了越来越大的权重，因为文化的影响是思想的沉淀，而思想指导着人们的行为。谁拥有了先进的文化和思想，则行动和发展就会快人一步。

文化依靠历史而积累，具有完整性和不可逆转性。台湾自古是中国的固有领土，无论是考古学家对台湾海峡的地质考察还是历史事实都充分地证明了这一点。而现今有些"台独"分子枉顾历史发展，通过将台湾文化"去中国化"，片面强调所谓的"本土化"文化，打着独立性的旗帜割裂中国文化，企图达到"台独"目的，实在是令人愤慨。

二、"文化台独"的表现

台湾分裂势力否定台湾文化是中国文化的一部分，虚构出"独立"于中国文化的"台湾文化"。"文化台独"主要体现在以下几方面：

（一）语言方面

台湾分裂势力鼓吹将"台语"（闽南话）提升为台湾的"国语与官方语

---

* 天津师范大学 2014 级法律硕士。

言";强行用本土研发的通用拼音取代国际通行的汉语拼音作为中文译音方法,在中小学中推行所谓"母语"教育;除此之外,台湾当局还在特定称谓上做文章,将"海外侨胞"区分"华侨""台侨",将加入美国国籍的台胞称为"台美人"而不是"美籍华人";将故宫博物馆珍藏的"国家文物"称为"中国文物";更有甚者,将新出的英文版"中华民国年鉴"的封面上加上 Taiwan(台湾)字样,并改写有关章节,隐含"台独"之意。

(二)民族学方面

"台独"势力鼓吹"台湾人不是中国人",从历史学和法学研究上证明台湾是"无主的土地""至今地位未定";借助《台湾论》,粉饰外国侵略行为,赞颂日本殖民统治,鼓吹"台湾意识",狂热宣扬军国主义思想。

(三)文学方面

"台独"势力杜撰自成体系、不属中国文学的台湾文学,将中国文学课程列入外国文学范畴;借以"台湾主体意识"为指导编写的中小学教材《认识台湾》,全方位地向学生灌输"去中国化",以使台湾下一代疏离祖国大陆;民俗、戏剧、歌曲、歌谣、民间艺术品的收集和整理,考古发掘,民间信仰和祭祀等活动中,都在灌输"认同台湾"的思想,弱化其源自中国的根。

总之,台湾分裂势力进行的"文化台独"活动,用意在于改变台湾同胞的文化认同,进而改变台湾同胞的民族认同、国家认同,抹灭台湾同胞的中华民族意识,破坏海峡两岸和平统一的基础,培植"台独"的思想、社会基础。

三、"文化台独"的危害性

"文化台独"是"台独"运动的一部分,但又不同于政治层面上的"台独"行为。与"政治台独"相比,"文化台独"具有破坏国家主权与领土完整的间接性,并且影响、危害更加深远。其危害性主要体现在以下几方面:

(一)"文化台独"破坏祖国的稳定

"文化台独"作为"台独"的一种形式。首先,这种行为严重损害了中国国家主权、尊严和领土完整，违背宪法规定，动摇国家根本；其次，"文化台独"的影响会使境内外的分裂势力看到契机，破坏祖国的稳定；再次，"文化台独"给中国完成统一带来困难和挑战，从而需要政府投入更多的外交资源，增加国家统一成本；最后，"文化台独"带来的人心不稳肯定会影响我国东南部经济的发展，打击大陆向台湾或者台商向大陆的投资。

（二）"文化台独"扰乱台湾民众的统一认知

基于上述对"文化台独"表现形式的列举，可知"文化台独"主要是依靠文化影响、文化教育来破坏台湾民众对国家统一的认同。一方面，"文化台独"片面强调"本土意识"和"去中国化"，否认台湾文化和中国文化的联系，从文化层面去渗透台湾的"独立性"；另一方面，"台独"势力也利用学校教育来推行"文化台独"，强制学生使用课本的内容，"毒害"台湾青少年对"台湾属于中国"观念的认同。学校教育是个人政治社会化的主要途径，是青少年形成认同观的重要场所。"台独"势力将学校教育作为"文化台独"的工具，这会影响青少年的国家认同和统"独"心态，从而不利于他们国家统一观的形成。

（三）"文化台独"破坏两岸和平统一基础

中国共产党在十六大报告中，对一个中国原则作了全面阐述，指出："世界只有一个中国，大陆和台湾同属一个中国，中国的主权和领土完整不容分割。"一个中国原则是海峡两岸和平统一的基础。

"文化台独"的做法无疑否定了一个中国原则。"文化台独"是从历史观上否认台湾是中国的一部分，割断两岸的历史联系。"台独"势力鼓吹台湾只有400年历史，荷兰、西班牙、明郑、清、日本、国民党等政权都曾统治过台湾，因此，台湾并非自古就是中国领土，台湾是一个"无主之岛"，她不是中国的一部分。其次，"文化台独"从文化观上割断台湾与大陆内在的精神联系，认为台湾文化与中华文化既不同源，也不同质，是两种完全不同的文化。再者，"文化台独"从民族观上割断台湾与大陆的血缘联系，台湾已形成"独立"于中华民族之外的台湾民族，已形成自己的特点，形成了独特的民族精神，台湾民族形成了，就应该建立自己"独立"的民族国家，摒除"一个中国"的观念意识。

由此不难看出，"文化台独"通过一系列的行动意在否定一个中国原则，从而破坏海峡两岸和平统一的基础。

结语

"文化台独"是"台独"分子采取的软化性的"台独"手段，其没有"政治台独"直接但影响更大，它深入到台湾同胞的生活和教育里，危害性极大。一方面"文化台独"通过文化影响和文化教育破坏了台湾民众对国家统一的认同和坚持；另一方面它实质否定了一个中国原则，破坏了海峡两岸和平统一的基础。如果放任其愈演愈烈，则会将两岸推向战争，台湾也将处于危难之中。

文化和历史是时间经过的痕迹，这些痕迹存在于中华民族的血液里。两岸同胞血脉相连，本就源自一体，笔者相信在割不断的文化和历史面前，两岸人民会携起手来，怀着"求稳定、求发展"的愿望，一起反对"文化台独"，"文化台独"严重违背历史事实，不得人心，必将会被历史车轮所碾压，滚出历史舞台。

勿对蔡英文存有不切实际的幻想

刘性仁[*]

在台湾高民意及民进党高党意支持下，在野党（国民党）被困于"转型正义"的战场及被逐一击破不足为惧，蔡英文打着"民主与自由"的旗帜，更加顺理成章地贯彻从世界走向中国及"新南向"政策的整体策略。对具体的个案从国际仲裁结果出炉、雄三飞弹到大陆辽宁团24位旅客在台发生火烧车等不幸事件，蔡英文都选择消极处理及模糊态度，她已经表达十分清楚，也没有多大的意外及不可预测。这都充分说明两岸关系的冰冻及危机处理发生问题的时机已经来临，未完成的答卷，蔡英文当局也表达十分清楚，也不需要再逼迫蔡英文当局接受，冻"独"自然也是遥不可及。倘若外界对蔡英文当局还是陷于不切实际改弦更张的幻想中，就只能表示庸人自扰。

蔡英文日前接受对于台湾方面非常重要的媒体美国《华盛顿邮报》记者 Lally Weymouth 专访，该报网站刊载了专访内容摘编。同时，台湾"总统府"网站也同步刊载了采访全文的中文翻译。内容涉及两岸关系与沟通协商、台湾人认同、美台关系及军售、台湾经济与民主转型、南海仲裁案、女性政治领导等议题。这些专访的内容十分明确清楚，没有任何的误植及争议，可以供长期观察两岸政治发展的研究者参考。

首先，由于蔡英文高票当选，加上在野阵营的不争气及苦于"转型正义"的斗争战场，蔡英文在专访中"义正词严"地以民意作为明确拒绝"九二共识"的借口。当她在被问及是否接受"九二共识"的问题时，蔡英文表示要求台湾违反民意（against the will of people）去承受一些对方的条件，其实可能性是不大的，她的态度十分坚定，用语十分明确；她更补充台

━━━━━━━━━━

 * 中国文化大学大陆研究所副教授。

湾是一个民主社会，领导人必须要遵循民意。显然蔡英文对抗大陆，最重要的就是民意牌及民主牌，蔡英文多次以民意为挡箭牌拒绝"九二共识"，显见她知道台湾多数民意不接受大陆强硬，但她却忽略当大陆民意与台湾民意发生碰撞时，大陆民意恐怕才是大陆所在意的。现今大陆对台政策已经成为大陆方面认为是正确的就去做，已不在乎台湾方面的反弹，当两岸双方都执意且无所顾忌，两岸发生冲突的可能性会提高，两岸关系的紧张可以预见；蔡英文在接受《华盛顿邮报》专访时，首次正面、完整地表达台湾新当局不接受"九二共识"的立场及理由，也不免大陆方面会有蔡英文向美输诚及"讨救兵"的观感。

其次，蔡英文不可能对反"台独"及冻"独"做出任何调整及修改，蔡英文不接受"九二共识"就明确表达不接受"一中"，也就是接受"一中一台"；虽然蔡英文在"就职演说"中，承诺将依照"宪法"和"两岸人民关系条例"处理两岸事务，明确表达善意；但《华盛顿邮报》专访及"总统府"网站发布的全文翻译稿通篇仍以中国（China）称大陆，还声称其实绝大多数的台湾人觉得我们确实是一个"国家"（英文稿内容为："For us here in Taiwan, we believe that we are country, a democratic country."），对这种自然而正常的表达及流露，如果外界还存着蔡英文会冻"独"或是接受"一中"，那就太一厢情愿、不切实际，蔡英文很坦率、自然地对《华盛顿邮报》表达真实的想法与感受是可以确定的。

再者，蔡英文在许多议题上发表看法也十分明确。例如在南海问题上，蔡英文解释为何台当局拒绝仲裁结果时，其理由分别是：（一）台湾违背邀请参与仲裁程序；（二）无法接受被称呼为中国的台湾当局；（三）太平岛是岛不是礁。可见，其所举出的理由在"十一段线"等最重要的问题上回避，难道蔡英文的立场还不够清楚吗？

另外，蔡英文的"他们及我们"称谓值得探讨，在美中台关系中谁是我们？谁是他们？难道还不清楚吗？当蔡英文直言他们（指中国大陆）越来越是我们的竞争对手了，在谈及美台军售时，再次表达了台湾对水面舰、防空和网络安全领域更加急迫的需求，显然蔡英文的异己关系的强烈，将超出外界的判断，二元对立的思维十分清楚，只有朋友与敌人之别。

当然，蔡英文选择这番谈话的时机，相信自有其考虑的理由及判断，即使大陆方面认为她极不理智，或许是因为美方的"六项保证"让她充满信心，或许是因为情势严峻让她不得不选择此时机表态；或许是因为她承受到巨大的压力。无论如何，蔡英文都做出了选择。而"5·20"后美国对民进党的应对手段愈发灵活是不争的事实，先有薄瑞光替不承认"九二共识"背书、后有美"对台六项保证"纳入国会决议的善意，又有"雄三事件"实时通报美方的善意，让蔡英文更坚信向美国示好是台湾唯一的出路。

因此，外界实不应再欺骗自己，不需要再逼迫蔡英文完成未完成的答卷，因为她永远都不会答完、也不会交卷。如果外界仍有不切实际的幻想就是自欺欺人，既违背事实、也违背经验，应思考蔡英文今日之所以敢如此坚决，民意及民主是她的两张王牌，如果丧失这两张王牌，恐怕蔡英文也很难取信于美国并获得支持。争取台湾多数民意将是大陆未来对台政策有进展的重要努力之处，因此应当积极争取台湾民众民心及观感上的转变，否则一味要求蔡英文改变，将是缘木求鱼。

陆客赴台对台湾经济社会发展的贡献

周小柯*

2008 年 7 月台湾地区正式开放陆客赴台观光后，大陆赴台旅客保持了持续快速增长的基本态势，不仅直接促进了台湾旅游市场的繁荣，还带动了相关产业的成长，对台湾经济社会发展起到了不容忽视的贡献。遗憾的是，伴随着台湾地区新一轮政党轮替，新当局回避"九二共识"这一两岸关系和平发展的共同政治基础，在事实上破坏了两岸关系现状，引发不少大陆民众的不满情绪，再加上当局对"火烧车"事件的失当处理，陆客赴台意愿明显降低。若新当局不能积极调整政策方向，必将伤及一批台湾民众的切身利益。

一、过去 8 年陆客赴台基本情况

从 2008 年到 2015 年，大陆赴台旅客人数从 32.92 万人次成长到 2015 年的 418.41 万人次，年均增长 43.79%，占到台旅客总人数的比重从 8.56%上升到 40.08%（见表 1 和图 1）。横向与其他国家和地区比较看，自 2010 年起，大陆到台旅客总数就超出日本居第一位；2015 年排名第二位的日本赴台游客数为 162.72 万人次，大陆赴台旅客数是日本的 2.57 倍。

从日均消费情况看，大陆旅客在台日均消费一直高于整体上的平均水平，2015 年陆客日均消费为 227.58 美元，比排名第一位的日本仅少 0.01 美元，比平均水平多 19.71 美元，高出 9.48%；尤其在购物费方面，陆客日均消费 120.03 美元，比平均的 72.10 美元多 47.93 美元，高出 66.48%。从在台平均停留时间看，大陆旅客在台的时间也一直高于平均水平，2015

---

* 北京联合大学台湾研究院助理教授。

年陆客在台平均停留 7.16 夜，比平均的 6.63 夜高出 7.99%。

表 1　2007—2015 年旅客到台湾旅游基本情况

年份	全部旅客				大陆旅客			
	到台人次（人次）	日均在台消费（美元）	平均停留夜数（夜）	观光外汇收入（亿美元）	到台人次（人次）	日均消费（美元）	平均停留夜数（夜）	在台消费总额（亿美元）
2007	3716063	215.21	6.52	52.14	—	—	—	—
2008	3845187	211.46	7.30	59.36	329204	231.10	7.88	6.00
2009	4395004	216.30	7.17	68.16	972123	234.26	7.94	18.08
2010	5567277	221.84	7.06	87.19	1630735	245.34	7.59	30.37
2011	6087484	257.82	7.05	110.65	1784185	270.31	7.61	36.70
2012	7311470	234.31	6.87	117.69	2586428	265.62	7.42	50.98
2013	8016280	224.07	6.86	123.22	2874702	259.64	7.41	55.31
2014	9910204	221.76	6.65	146.15	3987152	241.98	7.18	69.27
2015	10439785	207.87	6.63	143.88	4184102	227.58	7.16	68.18

数据来源：台"交通部"观光局行政资讯系统查询。

备注：2009 年、2010 年和 2013 年陆客在台平均停留天数自源自台"交通部"统计局发布的相关资料，根据这 3 年的数据，陆客在台湾停留夜数比全部旅客在台湾停留夜数高出 8.77%，据此本表中大体上按平均高 8% 的水平估算出其他年份大陆旅客在台平均停留夜数；"—"表示未能获取相关数据。

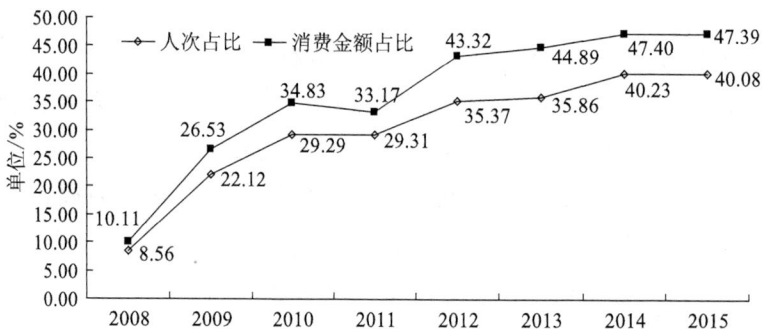

图 1　2008—2015 年陆客赴台人次及消费金额占全部旅客比重

　　人次增长迅速、人均消费能力强且停留时间长，使得陆客在台消费总额迅速增长，从 2008 年的 6 亿美元持续增加到 2014 年的 69.27 亿美元，年均增长 50.34%；在台湾观光外汇收入中所占的比重也不断攀升，从 2008 年的 10.11% 上升到 2014 年的 47.40%。2015 年大陆旅客消费额为 68.18 亿美元，比 2014 年略有下降，这与赴台旅客日均消费额下降有关，但这种下降是普遍性的，并非限于陆客，主要由全球经济不景气和新台币对美元贬值引起，陆客消费金额占外汇比重为 47.39%，与 2014 年相比基本上无变化。2008 年到 2015 年间，陆客赴台累计总人次为 1834.86 万人次，累计消费金额为 334.89 亿美元。

二、陆客对台湾经济和就业增长的贡献

数以千万计的陆客赴台，直接促进了台湾旅游业的发展，也带动了交通运输、餐饮、住宿、零售以及相关休闲服务业的发展，对台湾经济发展及就业增长都有明显贡献。

从经济增长来看，表 2 显示，从 2008 年到 2014 年，陆客为台湾带来的增加值从 3.83 亿美元增加至 42.41 亿美元，占台湾地区生产总值（GDP）比重从 0.092% 上升到 0.796%；2015 年陆客创造的增加值虽略有下降，但降幅少于台湾 GDP 的总体降幅，其占（台湾）GDP 的比重反而轻微上升至 0.798%。从陆客所创造增加值对（台湾）GDP 增长的贡献率看，2010 年到 2014 年间最高为 2012 年的 14.01%，最低为 2011 年的 1.60%，2014 年为 6.52%。显然，陆客赴台对台湾经济增长起了明显的推动作用。

表 2 2008—2015 年陆客对台湾经济增长的贡献

年份	在台消费总额（亿美元）	增加值率（%）	增加值（亿美元）	GDP（亿美元）	占 GDP 比重（%）	对 GDP 增长贡献率（%）
2008	6.00	0.6389	3.83	4169.61	0.092	—
2009	18.08	0.6440	11.64	3920.65	0.297	—
2010	30.37	0.6358	19.31	4461.05	0.433	2.27
2011	36.70	0.6177	22.67	4856.53	0.467	1.60
2012	50.98	0.6102	31.11	4958.45	0.627	14.01
2013	55.31	0.6121	33.86	5116.14	0.662	2.75
2014	69.27	0.6122	42.41	5330.43	0.796	6.52
2015	68.18	0.6122	41.74	5230.09	0.798	—

数据来源：自台"统计资讯网"查询或计算得出。

备注：陆客在台消费主要与零售业、陆上运输业、住宿服务业、餐饮业、娱乐及休闲服务业有关，本表根据"行政院主计总处"产业关联统计中这些行业的中间投入及原始投入情况，计算得出总的增加值率；因尚无法获取 2015 年产业关联统计表，故 2015 年采用了与 2014 年相同的增加值率；"—"表示因为考察首年或当年 GDP 负成长无法计算。

表3　2007—2015 年台湾地区导游增长情况

年份	导游（人）	汉语导游（人）	汉语比重（%）	外语导游（人）	外语比重（%）
2007	9490	5835	61.49	3655	38.51
2008	12204	8028	65.78	4176	34.22
2009	15575	10807	69.39	4768	30.61
2010	20062	14701	73.28	5361	26.72
2011	24578	18674	75.98	5904	24.02
2012	30301	23559	77.75	6742	22.25
2013	31825	24617	77.35	7208	22.65
2014	33942	26278	77.42	7664	22.58
2015	36568	28417	77.71	8151	22.29

数据来源：自台 "交通部" 观光局行政资讯系统查询计算。

从就业来看，表3显示，2007 年至 2015 年，台湾汉语导游人数从 5835 人增至 28417 人，增加 22582 人，年均增长 21.88%；在全部导游中汉语导游所占比重从 61.49% 上升到 77.71%。再考虑到旅游公司工作人员、司机、解说员等工作岗位，保守估计从 2008 年到 2015 年陆客直接为台湾旅游业创造 5 万个以上就业岗位。进一步考虑陆客对旅游关联产业的就业带动效应，可以根据陆客创造的增加值及相关产业从业人员人均增加值来推算陆客创造的就业岗位。

广义来看，若将其他所有产业都作为关联产业，2015 年陆客创造的增加值为 41.74 亿美元，全部从业人员人均增加值为 46705.57 美元，意味着 2015 年陆客为台湾提供了 8.94 万个就业岗位。狭义而言，仅将零售业、陆上运输业、住宿服务业、餐饮业、娱乐及休闲服务业作为关联产业，2015 年这 5 个产业从业人员人均增加值大约为 17755 美元，相当于 2015 年陆客为台湾提供了 23.51 万个就业岗位。显然，前者因将旅游关联产业范围极大化而将不少生产率高的资本及技术密集行业包括进来，从而低估了陆客创造的就业岗位；而后者则因将关联产业范围仅限于 5 个相对而言具有劳动密集特征的行业，从而高估了陆客创造的就业岗位。若取两种结果的中间值，则 2015 年陆客为台湾创造的就业岗位为 16.23 万个。

三、陆客赴台前景展望

陆客赴台是大陆居民的个人行为，但个人行为选择也会受到两岸关系大环境的影响。在 2016 年 1 月 16 日台湾地区领导人和立法机构的选举中，未放弃"台独"主张的民进党同时赢得两大选举，完全改变了岛内的政治生态。新当选的台湾地区领导人蔡英文在选举过程中及选后，始终对"九二共识"这一两岸关系和平发展的共同政治基础避而不谈，试图以"维持现状"这种模糊化的提法寻找平衡点。然而，尽管在口头上坚持"维持现状"，她在行动上却延续了陈水扁时期的所谓"去中国化"，在实质上破坏了两岸过去 8 年在"九二共识"基础上和平发展的现状。

蔡英文的上述做法带来的一个结果是伤害了大陆居民的感情，甚至引发部分大陆居民的不满情绪，自发性地放弃赴台旅游，4 月份陆客赴台人次同比去年明显进入下降通道就是部分大陆民众自发性放弃赴台游的体现。从 5 月份开始，陆客赴台人次同比开始以 2 位数的较大幅度下降，5 月、6 月和 7 月的同比增速分别为 –12.21%、–11.88% 和 –14.98%（见图 2）。再加上"7·19"火烧车事件发生之后民进党新当局的冷漠式处理方法，进一步伤害了大陆民众的感情，同时也伤及台湾旅游业及关联产业的发展。到 8 月份，陆客赴台人次同比下降超过 3 成，达到 –32.41%。从图 2 可以很明显看出，7 月份以来，陆客赴台人次呈现出加速下降态势。展望未来，在两岸关系出现倒退形势下，会有更多的陆客自发性放弃赴台旅游。

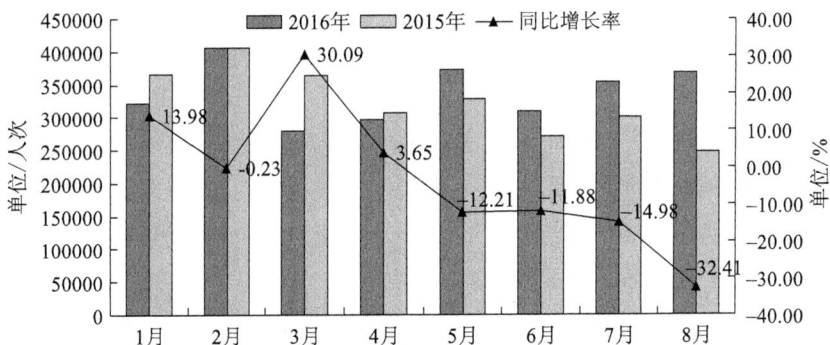

图 2 2016 年 1—8 月陆客赴台及同比增长情况

民进党当局希望通过吸引日韩、欧美和东南亚地区的旅客弥补陆客减少部分，实际上是得不偿失。一方面，大陆之外其他地区赴台旅客增加人次可能小于陆客减少人次，比如 2016 年 8 月陆客同比减少 119198 人次，同一时间大陆之外其他国家和地区同比增加 88480 人次，当月到台湾游客总数同比净减少 30718 人次，下降 3.44%；另一方面，来自其他国家和地区旅客的消费能力也低于陆客，表 1 显示，陆客日均消费金额与平均停留夜数都高于总体上的平均水平，意味着其他国家和地区放在一起在这两项上都低于平均水平，陆客对平均水平起到了向上拉升作用。日本旅客日均消费金额虽略高于陆客，但根据台"交通部"观光局今年 7 月份的统计，日本旅客在台湾平均停留 4.5 夜，大陆是 7.58 夜，意味着在两者日均消费能力差距很小的情况下，因大陆旅客在台平均停留时间是日本旅客的 1.68 倍，相同数量旅客对台湾经济社会发展所能产生的贡献也远远高于日本旅客。东南亚地区到台湾旅游人数最多的马来西亚旅客，在台停留时间为 8.09 夜，虽然高于大陆，但根据台"交通部"观光局发布的《2015 年来台旅客消费及动向调查》，2015 年马来西亚旅客在台日均消费 162.07 美元，仅为大陆的71.21%，相同数量旅客对台湾经济社会发展的贡献总体上也明显低于大陆。2015 年美国和欧洲旅客在台日均消费分别为 163.63 美元和 158.06 美元，也同样明显低于陆客的消费能力。

综上分析，陆客赴台呈现出下降态势，而且陆客下降的经济效应难以被日、韩、欧、美、东南亚等国家和地区来台旅客的上升完全弥补，因而难免会影响到台湾的经济发展及就业增长。

四、结论

2008 年 7 月台湾地区在两岸关系和平发展大环境下正式开放陆客赴台观光后，陆客赴台进入快速增长期。从 2008 年到 2015 年，陆客人数从32.92 万人次成长到 418.41 万人次，年均增长 43.79%；陆客在台消费总额从 6 亿美元增加至 68.18 亿美元，年均增长 49.94%。这一时期，陆客赴台累计总人次为 1834.86 万人次，累计消费金额为 334.89 亿美元，对台湾经济增长和就业增长都起了不容忽视的作用。

促进经济增长方面，2015 年陆客为台湾经济创造的增加值为 41.74 亿美元，占台湾 GDP 比重为 0.798%；陆客消费对台湾经济增长的贡献率在2012 年时达到最高（14.01%），2014 年为 6.52%。带动就业方面，2008 年到 2015 年间，陆客赴台保守估计为台湾旅游产业创造了 5 万个以上的就业岗位；2015 年陆客在台消费产生的增加值，直接或间接为台湾提供了大约16 万个就业岗位。

上述贡献的取得是建立在"九二共识"这一两岸共同政治基础和两岸民众深厚感情基础上，离不开两岸关系和平发展的大环境。然而，民进党新当局重新上台以来的诸多表现，既伤害了两岸民众的感情，也在实质上伤害了两岸民众的利益，大陆方面不少民众因自发放弃到台湾旅游的选择不能享受赴台旅游带来的收益，台湾方面则因陆客减少首先冲击到一批旅游公司及从业人员的切身利益，进而延伸到关联产业。

基于上述结论，本研究建议台湾新当局务实调整方向，回到有利于两岸关系和平发展、有利于两岸民众交流合作、有利于台湾经济成长及就业增长的轨道上，切实增进民众的福祉。

美国反对"法理台独"现状改变之议论

刘性仁[*]

美国在两岸关系中扮演着既特殊又涉入其中的重要角色，不可否认，两岸关系虽系属于一个中国内部的事务，但可悲的是，美国却有意或无意在两岸关系中摆荡着；美国对华政策战略很清楚，便是"一个中国"政策，但对"一个中国"内涵却始终没有明确提到，主要考虑到两岸目前现况发展，美国总体战略上支持一个中国原则，与大陆有"三个联合公报"的共识，对台湾则以美国国内法《与台湾关系法》作为美台关系发展的依据，然而，在具体国际政治操作上，战术则往往随情况而定，美国或与大陆连手反对"台独"，或与台湾连手反对统一，因为唯有两岸分离状态，对美国整体战略才是最有利的选择。

"台独"的主要理论，基本上是"台湾民族论""台湾民族主义论""台湾独立论"及"台湾法律地位未定论"等为论述的依据，这些基本的主张和行动纲领是要台湾永远脱离中国而独立，这是所有"台独"组织的共同点和共同追求的目标。然而，"台独"组织根据各自国际政治的背景、集团利益以及活动区域等的不同，在推动"台独"运动的路线、策略和行动方式上，也存在着不同的主张和特点，从而形成各种不同的派系与力量。

所谓"法理台独"，系指台湾在"事实独立"的基础上透过"修宪""制宪"或"公投"等其他方式以取得"台湾共和国"主权，成为新的国家，既有别于"中华民国"，亦改变台湾在世界上的地位，使台湾由地名变成"国名"，透过自决的方式取得"新国家"及"新主权"的状态。这种

* 中国文化大学大陆研究所副教授。

"法理台独"既是要脱离整个中国,也是要脱离"中华民国",而要建立一套属于台湾自己的"宪法与宪政制度",成为一个事实与法理都独立的"主权国家"。

国家领域主权和国民身份的确立是国家对内建立法政秩序,对外发展国际外交的前提。"法理台独"认为"台湾主权独立""不属于中华人民共和国"且台湾"主权不及于中国大陆",认为国民党一直借着"全中国唯一合法政府"之虚构,维持大而无当的"中华民国""五权宪法"的体制,并赖以长期维持反民主之统治与特权,在他们的眼中,国民党违背台湾主权现实的做法,不仅对内造成"宪政"改造的僵局,在国际上也违反国际法和国际政治现实,以致于无法参与国际社会,甚至造成台湾人民国家意识的模糊以及文化发展的障碍。

此外,"法理台独"的目的就是要突显台湾问题国际化,彻底"去中国化",透过寻求"法理台独"之合法性基础。以"立法"或"公投"方式达成终极"台独"目的。显然台湾要追求"法理台独"非但是严重破坏两岸关系,引发大陆动用《反分裂国家法》及其他方式给予最严厉的处理;同时也是对于两岸与美国关系的破坏与摧毁,为区域和平安全制造最大的风险,极有可能引发难以想象的危险后果,美国当然不乐见"法理台独",因为这既不符合美国的国家利益,也不符合美国民众心声,反战与和平乃是世界的趋势。

一、美国对台"六项保证"切莫错误
解读,替"法理台独"背书

不久前,美国联邦众议院院会无异议通过有关支持台湾的"共同决议案",内容提到《与台湾关系法》与 1982 年时任美国总统里根对台湾提出的"六项保证"是美台关系的重要基石;此一情况对于刚执政的蔡英文当局来说,无异是鼓舞与激励,更巩固她从世界走向中国的企图。但我们必须正确认知到美国对台政策一向具有相当的延续性与坚持,"六项保证"也并非具有法的拘束力,是美国对于蒋经国的承诺,亦是对中美三个联合公报的一种回馈,因此切莫错误解读认为这是美国将替台湾片面改变现状而背书,或是美国改变其对华政策。

所谓的"六项保证"包括:"1. 美国不会设定停止对台军售的日期。

2. 美国不会修改《与台湾关系法》的相关规定。3. 美国不会在决定对台军售前和中国咨商。4. 美国不会在台湾与中国间担任调人。5. 关于台湾 "主权"，美国不会改变自身立场，这是个须由中国人自己解决的问题，且美国不会迫使台湾与中国谈判。6. 美国不会正式承认中国对台湾的主权。"

无论台湾是哪一个政党执政这 "六项保证" 乃是华府秉持的态度，因此倘若有心人士欲以此来替 "法理台独" 或是片面改变现状背书，恐怕就无法遂行其目的。当然这 "六项保证" 无法得到大陆的认同，但也绝不可能是替 "法理台独" 背书。

首先，"六项保证" 表现出部分美国国会议员对台海情势的担心及关心，认为必须再度表示 "六项保证" 以缓和两岸情势，因为他们也不敢肯定与确定蔡英文当局的外交与两岸政策无意外，因此再度表达 "六项保证"，一来具有提醒的作用，二来具有安抚的作用，三来具有美国再度检讨与省思的作用。蔡英文出访也得到美国部分国会议员的接待，这除了出于礼貌外，当然也展现出民进党这些年来对于美国国会外交所花下的功夫与经营，因为他们可能有共同 "反中" 的意识形态及对于西方民主价值的坚信。

其次，"六项保证" 不送交白宫，是代表国会对某件事物的态度与立场，不具法律约束力，因此如果欲利用 "六项保证" 来行 "法理台独" 或是 "公投台独" 或是改变现状，是很大的误用与错误的理解，因为其不能代表美方真正的官方公定效力，也再度表达美国对于处理台海问题的谨慎。美国对华政策一向有相当的一致性与稳定性。

再者，"六项保证" 当然会引起大陆方面的关切，甚至认为美方有意给台打擦边球的机会，因此美国会更加谨慎，而台湾在此操作的空间便自然缩小，难以为所欲为；特别是中国是美国最大的债权国，在许多议题上与美国都需要合作，故虽有竞争，但总体来说都还是可以控制的情况，因此 "六项保证" 不可能有出轨的情形发生。

此外，大陆的环球网日前亦刊登社评表示，中国不答应的事情，美国许什么诺都是白搭。更关键的是，大陆目前的实力已非当时里根所提 "六项保证" 时的脆弱，因此可以看出大陆方面势必更为坚定及强硬，对于任何 "法理台独" 及改变现状的动作将是以最严格的标准来对待，美国绝无可能在此时机冒着极大的风险挑战大陆的红线。

二、"法理台独"是一条生存的不归路

"法理台独"重点在于透过公开的宣誓及行动来呈现,过去民进党就有"新宪草案",称为"中华民国第二共和宪法"之例,其目的在于去"中华民国宪法化",而改弦更张为"台湾宪法",其"台独"的目的昭然若揭。这种"法理台独"刻意将"'中华民国'主权与治权同一化及明确化",将国际法引入主权的规范中,其目的就是要突显台湾问题国际化,以寻求"法理台独"之合法性基础。"法理台独"又引入公民投票制度,就是要区别"台湾宪法"与"中华民国宪法"之不同处,以达成"去中国化""法理台独"及"一边一国"之"终极台独"目的。主张这种"法理台独"者,恐怕对于美国对华政策必须正确认识与理解,美国对华政策不会做出不符合美国国家利益与战略目标的选择,不可能基于同情或是感性因素,而将美国自身的安全与利益作为牺牲的代价,因此"法理台独"是一条走不通、也无法通的死路。故"台独"主义者切勿成为改变现状的麻烦制造者,美国的"六项保证"不是替"台独"增加防护罩,而是替民主价值巩固与确立,因此"六项保证"也并非替"台独"壮胆,"法理台独"是一条走不通的不归路。

特别是国家主席习近平在 2016 年 7 月 1 日出席庆祝中国共产党成立 95 周年大会发表的重要讲话中就台湾问题表示,大陆坚决反对"台独"分裂势力。对任何人、任何时候、以任何形式进行的分裂国家活动,13 亿多中国人民、整个中华民族都决不会答应!他并表示两岸关系和平发展是维护两岸和平、促进共同发展、造福两岸同胞的正确道路,也是通向和平统一的光明大道。坚持"九二共识"、反对"台独"是两岸关系和平发展的政治基础。习近平主席的谈话已经明确指出"法理台独"是一条走不通的道路,全体中国人民都不会答应,在这样的情况下,试问美国怎么可能会支持"法理台独"?马英九指出"台湾独立"没有必要,也不是国民党的选项。

三、"台独"是两岸关系及台湾生存发展的最大杀手

对于民进党,倘若没有"冻独"的动作,把"台独纲领"中"建立主权独立自主的台湾共和国"去掉,民、共两党是不可能正常交流;笔者亦

有清楚地认知，民进党如果放弃"台独"那就不是民进党，就会被支持
"台独"的选民所唾弃，但根本的核心在于主张"台独"的人士必须认清国
际的形势发展及美国的对华政策，"法理台独"将是一条将台湾带向毁灭的
道路，更让全世界爱好和平的人士都不会同意这样的举动。

　　两岸关系必须由两岸自己解决，这是毋庸置疑的，但往往可悲的是两岸
问题却又必须透过其他国家或介入或协调，这实在是两岸人民的悲哀；由于
两岸间产生某种沟通的障碍与认知的落差，因此美国常常在两岸关系中穿
梭，透过美国来牵制"法理台独"，但辩证来看，也因此助长"台独"气
焰，使其认为有美国的保护。眼下，一方面期待台湾蔡英文当局能够正确认
知"法理台独"的危害性；一方面要靠时间让两岸人民敌意自然减少，"台
独"问题自然解决，用不着一兵一弹，两岸关系再也不用文攻武吓，两岸
和平相处便是最佳情况；进而追求合情合理的政治安排。大陆方面提出两岸
关系和平发展的"四个坚定不移"，包括坚定不移走和平发展道路，坚定不
移坚持共同政治基础，坚定不移为两岸同胞谋福祉，坚定不移携手实现民族
复兴，四个坚定不移的前提当然是反对"法理台独"。

　　"法理台独"就是"两国论"，是明显违反美国坚持的一个中国原则，
台湾的"一中宪法"及大陆的"两岸同属一中"，"法理台独"在三方都违
反的情况下怎么会有出路？充其量是心灵上的一种自我抚慰及麻痹的幻梦。

　　主张"法理台独"人士不断地努力在理论论述及现实动作中卖力演出，
民主同盟的论调不断提出，期盼能建立伙伴关系，为"台独"壮胆。然而，
从国际战略三角关系来看，大国决定论以及一个以美国和中国大陆为伙伴及
竞争关系为主要结构的国际格局已经形成，台湾扮演孤雏及被边缘化的角
色，难以左右整体大局发展，在如此的结构下，试问"法理台独"的空间
及可能性何在？答案再清楚不过。

美日不可能为"台独"火中取栗

牛奕达*

2016 年 1 月 16 日的台湾"大选",一贯顽固坚持"台独"立场的民进党候选人蔡英文以 56.12% 的选票当选台湾地区领导人。同年 5 月 20 日,她正式就任台湾地区领导人。至此,台湾社会迎来了所谓的"蔡英文的时代"①。众所周知,民进党一直以"台独"的面貌出现在台湾政坛,而且蔡英文本人也一直坚持"台独"立场,这让所有关心两岸关系发展的人担心。那么,蔡英文上台后台湾与大陆的关系究竟如何发展?

可以说,"九二共识"不仅是两岸人民的期盼,更是我们与台湾当局打交道的底线。否认"九二共识"就是否认"两岸一中",否定"九二共识"就是要搞"台独"。所以,台湾新当局对于"九二共识"的态度备受瞩目。遗憾的是,蔡英文当局上台后无视中华民族的利益,无视两岸人民的利益,无视历史,不承认"九二共识"。2016 年 7 月 21 日,蔡英文上任后首度接受媒体独家专访,在回答美国《华盛顿邮报》的专访中明确回应"九二共识",称"接受大陆所设的期限可能性不大"。回答台湾与美国的关系时,她还声称,对于我们在台湾的人而言,我们认为我们是一个"国家"、一个民主"国家"。②

中国历经改革开放后的飞速发展,引发了自命"世界警察"并惯用"霸权主义"的美国的种种猜忌,美国国内的一少部分别有用心的人,又打起了"以台制中"的主意。另外,中国的飞速发展,也引发了邻国日本的反弹。日本是一个有着浓厚军国主义传统的国家,二战后在美国的庇护下复

---

　*　北京联合大学台湾研究院研究生。

　①　台湾《联合报》,2016 年 5 月 21 日。

　②　美国《华盛顿邮报》,2016 年 7 月 21 日。

兴，一直未能深刻反省战争罪责，而随着经济的发展，又诱发了国内少部分右翼势力的崛起。他们妄图重温军国主义迷梦，甚至重新打起了二战被其强行占领的台湾的打算。这一切成为蔡英文"台独"活动的筹码。

事实可能极大地嘲讽蔡英文——美国和日本不可能为蔡英文的"台独"火中取栗，这不仅是由于在祖国大陆不断增强的政治经济文化军事实力面前美日心存畏惧，更主要的是美国日本和台湾也各怀鬼胎，同床异梦——美日并不会真心帮助台湾当局搞"台独"。所以，蔡英文妄图依靠美日搞"台独"的诡计是不可能得逞的！

一、美日在中国大陆日益增长的实力面前不敢轻举妄动

一个国家保障自己领土完整与国家利益的根本要素在于自身的实力。在以综合国力观测世界的今天，"落后就要挨打"的真理并未改变。一个国家如果弱小，自然不能保证自己的领土完整，就像 19 世纪末清王朝统治时期的中国那样，列强自然而然可以将中国瓜分。但是，自新中国成立以来，被列强瓜分的屈辱已经永远成为过去式。现在的中国，无论在政治方面，还是在经济和外交方面，甚至军事方面都是世界上一股不可小觑的政治力量。大陆一贯奉行和平崛起的政策方针，但这不意味着也永远不可能意味着中国政府和人民可以容忍任何分裂自己国家的行径。如果有谁想要破坏祖国的统一大业，势必意味着将逆历史潮流而动。

蔡英文可能以为，大陆还没有强大到可以与这个世界上唯一的超级大国美国以及日本共同叫板的地步。祖国大陆经过六十多年的发展，现如今无论在政治上，还是经济上，抑或是外交上，甚至军事上都早已有了可以维护自己主权统一与领土完整的实力。

首先，在政治上，中国有中国共产党的英明领导。同时也是中国国家利益坚定的捍卫者。[①] 中国共产党自从建立伊始，无论是国民党、日本军国主义、美帝国主义还是苏联沙文主义，都没有压垮它。相反，中国共产党越来越强大！可以说，从主观意志上，中国共产党以及它的每一个党员都会坚定捍卫祖国利益。而从客观实力上，中国共产党也有足够的实力捍卫国家利益。

同时，在经济上，中国大陆经过改革开放，已经成为世界第二大经济

---

① 《中国共产党章程》，北京：新华出版社 2015 年版。

体，仅次于美国；2015 年外贸总值 39586.4 亿美元，其中进口额 16820.7 亿美元，出口额 22765.7 亿美元，总额世界排名一；① 相较之下，台湾地区则相形见绌：不仅台湾岛屿面积与祖国大陆相比有云泥之差，人口比大陆也是天壤之别。

另外，在外交上，中国大陆在世界上具有举足轻重的地位。中国是联合国创始国之一，也是五个常任理事国之一。根据外交部 2015 年数据表明，截至 2015 年，在全世界 224 个国家和地区中，具有主权的国家 201 个，其中与中国建交的国家有 174 个，未建交的 27 个。② 可以说，世界大部分国家支持我们"一个中国"的政策。如果有谁想要冒天下之大不韪，势必遭到全世界绝大多数国家的唾弃！

最后，在军事上，中国大陆有足够的决心和实力保障自己的主权完整与领土统一！中央军委通过总参谋部、总政治部、总后勤部、总装备部对解放军实施作战指挥和建设领导。全国划分为五大战区，即东部战区、南部战区、西部战区、北部战区、中部战区。目前，解放军的员额约为 230 万人，其中陆军 155 万人、海军 23.5 万人、空军 39.8 万人、第二炮兵（现为火箭军）10 万人。这其中，陆军坦克装甲车辆 10000 辆以上，大口径火炮 20000门以上，直升机 1000 架以上；空军飞机总数 4000 架以上，第三代战斗机1076 架，第二代战斗机约 580 架，中型轰炸机 350 架，预警机 18 架；海军兵力 23.5 万，大中型驱护舰 76 艘，现代化潜艇 57 艘，海航战机 600 架以上。此外，中国拥有核武器与洲际导弹，具有远程核打击能力与二次核打击能力！③ 更可喜的是，2012 年 9 月 25 日，随着"辽宁舰"下水，中国有了自己的航空母舰！

二、美国和日本不可能牺牲与中国关系 而帮助民进党当局实现"台独"

十九世纪英国首相帕麦斯顿曾说："大不列颠没有永恒的朋友，也没有永恒的敌人，只有永恒的利益！"这被奉为处理国与国之间关系的圭臬。美

---

① http://www.phbang.cn/general/147871.html.
② http://www.phbang.cn/general/147871.html.
③ http://www.phbang.cn/general/147871.html.

国和日本处理与中国大陆和台湾关系时首先要考虑的因素是能否有利于美日的政治经济关系的发展。这从美日与两岸经贸数据就可以看出来。

2015 年 1 月 29 日商务部消息：根据中方统计，2015 年，中国与美国贸易额达 5583.9 亿美元，同比增长 0.6%。美国是中国的第二大贸易伙伴，第一大出口市场和第四大进口来源地；而根据美方统计，2015 年 1—11 月，中美双边货物贸易额 5691.7 亿美元，同比上升 2.4%，占美货物贸易总额的 16.2%，占比较去年同期上升 1.2 个百分点。中国已超过加拿大成为美国最大的贸易伙伴。中美两国双边贸易投资规模不断扩大。① 而中国与日本之间，由于历史问题与钓鱼岛问题，两国经贸往来有所减少，但是，截至 2015 年，根据日本贸易振兴机构（JETRO）发布的数据显示，2015 年以美元计价的中日贸易额约为 3033 亿美元，其中 1—6 月日本与中国的双边贸易额为 1056.7 亿美元，日本对中国出口 538.0 亿美元；自中国进口 785.1 亿美元。中国成为日本第一大贸易伙伴、第二大出口目的地和第一大进口来源地。②

而与此形成鲜明对比的就是美日与台湾的经贸额。由于"美牛"风波，美台经贸往来跌入谷底。美国在"台协会"处长马启思于 2014 年 4 月 9 日在台北接受采访称，从知识产权保护到猪肉出口，美台贸易问题上取得进展的问题肯定依然存在。另据美国商务部 2013 年统计数据，美国与台湾之间贸易额约为 630 亿美元，远逊于与大陆的贸易额。而由于"钓鱼岛"风波，日台关系也一度趋于紧张，据《马英九执政时期日台贸易关系及其对两岸关系的影响》一文介绍，2013 年日台贸易额仅为 624 亿美元。③

从以上数据就已清楚看出，中国大陆对于美日的经济重要性要远远大于台湾。因此可知美国和日本不可能为牺牲与中国大陆如此大的新兴经济体的关系而帮助民进党当局实现其"台独"的幻想。

三、美日与民进党当局各怀鬼胎，也不可能帮助台湾当局实现"独立"

美国和日本在中国强大的综合国力面前，不仅不敢小觑，而且觉得有利

---

① 美联社，2016 年 8 月。
② 日本《读卖新闻》，2016 年 7 月。
③ 日本《读卖新闻》，2016 年 7 月。

可图，那么为什么还要与民进党当局勾勾搭搭，暗交曲通？这要从美国和日本的所处的国际和地区地位来说。

目前，美国是世界上唯一的超级大国，维护其国际霸权地位成为其统治阶级追求的目标。中国作为世界上最大的发展中国家和世界第二大经济体，美国感到威胁到它的霸权地位。面对中国的市场，它又垂涎欲滴；而面对中国日益崛起的军事实力，它又不敢轻举妄动。因此，"弱中"成为美国的国策，而"以台制中"成为美国首选的政策。注意，是以台湾制约中国大陆，而不是分裂中国大陆，这就决定了美台之间目标的不一致。一个是谋求"独立"，一个是借重对方制约第三方，目标不一致决定了勾心斗角的结果。但是，台湾购买美国武器结果却出现三大问题。

首先，买的都是淘汰货。美国是"弱中"，想维持两岸军事均势，不想因卖给台湾先进军事装备而诱发大陆扩充军备，故而卖给台湾的几乎都是淘汰的垃圾货，例如2015年12月军售中的重型装备就是两艘二手的佩里级护卫舰，这种军舰是上世纪70年代产品，已全部被美军淘汰退役。怪不得许多军事专家说，这种军舰目前只能依靠舰载直升机的企鹅导弹或地狱火导弹反制敌舰，几乎没有防空能力，只能算是反潜巡逻舰，战斗力现在属于全球二流或三流水平。

其次，美国卖给台湾的武器往往要出天价。2015年军售的两艘二手的佩里级护卫舰总价18.3亿美元。淘汰掉的"垃圾"，还能卖个十几亿美元，这生意谁不愿意做？最后，核心技术全部掌握在美国手中。美国也不全是售卖垃圾与二手货，也卖给台湾一些世界先进装备，但核心技术全部掌握在美国手中，甚至试射都要打美国本土，这次台部署的"爱国者3型"导弹虽然是台湾拥有的最强防空导弹，当初为了买该导弹系统初期总预算高达1791亿元（新台币，下同），美国最终售台4套，开价31亿美元，后又追加近8亿美元的研发设计费。但美方始终不同意试射，因为害怕在台试射可能导致各项电子参数外泄，影响美国在日韩等地区构筑的导弹防御网络安全。最终结果还是从美国试射。这让不少岛内民众质疑——天价买来的导弹，到底是台军在用，还是美军在用？总之，台湾就是美国军火商眼中的废旧武器高价回收的倾销市场。

总之，美日两国，究其国内实力，究其国家利益，究其与台当局的关系，也绝对不可能帮助蔡英文实现"台独"。因而，当前台湾当局应该抛弃分裂祖国的想法与行为，马上承认"九二共识"，回到谈判桌上来。否则，如果一意孤行，那么势必成为举国痛恨之，鞭挞之，讨伐之的对象。

民进党执政下的"台独"
风险及应对策略

孙 玲[*]

距"520"民进党重新掌权近半年时间，引发外界关注的除了蔡英文执政团队应对岛内经济状况不利而直线下落的民调支持率外，就是尚未放弃"台独党纲"的民进党会以怎样的方式推动"台独"进程，践行"台独"理念，进而破坏两岸关系。民进党重新上台时间虽不长，但其言论、作为已让人看见"台独"回潮的端倪。

一、民进党的重新执政与"台独"行径

（一）两岸关系上以"维持现状"为托词，拒不承认"九二共识"

蔡英文就职后，从"520讲话"到接受美日等媒体采访，以及"双十讲话"等公开发言依旧保持以往其在两岸关系上采取的模糊策略，对"九二共识"闭口不谈，虽炮制出所谓"新四不"（承诺不变、善意不变、不在压力下屈服、不走对抗老路）说法，但并未在两岸关系上有实质性前进。既不如陈水扁的"四不一没有"直白，还增加了对抗的意味。其所称"只要有利于两岸和平发展，有利于两岸人民福祉，什么都可以谈，但不希望受政治框架影响"，表面上与大陆和平发展主张相呼应，但这种只要和平发展红利，却毁弃和平发展根基的说辞无疑是本末倒置，颠倒因果。这种虚伪的善

---

* 中华全国台湾同胞联谊会研究室研究人员。

意掩盖不了其骨子里"拒中、排中、抗中"的对抗思维。蔡英文在民进党创党 30 周年致党员公开信中"力抗中国的压力，发展与其他国家关系，摆脱对中国的过度依赖"的说法已将蔡英文及民进党对于大陆的态度及分离主义倾向表露无遗。由于当前民进党这种既不主动挑衅又低调对抗的两岸政策尚在美国的接受范围，只要美国的对台政策不出现重大转变，中美关系未发生重大变化的情况下，蔡英文在任期间，其两岸立场基本不会有更大的进步。

（二）经济政策上以"新南向政策"为方向，排斥与大陆经济联系

"新南向政策"是民进党重新执政后，蔡英文力推的台湾对外经济政策。从历史上看，不论是李登辉还是陈水扁时期的南向政策都没能将台湾经济带上正轨，在台湾经济面临比以往更被动的困境之时，固守多次被历史证明无用的方法给台湾经济找出路，只能将其带入死胡同。从现实分析，台湾制造业在东南亚市场并不具有竞争优势，在有限的东南亚市场难以占据有利地位，加之台湾参与地区经济合作的局限性和语言障碍，政治环境的不确定性等因素，强行推动"新南向政策"的结果不仅会损害台商利益，还会错过台湾经济重回正常发展道路的时机。这种为政治目的服务，不顾及客观经济规律的做法，反映了蔡英文当局极力摆脱大陆经济影响，破坏两岸经济联系的"台独"经济思维。

（三）文教政策上以"去中国化"为目标，继续推动"文化台独"

经历李、扁 20 年的"去中国化"教育，岛内年轻人对于历史的认知产生了严重的偏差，成为绿营口中的"天然独"一代，这完全是以民进党为代表的"台独"势力蓄意操作的结果。为了巩固多年以来的"文化台独"成果，蔡英文上任后动作频频。先是在就职典礼时以"去封建化"为由不再遥祭中山陵，又将郑丽君、潘文忠这两个"台独"意识形态明确的政治人物放在"文化部长"和"教育部长"的重要位置上，并在第一时间废除了马英九时期的"微调课纲"。这些做法都暴露出蔡英文当局继续推进"文化台独"的意图。

（四）人事上以蓝绿划分为标准，任用具有"独派"色彩的官僚

蔡英文上任不满半年，在人事布局上的重绿轻蓝倾向已逐渐显露。除了将"文化部长""教育部长"和海基会董事长这样的关键标志性位置放上"独派"人士外，一些出身蓝营的官僚新任期开启不久即被清除。前有"金管会主委"丁克华黯然下台，时隔不久，"总统府秘书长"林碧炤、"国安局长"杨国强也双双离任。这些被称为"老男蓝"的蓝营官僚的退场，让外界不免产生"不够绿的"迟早要下台的猜想。日前，蔡英文提名具有鲜明"独"派色彩，公然主张"两国论"的"司法院长"许宗力，以及主张重新"制宪"的"大法官"许志雄，并在绿营主导的"立法院"获得提名通过，引发各界警觉。由于"大法官"具有"释宪"的权力，让人不禁联想蔡英文当局是否以此开启"法理台独"的新进程。

二、"台独"政策给岛内社会带来的负面影响

蔡英文和民进党当局执意固守"台独"立场，不但不能引导台湾社会走上良性发展道路，反而会给岛内社会带来负面影响。

（一）动摇两岸关系基础，增加民众安全风险

2008 年以来，两岸关系进入和平发展阶段，形成了诸多和平发展成果，这些成果的取得来源于两岸双方坚持"九二共识"的共同政治基础。现如今，蔡英文当局既想"维持现状"，又拒不接受"九二共识"，并以各种模糊表述拖延搪塞。表面上不主动挑衅大陆，实际上却并未放弃"法理台独"的现实准备。这些破坏两岸关系的言辞举动均在动摇两岸关系和平发展的基础。习近平总书记早已明确表示，基础不牢，地动山摇。"台独"势力及其活动损害国家主权和领土完整，是两岸关系和平发展的最大障碍，是台海和平稳定的最大威胁，只会给两岸同胞带来深重祸害。中国政府在法律层面有《反分裂国家法》，民进党当局若是一意孤行，继续执着于将台湾分裂出中国的行径，台海的安全局势必然会受到威胁，岛内民众的安全风险也将增加，这是与希望维持两岸关系和平发展的岛内民众意愿相违背的。

（二）违背客观经济规律，损害民众经济利益

在"台独"意识影响下出台的经济政策，必然经不住现实检验，而失败的后果却需要岛内民众来承担，不论是为政治目的服务的"新南向政策"，还是针对客源流失的旅游业者开出 300 亿纾困贷款，没有根据症结开具经济药方，就治不好台湾经济所患的病。民进党当局并非不懂经济规律，而是囿于意识形态影响，宁愿以损害民众经济利益为代价也不愿做出正确决策。

（三）刻意挑拨民众情绪，造成无端社会内耗

回顾民进党上一个执政周期，陈水扁当局为巩固政权，极力推动"法理台独"，绑架民意，撕裂社会。如今，蔡英文当局虽声称"不走对抗老路"，但却把经济低迷、政绩不彰的责任归咎于"大陆对台湾的打压"，并表示"不会在压力之下屈服"，妄图以此减轻政策失误的责任，并引发岛内民意对大陆的仇视与对抗。利用民意、制造民粹是民进党的惯用伎俩，台湾因此长期陷于社会撕裂的状况，致使一些有利于社会发展的政策受"台独"意识形态阻挠无法得到及时有效实施，这也是台湾经济长期无法走出低迷的一个重要原因。民进党重新执政后，若继续走利用"台独"意识形态挑拨民意的老路将给台湾社会造成更沉重的伤害。

三、"台独"政策给两岸关系带来的冲击

（一）影响两岸民众交流，阻碍两岸社会融合

由于民进党当局在两岸关系的政治基础和两岸关系性质这个根本问题上始终不愿清晰表态，致使 2008 年以来两岸逐步建立的制度化交往机制停摆，民众交流受到影响。两岸各领域交流合作和人员往来是发展两岸关系的重要途径，是实现两岸社会融合的前提和基础。没有制度化机制化的保障，两岸民众无法通过正常渠道展开交流。增进同胞亲情，拉近同胞心灵距离，增强命运共同体认知便无从谈起。

（二）塑造错误历史观念，损害民族情感和民族利益

"台独"分裂势力长期推动"去中国化"政策，人为割裂两岸文化历史

的联接，使当前台湾青年一代陷入错误的历史认知和混乱的国家认同当中。两岸同属中华民族，有着共同的民族情感和民族利益。中华民族遭受屈辱和灾难的时期已经过去，当前正是民族复兴的重要时刻，在这关键的历史时期，两岸同胞应携手努力，任何形式的"台独"分裂行为都是对民族情感和民族利益的损害。

（三）破坏两岸和平发展，延缓和平统一进程

推进祖国和平统一，完成祖国统一大业是实现中华民族伟大复兴的必然要求。两岸关系和平发展是维护两岸和平、促进共同发展、造福两岸同胞的正确道路，是两岸同胞的正确选择，也是通往和平统一的光明大道。两岸关系和平发展是两岸同胞共同努力的结果，蔡英文和民进党当局若不能做出正确的选择，只会让两岸间多年来共同努力的成果付诸东流，使两岸关系回到动荡不安的老路。

四、大陆应对策略

相较于2000年民进党执政时期的反"台独"斗争，大陆方面如今的经验和准备已经很充分，具有足够的信心和能力有效遏制"台独"势力的发展和破坏行径。相比于上一次民进党执政，眼下大陆所面临的不利条件在于，在野的国民党已不具备在岛内有效抗衡民进党的实力。但同时也应看到，经过八年的努力，积累了认同两岸关系和平发展的广泛民意，蔡英文当局若想继续执政，不能置对选民"维持现状"的承诺于不顾，贸然做出破坏两岸关系现状的举动。于此同时，大陆与台湾在整体实力上的差距进一步拉大，大陆具有充分的战略主动性。在此基础上大陆方面应从反"台独"和聚民心两方面着手，有效遏制"台独"分裂势力对两岸关系的破坏。

（一）反对和遏制"台独"分裂势力方面

1. 时刻不放松对"台独"势力及其分裂言行的揭露和批判。与陈水扁时期的"激进台独"政策不同，蔡英文走的"柔性台独"道路更加隐蔽和灵活。大陆方面对此已有清醒的认识和把握，对蔡英文和当前民进党当局的基本立场有准确的判断。应继续关注蔡当局的动向，对其"台独"言行主张进行准确及时的分析揭露，并展开批判，第一时间撕掉"隐性台独"的

面具，向岛内民众和国际社会剖析"台独"的危害性，做好反"台独"斗争的理论准备。

2. 坚决遏制"台独"势力的国际空间。"台独"势力为实现其政治目的，必然会通过各种途径争取其国际地位。往往采用"过境外交""金援外交"以及营造"大陆打压台湾国际空间"的舆论争取国际社会同情等手段。对此，应继续坚持以一个中国原则为基础与其他国家开展交往与合作，坚决反对任何国家、国际组织和个人干涉台湾问题，不允许任何支持或参与台当局在国际上制造"两个中国""一边一国"等分裂行为。采取必要手段挫败台当局的"金源外交"或"加入联合国"等只允许主权国家加入的国际组织活动。

3. 不放弃打击"台独"势力的军事准备。虽然我们主张通过和平手段解决台湾问题，但鉴于国际社会的复杂环境和《反分裂国家法》的条文设置，大陆方面应继续加强和巩固沿海军事部署，加强对"台独"分裂势力的威慑。

（二）继续做好争取岛内民心工作方面

1. 保持与友我政党团体的沟通及交流平台，推动两岸民间交流。继续保持与坚持"九二共识"，反对"台独"共同政治基础的党派团体开展交流。只有保持交流往来，才能更有效地做好争取民心的工作。通过与不同党派团体开展交流，让岛内民众意识到两岸关系和平发展不是没有前提的，在不对"九二共识"有所表态的基础上，民进党所谓的"维持现状"是做不到的。

2. 加大支持岛内统派团体，壮大岛内反"独"促统力量。统派团体在岛内长期处于弱势，但却是我们可以依靠的重要力量。"独"派政党执政，统派力量必然会受到打压，越是在这个时候，我们越要加大对岛内统派团体组织的支持，帮助他们在岛内发展壮大，通过他们更直接地开展争取民心的工作。

3. 三是继续着力"三中一青"，加强精准惠民措施。做好争取民心工作，要多做暖人心的工作。针对早前出现两岸和平发展红利无法惠及基层民众的现象，需要进一步调整做法，将惠台惠民资源直接对接到基层农渔会，更有针对性地帮助台湾青年解决创业就业机会，方便他们到大陆就业创业。

扭曲民意，挽救不了"台独"

陈　星[*]

　　民进党长期以来一直把扭曲民意作为"台独"运动的重要部分，从现实情况来看，也确实误导了一部分民众。民意变化对台湾社会产生了深刻的影响，民进党在选举中的逐步胜利以及国民党的大规模溃败其实在一定程度上就是这种民意变化的反映。而民进党对此也沾沾自喜，动辄就将"民意"作为对抗国家统一的重要筹码，蔡英文甚至以所谓的"天然独"来为其"台独"路线寻求合理性说辞。然而民进党虽然调门很高，却无法改变台湾民众要求两岸和平及扩大两岸交流与合作的心理取向，以扭曲民意的方式建构"台独"合法性的做法很难达到他们预想中的效果。

　　民进党为了改变台湾民众对两岸关系的认知可谓机关算尽，长期以来不断进行系统化话语建构，力图营造"台独"的话语霸权，并在此基础上不断侵蚀岛内民众的国家认同。概括起来说民进党主要在以下几个层次上着手对台湾民众的两岸认知进行改造。

　　第一个层次是系统建构"脱中国化"的历史观。这一行为在国民党威权统治时期就已经出现，史明的《台湾人四百年史》是比较典型的个案。"台独"势力通过对史料的选择性解读，建构出"台湾并非自古以来就是中国领土"的历史观。这种建构行为始于少数"台独"知识分子，随后在学术界不断发酵，配合政治斗争不断扩展地盘，在台湾学界的影响力越来越大，逐渐形成了固定的带有排斥性的圈子。民进党上台以后，又通过公权力运作的方式使其向基础教育渗透，通过修改教科书的方式全面"独化"台湾民众的国家认同。

　　第二个层次是通过"台独"的话语霸权建构起压迫性的意识结构，逐

＊　北京联合大学台湾研究院副教授。

步压缩岛内统派势力的论述及生存空间。民进党通过"台独"史观的建构逐步形成了在岛内的话语霸权，即在岛内只允许"台独"话语的存在，对非"台独"话语产生的挤出效应也越来越大。话语霸权在建构的过程中采用了一系列的暴力手段，包括语言暴力以及肢体暴力都是其中重要的组成部分。"台独"话语霸权的形成使岛内的话语结构逐步单一化，"台独"意识对民众的意识渗透也逐步加强，这种情势对岛内统派力量的压迫是明显而长期的。

第三个层次是通过政治社会化的方式强化两岸敌对及"台湾是一个主权独立国家"的观念。政治社会化过程是"台独"势力改变台湾民众两岸关系认同的重要途径，这种影响主要表现在两个方面，一方面是通过在选举等造势场合不断重复所谓"主体性论述"，逐步侵蚀台湾社会传统的中国认同；另一方面则是通过不断的重复，力图影响民众的潜意识，目标是在民众潜意识中形成"两岸不是一个国家"的认知。与此相联系的是"台独"势力对台湾社会话语符号的建构以及重构，例如强调以"台湾"为中心的"主体性认同"、将中国大陆窄化为"中国"并与台湾进行区隔、将"中华民国"等同于"台湾"等。

民进党扭曲民意的行为产生了非常恶劣的影响，使岛内民众的两岸关系认知产生了渐进而且是持久的变化。岛内民意变化主要表现为以下几个方面。

对和平发展的认同仍是主流，却对"九二共识"这一政治基础漠不关心。和平发展符合人类发展的共同价值，台湾民众对和平发展价值的认同是不容置疑的。岛内多家民调的结果都显示，民众对两岸关系和平发展仍保持有较高的认同度。不过许多台湾民众期望和平发展，但对和平发展的前提并不在意，即并不在意台湾当局是否坚持"九二共识"，也不愿将两者联系起来。也就是说，他们只要和平发展，但对于两岸如何达成和平发展却并不关心，或者说大部分民众并不知道这两者之间的关系。

对大陆的疏离感增加。台湾社会对大陆的疏离感一直是存在的。早期国民党的反共宣传在台湾民众心中留下的消极印象远非短期可以消除，而后反国民党势力对大陆的污名化建构进一步加剧了台湾民众对大陆的隔膜与敌意。从现实来看，两岸开启交流之门后形成的交流在一段时期内虽然在某种程度上降低了这种疏离，但在台湾政党恶斗和民进党等"台独"势力的煽动下却没有根本性的改变。这种情形产生的直接后果就是部分台湾民众对大陆对台政策的消极性解释。近年来大陆虽然不断出台惠台举措,但台湾民众对这种好处可能带来的后果却充满了狐疑,也更倾向于从负面意义上去解读大陆的惠台政策。

台湾社会的焦虑心理在增加,不愿面对两岸关系的现实。由于民进党扭曲两岸关系认知的行为从根本上来说建构于两岸对抗的基础之上,因而加剧了台湾社会的焦虑心理,使其对两岸关系的无力感和挫折感日益加强。这种心理产生的行为后果主要有以下几个方面:(1)不理会两岸关系,在台湾表现为"小确幸"情结;(2)对两岸摩擦高调反弹,"台独"激进势力是典型的代表;(3)沉默,即得过且过的心态,具体表现为要求"维持现状"的民众占据多数。从政治动员的角度来看,民众的这种无力感和挫折感对民进党是有利的,可以使其"台湾主体性"代理人的形象取得部分民众的认同。

民进党一方面强调两岸的敌意,同时又不断强调两岸的区隔,特别是制度层面的差异,并以此作为"台独"诉求的重要基础,这些行为使部分台湾民众产生了自我道德优越感和对大陆的排斥心理。部分台湾民众甚至有一批知识分子在看待大陆时往往站在道德的制高点上指手划脚;另一方面则在两岸交流中刻意去寻找双方的差异而不是共同点。在台湾媒体的选择性报道下,台湾民间的敌意情绪日益浓厚,成为影响两岸交流的重要负面因素。

台湾社会承平日久,对"台独"的危害性认知不足。自1979年以来,两岸再也听不到枪炮声,台湾民众对于"台独"可能造成的危害也渐渐失去了戒心。在台湾目前的民意结构中,相信"大陆不会轻易对台湾动用武力"以及相信"一旦两岸冲突美国会帮助协防台湾"的观念占据着主流的形态。也正是因为这样,台湾民众从"惧独"逐渐发展到"容独",即可以容忍"台独"的存在,并相信他们不会给台湾带来灾难。部分台湾民众甚至逐步向"台独"观念靠拢,全面接受了"台独"观念。只要在两岸和平发展态势下"台独"势力不受到致命的打击,"容独"并享受和平发展红利就是台湾民众的现实选择。

"台独"势力引导并塑造"台湾民意"的行为为其政治生存扩大了空间,同时也成为对抗国家统一的筹码。2016年重新上台后,民进党当局在两岸关系上的拖延和敷衍就是在这种情势判断的基础上展开的。不过民进党很显然在这个问题上忽视了几个基本问题:(1)台湾民众对该党的支持主要源于其基层服务力度的增加,而非"台独"理念的建构;(2)"台独"

势力通过对历史的选择性解读、进行历史观的建构本身就有问题，这些谎言不可能一直欺骗所有人；（3）"台独"路线引发两岸对抗，会逐渐让民众看清其危害性。一旦民进党"台独"路线的危害性日益清晰地展现出来，民众对其认识也会日益客观。这可以解释为什么民进党虽然坚持"台独"立场毫不退缩，却在推动"激进台独"路线上相对比较谨慎。可以看出，"台独"势力通过扭曲民意的方式为"台独"运动提供支持的行为，虽然在一定时期可以达到或部分达到预期的目标，但从长期来看却是难以持续的。

试析"台独"组织与"台独"人物

杨立宪[*]

现代意义"台独"运动自其发端、形成、演变至今，已有半个多世纪的历史。期间曾出现过的大大小小的"台独"组织，恐有数百之多，曾出现过的"台独"人物则不胜枚举。如今要把它们逐一梳理介绍清楚，并非易事，主要因为资料找寻困难。其次，对哪些属于"台独"组织和"台独"人物，也需要厘清。如果把曾经主张过"台独"、参加过"台独"活动的组织或人都列为"台独"组织或"台独"人物的话，那么，涉及的范围一定庞大，且不容易准确把握。笔者认为，"台独"的产生是一个复杂特殊的历史现象，有着复杂特殊的国际、大陆与岛内等背景因素，因而，不能简单视之。本着尊重历史、尊重事实、抓大放小、有所区别的原则，笔者对所谓的"台独"组织和"台独"人物进行了某种程度的筛选，主要以明确主张"台独"、积极组织或参与"台独"活动、在"台独"运动史上有一定的地位和影响力、特别是目前仍然活跃者作为筛选标准，期能通过较为详尽的介绍，使我们更加全面地了解和认识"台独"现象。

一、关于"台独"组织

"台独"组织是"台独"运动的物质载体，它对"台独"运动起领导、组织、发动、推动的作用，一部"台独"运动的历史，就"台独"组织的发展演变史。几十年来，海内外暨岛内外的"台独"分子们拼凑了众多各式各样的"台独"团体，但有的如昙花一现，朝开夕败；有的则保持时间较长，起了恶劣的作用；有的徒具虚名，虚张声势；有的则有领导有纲领有

计划有活动，至今仍在运作；有的最早属联谊性质，后来随着形势的发展而走向"台独"，也有的则以追求政治"民主化""本土化"来自我标榜。

从时间上来看，20世纪50年代至20世纪60年代中期"台独"组织主要以日本为活动阵地，以廖文毅的"台湾民主独立党"、黄昭堂的"台湾青年社"等为代表。20世纪60年代后期起，随着台湾赴美留学人数大量增加，加之廖文毅接受当局"招安"返台，致使日本"台独"组织受到重挫，"台独"势力活动的重心渐转往美国。20世纪90年代，在李登辉推行政治"本土化""台湾化"、修改"刑法100条"、释放"台独"政治犯及取消海外"台独黑名单"的作为下，"台独"言行和"台独"组织得以"合法化"，海外"台独"分子纷纷返台，海外"台独"组织也渐将活动重心移往岛内，与以民进党为首的"准台独"组织实现合流或在行动上遥相呼应。2000年之后，民进党成为岛内执政党，"台独"已由理想、口号变成实践。

就海外"台独"组织而言，最早出现的"台独"组织当属1948年廖文毅兄弟等人在香港成立的"台湾再解决联盟"；"独"性最强、影响力最大的"台独"组织当属成立于20世纪70年代、现今仍活跃于北美、欧洲和台湾的"台湾独立建国联盟"；组织规模最大、涉及范围最广、活动力最强的当属"世界台湾同乡联合会"和"台湾人公共事务会"等。此外，历史上较为重要的海外"台独"组织还有："台湾人的自由台湾""独立台湾会""台湾研究会""全美台湾独立联盟""台湾人民自决运动""台湾民主运动海外同盟""台美协会""台湾民主运动欧洲同盟""台湾建国联合阵线""台湾民族民主革命同盟""台湾革命党""台湾人权协会""台湾民主运动海外组织"，以及"北美洲台湾人教授协会""北美洲台湾学生社""台湾国际关系中心""民进党之友会""李登辉之友会"及甫成立不久的"世界台湾商会联合总会"等。目前海外最重要的五大"台独"组织为："世界台湾独立建国联盟""北美洲台湾人教授协会""台湾人公共事务会""北美洲台湾学生社""台湾国际关系中心"等。

就各个"台独"组织之间的关系来看，既相互独立、互不隶属，又相互依附、紧密配合。"台湾独立建国联盟"（简称"台独联盟"）的历史，其实不只是其本身的组织和活动而已。台湾留学生在20世纪50年代初期即在日本、美国等地组织各种社团，许多"台独联盟"的成员早在那时就参与这些社团的活动。20世纪60年代以后，海外各种台湾人社团如雨后春笋般出现，最普遍的是各地的同乡会和同学会，"台独联盟"就成立于这个时期。

同乡会最初是很松散的组织，主要由祖籍台湾的人士组成，定期或不定期地开展聚会、郊游和联谊，没有章程、干部和会员资格等的规定，而同学会则多冠以"中国"抬头，领导这些会的多半是亲国民党或是由世界各地来的华人留学生。参加同乡会和同学会的人或多或少有一定的政治意识或立场存在，但同乡会和同学会本身并无明显的政治色彩。但后来，一方面受到具有高度"台湾意识"的会员、干部或领导人的影响，一方面受到台湾内部形势发展的影响，有些组织逐渐成为反国民党或主张"台独"的社团。一些同乡会开始从事政治性活动时，因顾虑有些人不敢参加而行动较"含蓄"。一些"中国同学会"被改名为"台湾同学会"，有的人则另起炉灶成立"台湾同学会"，与"中国同学会"分庭抗礼。"北美洲台湾学生社"是较晚才成立、以"台独联盟"盟员为主的全美性学生组织。

除了同乡会、同学会、学生社外，还有以"专业""行业""任务编组"或"群众团体"等名目出现的各类"台独"组织，如："台湾人权会""北美洲台湾妇女会""北美洲台湾人教授会""台湾人公共事务会""台湾国际关系中心""台湾公论报""北美台湾人工程师协会""北美洲台湾人医师协会""制宪运动海外联盟""协志会""台美协会"等。这些社团均冠以"台湾"之名，足见具有强烈的台湾人意识，其中又以"台湾人权会"和"台湾人公共事务会"与"台独联盟"的关系比较密切。海外许多台湾人同时参与上述多个社团，号称"一人戴多顶帽子"。

由于"台湾独立建国联盟"明确标榜要"推翻国民党政权"、实现"台湾独立建国"，20 世纪 90 年代之前是一个相当敏感的政治团体，在海外"受当地情治单位的严密监视"，在岛内被国民党当局认定是"叛乱团体"，其成员被视为"叛乱分子"，有些人因参加"暴力台独"活动而被当局列为刑事犯和恐怖分子，一旦被国民党情治单位逮捕将受到严厉之制裁。在海外虽无被国民党情治单位逮捕的危险，但同样受到他们的严密监视，其在台湾的家人则可能备受国民党当局的威胁和骚扰。因此，直接以"台独联盟"之名从事活动，对许多人而言尚有顾虑，而以上述社团的名义活动则成为较方便、较不引起参加者恐惧的方式。也因此，"台独联盟"的许多活动都透过这些社团来运作。在组织体系上，这些社团与"台湾独立建国联盟"互不隶属、互不侵犯、互不指挥，但在角色上及功能上双方却有很密切的配合，因为这些社团的领导人或干部有很多是"台独联盟"的盟员。

一般而言,"台独联盟"的盟员都是政治意识较强、广泛活跃于各种社团的人物,因此它的盟员很自然地成为上述这些社团的活跃分子,甚至是领导成员或干部。有时为了影响这些社团的决策,"台独联盟"会鼓励其或刻意安排盟员竞选这些社团的领导人或干部,以致该盟成员担任各社团领导人或干部的情况很普遍。例如:陈隆志、林武男曾任"北美洲台湾人教授协会"会长,吴秀惠、方惠音、李素秋、柯翠园、黄美惠曾任"北美洲台湾妇女会"会长,周炌明曾任"北美洲台湾人医师协会"会长,等等。

篇幅所限,本文仅以"台湾同乡会""台湾人权协会"和"台湾人公共事务会"三个组织为例,来论述它们之间与"台独联盟"的关系及其运作配合情况。

"台湾同乡会"是这些社团中包容最广泛、分布地区最广的组织。他们表面上与"台独联盟"为政、互不隶属,但无论是成立宗旨、领导人构成还是举办活动的内容,无不与"台独"和"台独联盟"有密切的联系。如"世台会"章程声称其宗旨是:"发扬台湾精神,团结世界台湾人力量;维护台湾主权独立及国家安全;推行民间外交,提升台湾国际地位;推动台湾加入联合国及其它国际组织"。各级同乡会的领导人或干部有很多都是"台独联盟"的盟员。例如:林耀南、黄文雄、张良泽曾任"在日台湾同乡会"会长,李宪荣、罗益世、张理邦、李重义及林哲夫、陈校贤、陈星旭等曾任"加拿大台湾同乡会"会长和重要干部,叶国势、吴木盛、林明哲、陈唐山、陈都、郭重国、林又新等曾任"全美台湾同乡会"会长,吴彩瑜、周叔夜、简如镜、简荣朗等曾任"巴西台湾同乡会"会长,郑欣、邱荣增、何康美、胡炳三、林文德、李健夫、赖宽惠、邱上义(已过世)、吴尊和、蔡命时、邱启彬、卢荣杰等曾任"全欧台湾同乡会"会长,张宗鼎曾任"法国台湾同乡会"会长,陈主加曾任"意大利台湾同乡会"会长,翁国扬曾任"澳洲台湾同乡会"会长,王献极、陈定源曾任"纽西兰台湾同乡会"会长等。因许多领导人"脚踩两只船",故两个组织常在举办活动上相互配合。如:20世纪80年代末身兼"台独联盟"中央委员和"世台会"会长双重职务的李宪荣,积极推动"世台会"配合"台独联盟"进行"打破黑名单、还我返乡权"运动,包括在世界各地举办返乡运动说明会及记者会,"独盟"盟员以同乡会会员的身份报名参加"世台会"年会等。在共同推动下,1988年第15届"世台会"年会突破国民党当局"黑名单"限制首度在台北县召开,会议期间与民进党联手举行"台湾人之夜"活动,形成了岛内外"台独"势力首次"大合流"之势。1989 年"世台会"再度突破禁忌回台举行年会，李宪荣和"台独联盟"中央委员蔡正隆（已过世）与多名盟员顺利偷渡返台公开活动，最终迫使国民党当局在两年之后逐渐撤销"黑名单"，为"台独联盟"的迁台行动铺了路。

"台湾人权协会"标榜以"争取台湾人权、维护人性尊严、达成联合国人权宣言的理想及目标"为宗旨开展活动，主要目的是透过国际社会向国民党当局施压，解救被关押的"台独"案犯及相关政治犯，"与海外台湾人的政治团体相辅相成，合力推动台湾的政治、社会改革"。该协会发起人张丁兰和重要干部李界木、庄秋雄、陈希宽等（人数太多在此省略）都是或曾是"台独联盟"的盟员，张丁兰的丈夫张灿鍙则系"世界台独联盟"前主席。该会成立后曾在许多事情上对国民党当局施加了相当大的压力，如"陈明忠案""黄华案""王幸男炸弹邮包案""美丽岛事件""陈文成事件""林义雄家属命案""江南命案""蔡有全许曹德'台独'案""6·12 事件""5·20 事件""郑南榕自焚事件"等的处理，以及救援被关押的台湾政治犯，游说美国国务院年度人权报告加入台湾人权现况，推动废除国民党当局实施数十年之久的"戒严令"和"刑法第一百条"等。由此可见，该协会是以"人权"为掩护的"台独"团体，不如"台湾联盟"敏感，但比"台湾同乡会"更具政治性和行动力，有一定的欺骗性，容易得到国际社会的同情，在 20 世纪 70 年代末 80 年代初的时空背景下，由其出面可以代替"台独联盟"做许多不方便做的事情。

"台湾人公共事务会"（FAPA）的成立，主要是为了因应中美建交后的新形势，扭转因"台独联盟"在成立后的相当长时间内，迷信于以暴力手段推翻国民党当局，制造了若干暗杀和破坏事件，导致美国朝野和舆论负面评价的不利局面，改以"民主"包装"台独"理念，将工作重点放在从事"对台湾有利的国民外交工作"上，通过游说美国各界人士尤其是游说国会议员，争取美国支持"以和平渐进方式实现台湾独立"，促进"台湾问题国际化"。为此，FAPA 曾先后游说美国会参议院外交委员会通过《台湾前途决议案》，游说美国参、众两院通过《台湾民主修正案》，游说美参议院通过修改后的《台湾前途决议案》，游说美国会迫使克林顿政府同意李登辉访美等。同时，还通过文宣、开展学术研讨及"提供服务"等方式，广泛联络台湾人，宣导"台独"思想，推展"台独"理念，发展"台独"势力。FAPA 表面上与"台独联盟"各自独立运作，但实际上人员构成高度重叠，如主要骨干蔡同荣、陈唐山、彭明敏、李宪荣、许世模、王康厚、吴明基等（人数太多在此省略）都是或曾是"台独联盟"的盟员。FAPA 创始人之一的王桂荣曾说，FAPA "既非台湾同乡会之纯交谊性，也不具台独团体的革命性，又超越人权团体之单一目标，它是政治性的，同时又是非暴力性的。它的宗旨是多目标的，它的成员是多元的，手段是温和的、合法的。简而言之，它是顺应美国民主社会而产生的一个压力团体"，"代表了海外台湾人运动的新起点，它是一个纯粹以游说及外交影响政治的团体"。正因为如此，FAPA 有"台独外交部"之称。

与海外"台独"组织相比，岛内"台独"组织相对复杂、多元、游移，大体可分成如下几类：一类是公然主张"台独"的党派社团，如"台独联盟台湾本部""建国党""建国会""台湾团结联盟""一中一台行动联盟""外省人台湾独立促进会""台湾公民投票促进会""台湾安全促进会""台湾国民制宪运动委员会""5·11 正名运动联盟"等；二类是打着"学术、文化、专业社团"的旗号的，如"台湾教授协会""台湾教师协会""台湾医界联盟""台湾历史学会""台湾南社""台湾中社""台湾北社""台湾东社""台湾笔会""台湾心会"等；三类是打着"宗教团体"的旗号的，如"台湾基督长老教会""台湾基督教城乡宣教协会"（URM）"台湾独立安全基督徒促进会"；四类是打着"社运团体"的旗号的，如"台湾人权促进会""台湾环境保护联盟""台湾绿党""台湾农权总会""台湾劳工阵线""台湾志工联盟"等；五是名目繁多的"基金会""协会""联谊会"等，如"台湾新世纪文教基金会""王康陆博士纪念基金会""台湾政治受难者关怀协会""台湾国家和平安全研究协会"，以及"李登辉之友会""阿扁之友会""蕃薯心台湾情联谊会""水当当姊妹联盟"等；六是以文化传播事业面孔出现的机构团体，如"自由时报""民间全民电视公司""台湾文化学院""绿色和平电台""海洋之声广播电台"，以及中南部许多地下电台等。七是以"民主自决"为名、行追求"台独"之实的民进党。

除了赤裸裸地以"台独"为名的党派社团外，各类"台独"组织虽然名义不同、组成结构不同、主张各有侧重，但目标一致，成员亦高度重叠。例如：

"台湾教授协会"主要由一些思想偏激的教授、学者组成，其中不乏"台独联盟"或"台独"政党的成员，许多人后来加入民进党并担任要职，如"台独联盟"前主席、现任民进党当局"劳委会"主委李应元，现任

“台独联盟”国际关系部主任、“李登辉之友会”总会副会长李宪荣，现任“建国党”决策委员兼发言人李永炽等，均曾担任过“教协”的要职。该会公开声称“认同台湾主权独立”，主张“结合学术界致力实践台湾独立建国之专业人士”，“通过长期努力，深入各领域去建立台湾的主体性与自主性”。

“台湾基督长老教会”本是普世基督教会协会（World Council of Churches）的成员，是台湾历史最久、教徒最多的基督教团体，但也是岛内最早从事“台独”活动、介入政治最深的宗教社团。如其最早在台湾政坛提出“台湾主权属于台湾人民”“公民自决台湾前途”的口号，支持并直接参与党外势力反对国民党当局戒严统治的活动，先后发表过“国是声明”“台湾国家主权独立宣言”“以台湾国名、行台湾路——台湾国家正名，加入联合国运动宣言”“公义与和平宣言”等，鼓吹“必须坚持维护台湾国家主权独立、正名、制宪、加入联合国”等“政治理想及目标”。为此，该教会积极参与组织各种“台独”活动，如组织“台湾加入联合国宣达团”赴美活动，参与发起“2·28牵手护台湾”“台湾正名行动”等。该教会前总干事高俊明因从事“台独”活动有功，民进党执政后被延揽为“总统府资政”。另一前总干事罗荣光现任“台湾联合国协进会”副理事长兼秘书长、“台湾正名大游行”活动总领队，等等。凡此均可证明，该协会是披着基督教外衣的“台独”组织，在“台独”运动中扮演着重要的角色，起了极其恶劣的作用。

“台湾环境保护联盟”标榜“藉由‘草根的、知识的、行动的’参与，将台湾建立为一个非核的家园；减少并预防对空气、土地及水等各项资源的破坏污染；并尊重及保护物种多样性”等，其组织活动主要以推动环保为主，但因其领导人或骨干成员中多人是“台独”运动的骨干，如前会长高成炎在美求学期间曾参加“台独”活动而名列国民党当局禁止入境“黑名单”；前会长张国龙曾任“台湾教授协会”会长；前会长王涂发1998年曾参与连署声明“期待独派大整合”，并任“台湾教授协会”会长；该联盟高雄分会会长曾贵海曾任“建国党”高屏办公处主任，现任“台湾南社”社长，等等。岛内重要的“台独”活动中该联盟几乎无役不与，故实际上又是“台独”的外围组织。

所谓“台湾新世纪文教基金会”，其董事长陈隆志有“台独理论宗师”之称，在美求学期间就曾和其导师合作研究“台湾独立建国的可能性”，并于 1967 年用英文出版《台湾、中国与联合国》一书,主张"台湾人民有权自决,用一中一台的方式,来解决中国在联合国代表权的问题"。在美国当教授期间,陈隆志曾任"全美台湾独立联盟"副主席、"台湾独立建国联盟"中央委员兼"外交部长"等职。1997 年陈回到台湾定居,创办该基金会,并兼任"台湾联合国协进会"理事长;陈水扁竞选"总统"期间曾聘陈隆志任"国家蓝图委员会外交政策小组"召集人,为其策划"外交政策白皮书",当选后先后聘陈为"总统府国策顾问"和"总统府顾问"。2001 年 12 月该基金会发表声明,提出一整套为台湾"正名"、以"台湾"名义参加国际组织和活动的短、中、长程方案——"短程"做法是立即更改在对外交往中涉及中国的名称,包括在"护照"上加注"台湾";"中程"做法是要透过社会教育、劝说等各种手段,更改含有"中国"的各类团体、公司名称;"长程"做法是在 2004 年"大选"时举行"全民公投",正式"修宪""制宪",选择一个"新国号",使台湾成为一个"名实合一的国家";为此,该基金会不断举办各种研讨会、讲座加以推动。民进党当局执政以来推行"渐进式台独"的所作所为证明,所有步骤无不与陈的上述设计有关,足证该基金会名为"文教"类别,但所做所为表明它是十足的"台独"组织。

《自由时报》创立于 1980 年 4 月,蒋经国主政时期为台湾中部地区之地方报纸,李登辉主政后该报打出"自由优先,台湾第一"的口号,后逐渐倒向"台独"立场,现已成为十足的"台独"喉舌与打手,也因此成为最受泛绿人士欢迎的报纸。同时,由于该报长期大量免费赠送,现已成为台湾发行量第一的大报。创办人林荣三,因鼓吹"台独"不遗余力,在民进党执政后连续被聘为"总统府资政"。

各类"台独"组织中,比较复杂的是台湾现任执政党——民进党。该党成立于蒋经国宣布解除戒严、开放党禁的 1986 年,其前身系台湾社会反对国民党戒严专制统治、要求政治民主化的"党外"势力。成立之初,该党成员主要以"民主自决派"为主,党纲主张"台湾前途应由台湾全体住民以自由、自主、普遍、公正、平等的方式共同决定",并非公然主张"台独"的政党。但其后随着岛内政治形势演变、"台独基本教义派"向党内渗透及海内外"台独"势力合流,该党一步步蜕变成了"台独"党。1988 年 4 月,该党二届一次临全会通过"主权独立决议文";1990 年 6 月,该党抛出"民主大宪章",主张两岸为"两国两府";10 月,该党四届二次全代会通过"台湾主权独立决议文",成立"台湾主权独立运动委员会";1991年8月,该党召开"人民制宪会议",通过"台湾宪法草案",明确提出"建立台湾共和国";同年10月,民进党五届一次全代会通过"建立'主权独立自主的台湾共和国'基本纲领"。至此,该党基本"台独化"。1995年起,党内领导层的"务实派"鉴于"台独党纲"给选举造成负面影响,开始推动路线转型,主张淡化"台独"主张,以选举、执政为优先目标,党内新生代也提出"台独运动的新世代纲领",主张"台独"不一定以建立"台湾共和国"为最终目标。但党内务实派主导的转型在"台独"阵营引发强烈争议,部分"台独基本教义派"于1996年10月成立"建国党",以此与民进党划清界限。1998年7月,民进党针对克林顿总统访华期间发表"三不政策"谈话而发表"七点声明",声称"任何改变台湾独立现状的要求都必须经由台湾全体住民以公投方式认可",此举被外界解读为将"公投台独"改为"公投统一"。1999年5月,民进党八届二次党代会通过以"七点声明"为主要内容的所谓"台湾前途决议文",正式承认台湾"依目前'宪法'称为'中华民国'"。该"决议文"是民进党向务实方向转变的重要标志,但并未改变其"台独"本质。2000年3月,民进党在"总统大选"中获胜,陈水扁发表"就职演说"宣称,任内将奉行"四不一没有"政策。2002年7月,陈水扁出尔反尔抛出"两岸一边一国""认真思考公投立法的必要性"之言论。2003年,民进党主导"立法院"通过"公投法",党主席陈水扁抛出"公投新宪时间表"。2004年,民进党当局强行举办首次"公投绑大选"并实现连任。2005年,陈水扁一度迫于岛内政治现实,鼓吹"政党和解",并与亲民党主席宋楚瑜达成"扁宋会共识",但旋即在党内外"台独"势力的高压下背弃"共识",重回政党对抗、两岸对抗的老路。2006年初,陈水扁在民进党及"台独"势力的背书下,公然宣布"终止'国统会''国统纲领'",扬言将"以台湾名义申请进入联合国"、"2007年'公投新宪法'"等等,大动作挑起岛内与两岸的统"独"争议。上述过程表明,民进党与"台独"恰似孪生兄弟,有时鼓吹"建立主权独立自主的台湾共和国",有时又鼓吹"台湾已经独立、改变现状公投",有时声称奉行"四不一没有"、走"新中间路线""不改变现状",有时又改称"公投正名制宪",反反复复,变来变去,其核心实以党派私利及权力为中心,"台独"与其说是目的,不如说是工具更准确。总之,现在的民进党离所谓的"民主进步"越来越远,而离"民粹""激进台独"越来越近,已成为岛内外"台独"势力的政治大本营或在政治上的集中代表，应是毋庸置疑的。

为了写作和阅读的方便，本文对"台独"组织机构的介绍，主要根据成立时间的先后进行排列，在此特作说明。

二、关于"台独"人物

一部"台独"运动的历史，既是"台独"组织演变史，也是许多"台独"人物居中组织、煽动、活动的历史，因而，从某种意义上可以说，没有这些"台独"人物，就没有"台独"的组织，也就没有"台独"运动史。研究"台独"这个特殊的社会现象，有必要深入研究发起组织这个社会运动的形形色色的"台独"人物。鉴此，特选择自台湾光复后至今岛内外有代表性的"台独"人物约200余人的情况作一简介，供人们深入了解"台独"组织与"台独"运动之用。

半个多世纪以来，加入过"台独"组织、说过"台独"言论、或者参加过"台独"活动的人物可谓不尽其数，若均以"台独"人物视之，势必会打击一大片，不利于团结一切可以团结的人，建立最广泛的反"独"促统统一战线，最大限度地孤立和打击极小数"台独"顽固分子和头面人物，鉴此，并未将绝大多数民进党干部和"台独"外围组织的一般干部列入，而是作了如下的鉴别筛选：

一是"台独"运动或"台独"组织的精神领袖。如：李登辉、彭明敏、高俊明、李鸿禧、辜宽敏、姚嘉文等。

二是早期"台独"运动的活跃人物（部分人士已故，部分人士于1990年代台湾释放政治犯、撤销"黑名单"后返回台湾，至今仍很活跃）。如：廖文毅、廖文奎、陈智雄、王育德、黄纪男、许世楷、史明、侯荣邦、黄文雄（作家）、卢主义、林荣勋、陈以德、樊丰忠、廖述宗。

三是现今岛内"台独"运动的领军及活跃人物（部分人士在台湾撤销"黑名单"后自海外返台）。如：黄昭堂、陈水扁、吕秀莲、苏贞昌、游锡堃、蔡同荣、陈唐山、张灿鍙、李应元、李宪荣、张维嘉、罗福全、王幸男、郑邦镇、王献极、罗荣光、王涂发、郑英耀、邱义仁、林浊水、陈菊、郑邦镇、郑钦仁、吴树民、曾贵海、杨维哲、林国庆、何黎星、钟坤井、释宗圣、黄胜雄等。

四是现今海外"台独"组织负责人及骨干人物。如：庄秋雄、黄尔璇、卢荣杰、郭重国、李青泰、方惠音、王康厚、金美龄等。

五是经常在海内外大众传媒上宣传鼓吹"台独"者。如：陈隆志、林浊水、施正锋、陈芳明、金恒炜、黄天麟、李筱峰、林向恺、邱垂亮、李敏勇、陈仪深、谢志伟、李永炽、庄淇铭、萧欣义等。

六是以钱物等方式支持"台独"活动者。如：黄蔴、方仁惠、吴澧培、辜宽敏、郭荣桔、杨基铨、王桂荣、许文龙、林荣三、蔡仁泰等。

七是受国民党栽培、最终与国民党分道扬镳投入"独运"的"叛将"，如：黄主文、苏进强、陈建铭、罗志明等"台联党"人士。

八是曾经参加或支持"台独"运动但后来过世或因各种原因退出或被边缘化者。如：黄信介、李镇源、廖中山、施明德、林义雄、尤清、陈婉真、翁修恭、张俊宏等。

另需说明的是：其一，有些人虽然曾经是"台独"运动的活跃人物或是"慷慨捐助者"，但现今因各种因素已明显改变态度，甚至于退出了"台独"组织及其活动，如：许信良、陈文茜、康宁祥、许曹德、张荣发等人，未再列入；另有些人如许文龙，政治态度虽有所改变，然并不坚定，时常出现反复，故仍将其列入。其二，有些人对"台独"的态度并不积极，但因其在"台独"组织中曾担任过要职，也曾发表过"台独"言论，故仍将其收入，例如民进党创党元老、曾与彭明敏搭档代表民进党竞选"总统"、就任过民进党当局"行政院长"的谢长廷。其三，许多"台独"人物虽然在"台独"活动中的地位与作用重要，但其个人资料难寻，故无法让人一窥其全貌，如在美国的"台湾国际关系中心"主任蔡武雄、早期"台独"骨干人物林朝亿等。

唯物主义者认为，存在决定意识，世界上没有无缘无故的爱，也没有无缘无故的恨，人们的思想情感行为总可以从他们生长的家庭背景、周围环境、个人经历和切身利益中找到若干根源。"台独"人物的形成，自然也不外于这些规律。从对具体的"台独"人物的研究分析中，可以看到如下一些特点：

（1）"台独""精英"分子大多出生于日据时期，家境在小康之上，其中不乏豪门望族显贵；大多受过日本皇民化教育，祖国意识薄弱；部分人具有留学日本、美国或其他西方国家的背景，价值观念西化；多数人亲身经历了台湾光复后的剧烈社会变动，对国民党威权统治不满。其代表人物如：李登辉、廖文毅、辜宽敏、黄昭堂、王育德、彭明敏、黄纪男、许世楷、李镇源、李鸿禧、姚嘉文、金美龄、陈以德、卢主义、蔡同荣、陈隆志、史明、郭雨新、陈唐山、黄文雄、张灿鍙、李应元、庄秋雄、李宪荣、黄尔璇、王幸男、郭倍宏、王康陆、张维嘉、吕秀莲、蔡仁泰、吴树民等，以及吴木盛、林台元、郑自才、林宗义、樊丰忠、廖述宗、陈文彦等。

（2）"台独"骨干分子或支持者主要以世居台湾的闽南人为主，客家人、外省人和少数民族为辅。各个"台独"组织中闽南人与非闽南人的比例约为7:3甚至更大，而在闽南人中，又以籍贯台湾中南部县市如嘉义县（市）、台南县（市）、高雄县（市）、屏东县等居多。这种情况显然与台湾的人口比例和政治生态有密切的关系。一般来说，台湾北部国民党的影响力较大，在国民党统治下得到的实惠较南部为多，泛蓝（指以国民党为代表的政治势力）支持者也较多，台湾南部在国民党统治下得到的实惠较北部要少，党外反国民党势力、民进党和"台独"的影响力较大，泛绿（指以民进党为代表的政治势力）支持者较多。

（3）许多"台独"人物自身或亲朋好友有遭受"2·28事变"或国民党"白色恐怖"、高压统治迫害的经历，对国民党当局失望及情感受到伤害是影响许多人走上"台独"道路的重要原因。例如：王育德、施明德、王世坚、廖中山、周英明等人的情况。作为"台独联盟"发起人之一的卢主义在谈及投入"台独"运动的原因时曾说到，在其成长过程里，"对台湾许多现象常感到不满"，"读小学时，看到日本老师残暴地殴打学生，心里很气愤。小学毕业，日本投降，目睹中国军队接收台湾的种种乱象，觉得很失望。念长荣中学初中时，见到中国教官无理地体罚学生，觉得台湾人实在很可怜，始终当人家的二等公民。读到初三，遭逢'2·28事件'政治的阴影始终笼罩在心头。就读台南一中高中时，又值白色恐怖时代，还是有说不出的郁卒，就希望有机会能出国，见见世面。"这段独白或多或少代表了很多参加"台独"活动者的心态。

（4）多数二战后出生的"台独"人物冷战思维高于"统独"思维。这些人生长在国民党当局接管后的台湾，受教育背景复杂，代表台湾新兴的中产阶级，以本土为主要活动基地，以民进党及其前身"党外"势力和部分海外"台独"运动者为代表。冷战思维与"统"独思维之间的区别在于：前者以意识形态为主，将"台独"作为奋斗目标，后者以实现"民主自决"为主，将"台独"作为工具、方法或途径。

（5）一些 "台独" 铁杆人物与 "基督教长老会" 关系密切。重要人物如：高俊明、黄武东、黄彰辉、翁修恭、罗荣光、陈翠玉、叶国势、李胜雄、罗联升、蔡有全、高李丽贞等。

（6）外省籍人士参加 "台独" 组织及 "台独" 运动的情况较为复杂。除少数人外，多数外省籍 "台独" 人士出生在二战以后，家庭出身较为平民化或具知识分子背景，与国民党当局的利益联系较为间接，知识结构为中国传统文化、台湾本土文化和西方文化 "三合一"，意识形态和理想色彩较浓厚，如：廖中山、郑南榕、陈师孟、金恒炜、王康厚、方惠音、林向恺、刘一德、马永成、段宜康、徐馨生、陈大钧等，以及来自中国大陆的所谓 "民运人士" 阮铭等。

（7）利害关系影响部分 "台独" 人物的抉择。大多数 "台独" 人物与祖国大陆缺少利益上的联系，如：部分 "台独" 骨干人士或本人或子女早已定居国外并拿外国护照，以海外为谋生之地；岛内中南部民众重视实际利益，因未能从两岸关系中感受切身好处，有些甚至受到伤害（一些台资工业关停并转外移大陆寻求发展，加之近年来两岸经济形成竞争，导致一些台企破产、工人失业），这些均是影响一些人加入或支持 "台独" 运动的原因之一。此外，还有一些原本台湾意识强烈、坚定支持民进党执政的工商界人士如张荣发、许文龙等，在大陆巨大商机、利益的驱使和与大陆经济利益捆绑的制约下，相继出现了态度立场的转变。这些恰从正反两个方面证明，经济基础决定上层建筑，经济利益在相当程度上决定一个人的政治态度。

（8）"台独" 人物与国际社会因素。同样毋庸讳言的是，1949 年后两岸长期政治对立、军事相向、社会隔绝，"台独" 势力日益坐大，与美国、日本等西方国家采取 "反华防华" 的冷战战略有关。美国一直对台湾的战略地位垂涎欲滴。冷战时期为了实现争霸全球的目标，美国从军事、经济、政治上全面采行 "扶蒋反共" 政策，同时，极力培植和保护岛内的反对势力和 "台独" 势力，企图 "以独制蒋" "以台制华"，在台海地区形成对美国战略利益最有利的互相牵制态势。正是在这样的背景下，大批 "台独" 分子于 20 世纪 60—80 年代集结于美国，成立 "台独联盟"，以此作为海外 "台独" 势力的大本营。在 "维护民主自由人权" 的幌子下，美国强迫蒋经国进行政治革新，包括解除戒严、开放党禁报禁、全面改选民意代表等，这些均为 "台独" 思潮在岛内泛滥和海内外 "台独" 势力合流、"台独" 势力上台执政提供了有利条件。

（9）"台独"人物与中国大陆因素。毋庸讳言，新中国成立后在探索发展的道路上走过大弯路、犯过大错误，对于一些人主张"台独"有很大的关系，使得这些人在对国民党当局失望的同时，对祖国大陆也感到失望，从而转向从事"台独"或"住民自决"。随着大陆改革开放的深入，特别是近年来综合国力提升、两岸经济文化联系日益密切、中共对台政策更加"以民为本"、务实灵活宽松，已有越来越多的人开始转变立场，要求当局采取更加积极的两岸政策，促进两岸之间的交流互动。这表明，祖国大陆的发展建设情况对台湾岛内的统"独"取向绝对有着重要的影响，大陆强"台独"弱，大陆弱"台独"强。

（10）"台独"势力与李登辉因素。蒋氏父子时期虽坚持反共政策，拒不与大陆新生政权打交道，但始终坚持"一个中国"、反对"台独"的政治路线，对主张"两个中国""一中一台"或"台湾独立"的声音坚决予以遏制，对"台独"势力坚决予以打击，使得"台独"势力在岛内没有生存活动的空间。李登辉主政初期尚能"萧规曹随"，但后期随着权力地位巩固，开始尝试改变"一中"路线，包括扶持民进党，废除给"台独"言论定罪的"刑法一百条"，释放"台独"政治犯，允许被列入"黑名单"的"台独"人物返台定居，全面推行自下而上的直选等。这无疑等于给"台独"组织和"台独"活动开绿灯，为以民进党为代表的"台独"势力在2000 年上台执政做了必要的准备。

综合言之，从事"台独"运动的人物形形色色，原因错综复杂，没有人是天生的"台独"分子，也没有"台独"分子能够脱离时代、社会背景孤立存在，故应对"台独"及"台独"人物做全面、历史、具体的分析，不应以偏概全、一概而论，或只见一点不见其余。以"台独"始祖廖文毅为例：廖家在日据时期为云林县望族暨大地主，因两代人出了 6 个博士而"声势显赫、独冠全台"，但廖家并未因此获得日本统治者的厚爱。抗日战争爆发后，廖文毅与其二哥廖文奎因均有在祖国大陆和美国留学、生活的经历，都娶美籍太太，也都有在大陆担任大学教授的背景，曾受到日本当局的怀疑；1941 年 11 月"珍珠港事件"发生前夕，廖文毅因被疑有亲美通外之可能，一度遭到日本特务警察的逮捕审问。台湾光复后，廖家和广大的台湾同胞一样，曾敲锣打鼓上街欢庆回到祖国的怀抱，但后来有感于国民党接收大员腐败无能、镇压"2·28 事件"，以及廖文毅本人几次参加选举不顺利，廖氏兄弟遂双双走上鼓吹和从事"台独"的道路。类似廖文毅、廖文奎弟兄这样的例子在众多"台独"人物中可谓不胜枚举。

　　作者声明：本文系本人为拙作《"台独"组织与"台独"人物》一书所写的综述，拙作在几年前由九州出版社出版，但本文从未作为论文或文章单独公开发表过。特此说明。

台湾历史教科书争议的本质及其影响

郭　艳*

　　台湾历史教科书争议并非单纯的历史教育问题，本质上是"一个中国"与"台独"两种历史观的对立与冲突，分歧的焦点则在于把台湾带向何处。"去中国化"的历史教育，二十年下来已累积可观的破坏性能量。蔡英文废止"课纲微调"，意味着台湾青少年将继续浸润在"台独"历史意识教育下远离"中国"，岛内"台独"社会基础会得到进一步扩展，两岸之间"台独"与反"台独"的较量将更激烈，也更复杂。

　　在近二十年的台湾，如何叙述和诠释近代历史、如何编纂历史教科书，不断引起争议和冲突。最近的事例乃是，2012 年马英九当局通过"民众意见书"及加入新的教科书审定委员的方式，着手调整高中课纲中的部分用语，如历史课本将"日本统治"改为"日本殖民统治"，将抗战胜利后"接收"台湾改为"光复"台湾等。"微调课纲"引来绿营强烈反对，民进党支持一些学生以"马当局没有公布微调课纲会议的发言纪录及成员名单，是黑箱作业"为由发起"反课纲运动"，迫使国民党当局改为新旧课纲并行。今年 5 月蔡英文上台后，台湾教育主管部门新任负责人潘文忠在上任第二天即宣布废止国民党当局于 2014 年通过的"微调课纲"。

　　人们不禁要问：马英九当局缘何要调整课纲？民进党又为何反对？两者之间仅仅只是遣词用字的分歧吗？如果不是，背后潜藏着怎样的意涵？事实上，从历史教科书和历史教育的意义和价值着手，我们可以探测到两者分歧的真正内涵所在。

　　历史教育的目的主要在使学习者获得丰富的历史知识，并培养人与时间、人与空间紧密联结的历史意识。什么是历史意识？简言之，历史意识就

---

*　北京联合大学台湾研究院副教授。

是对"我们从哪里来,我们是什么,我们将去向哪里"这一问题的回答。由于历史意识总是以被诠释的方式出现,所以首先涉及的是人们的认知和诠释活动。人们在诠释历史时,总是要明确地表达自己的历史态度和历史意识,即历史观。如何认定过去,决定了如何面对未来。因此,历史观并不仅是如何看历史,更是如何看未来。

在一个教育普及的社会中,教科书是形塑学生成为新生代国民与文化传统继承者等角色的重要媒介,历史教科书在这方面的作用尤其显著。历史教科书是一般国民普遍历史观的重要来源,通过政府审定和由政府颁行的教科书,是一个国家向其人民宣示其统治正当性的重要工具。因此,历史教科书并非象牙塔里老学究的文章,它除了追求事实,更要陈述一个国家的来龙去脉,总是要直接反映官方的主流意识形态,起到鉴古通今、咨政育人的重要作用,也因此往往成为政治与文化冲突的一个核心。那么,在这场争议中,马英九当局"微调课纲"反映了怎样的历史意识?民进党试图维护的又是怎样的历史意识?

台湾自古以来就是中国的一部分,台湾历史是中国历史的一部分。虽然台湾地区曾经遭遇殖民统治,台湾同胞也有着与中国其他地区民众不尽相同的历史记忆、悲情意识等,但这些都从未改变台湾属于中国、台湾同胞属于中华民族大家庭的历史和现实。自日本战败、台湾重新回归中国后,两蒋时期台湾的历史教学和历史教科书长久以来所塑造的是大中国历史意识。台湾从1945到1983年的教科书课程标准,都是以"我国"称呼"中国",国家立场的主体性可谓旗帜鲜明。然而,自20世纪90年代中期起,李登辉与民进党逐渐合流,开始重新诠释台湾的历史,试图以台湾受殖民的历史为参照点,重新建构起一种远离"中国"、走向"台独"终点的历史意识。李登辉和陈水扁时期通过大幅修订中小学课纲、肆意篡改历史教科书的结构、用词与内容等手段,大肆推行"去中国化"的历史教育。由此,南京大屠杀被从历史课本上抹去,"抗战胜利"变成了"终战","日据时期"变成了"日治时期",陈水扁在位时还推动过一个"教科书不当用词检核计划",列出5000多个"不当"词,结果,国剧改成"中国京剧"、国画改为"中国水墨画"。更为严重的是,历史课纲在结构上按照"同心圆理论"来编排课程,将台湾史、中国史、世界史并列,形塑"台湾人不是中国人"的架构和概念,从而不断向青少年灌输"台湾不属于中国"的"台独"史观。

马英九上台后,在岛内诸多有识之士的呼吁下,面对这一大是大非的问题，终于在第二任期内决定着手修改李登辉、陈水扁执政时期渗透在课纲中的"去中国化"和歌颂日本殖民的错误史观。例如，把"中国"改为"中国大陆"；把"日本统治"改为"日本殖民统治"；"接收台湾"改为"光复台湾"；把"日本帝国大东亚共荣圈的构想"改为"日本帝国大东亚共荣圈的侵略构想"；对慰安妇的描述增加"被迫"二字等。

　　事实上，每个国家的教科书若要回到合理性与正当性，都会以其"宪法"作为依据。"中华民国宪法"尚主张"中华民国"之领土涵盖大陆与台湾，因此，谈本国史一定要从中国的五千年历史谈起，中国史自然是本国史。但是，民进党主张"台独"，为了塑造台湾的主体意识，构建台湾自己的历史，需要把"台湾史"从"中国史"中分割出来，从而隔绝台湾与大陆的关系。而且，历史事件的陈述，使用怎样的"词汇"表达，都涉及"主体性"或"立场"问题。因此，究竟应该表述为"日据"还是"日治"，中国史是本国史还是外国史，这些争议所呈现出的并非仅仅遣词用句的差异，更是蕴含着两种历史意识的对立。显然，马英九当局"微调课纲"本质上体现了"一个中国"立场，是对陈水扁时期在教育领域"去中国化"行为的拨乱反正；民进党反对"课纲微调"，则是要继续"去中国化"，想维持李扁时期的"两国论"或"一边一国"的"台独"历史意识。国民党与民进党在历史教科书上的争议实质上就是两种历史观的对立与冲突，分歧的焦点则在于把台湾带向何处。

　　"培养新一代青少年具有什么样的历史意识与历史观念"的问题关系到国家民族的命运。一位历史家曾言，在一个没有历史的国度里，谁提供记忆、塑造概念、诠释过去，谁就赢得了未来。由于特殊的地理位置和历史际遇，台湾地区曾经遭遇了相较于中国其他地区更为复杂的经历，特别是曾几度遭受外国侵略和殖民统治，如何看待历史自然成为政治势力的必争之地。

　　人们如何构建和叙述过去在很大程度上取决于他们当下的理念、利益和期待。记忆是社会中不同人群争夺的对象，也是他们之间权力关系的指标。历史教科书编写反映了政府、学者对历史资源与历史知识产生的态度，也是沟通政府、学界与民众的桥梁。那么，是谁决定了历史教科书的书写与讲授？这个"话语霸权"的背后是强大的政治社会，它决定了历史教科书的形式与内涵。因此，历史教科书作为意识形态的重要领域，其争议直接反映了当代台湾的政治走向，诸如"台湾历史教科书编审遭意识形态介入"之类的说法只是揭露了当时的政治现实而已。

自台湾启动政治自由化和民主化进程以来，"台独"逐渐成为部分政治势力的明确目标。为了实现这一目标，除了在实际的选举行动中极力争夺外，"台独"势力更着重从政治、历史和文化等领域展开了对既有象征符号、文化特性以及历史意识的解构。从李登辉开始，事关民众意识的历史教育实际上一直掌握在分离主义者和"台独"分子手上。台湾佛光大学谢大宁教授指出："推动教改以来，教科书早已经被有心人士悄悄地操弄成改变青年意识形态的工具。这些年来，通过李登辉时期的缓步改变，到扁当局时期杜正胜的高调操作，一场我称之为'国族建构工程'的意识改造，已经成功地改变了年轻人对台湾整体的看法。陈水扁在政治上推动'一边一国'，结果是推车撞壁，可是我们的教科书早已成为一边一国。"

"去中国化"的历史教育，二十年下来已累积可观的破坏性能量，这从"太阳花"运动和"反课纲微调"学生身上可以看到。它以渐进和隐蔽的方式改变"两岸同属一个中国"现状，深深影响着当代台湾青少年的社会历史记忆以及他们的社会认同。不久前媒体发布民调，认为自己是台湾人的比例从20年前的4成4攀升到7成3的高点，认为自己是中国人者、认为自己同时是台湾人与中国人者，仅各占一成。可以说，正是学习了"去中国化"的历史教科书，才造成现在30岁以下台湾人的认知就是两岸"一边一国"，蔡英文更据此声称"台独是（岛内）年轻世代的天然成分"。可以想见的是，如果今天的台湾年轻人都不认为自己是中国人，如何能奢望他们未来赞成中国的统一？

蔡英文上台后，虽然一再强调"维持现状"，表态遵守"中华民国宪法"，在"九二共识"问题上也修正为以"九二会谈的历史事实"推动两岸关系；但与此同时，任命有深绿意识形态的"文化部长""教育部长"和大法官，民进党以人数优势在"立法院"强势决议全面暂缓"课纲微调"，一度想要废除孙中山遗像等等，显示其谋求"台独"的步伐仍在进一步加速。在这种局面下，浸润在"台独"历史意识教育下的台湾年轻人会继续远离"中国"，岛内"台独"社会基础会得到进一步扩展，两岸之间"台独"与反"台独"的较量将更激烈，也更复杂。

论蔡英文的"法理台独 3.0"

石佳音[*]

"法理台独"一直是两岸关系里一个极其敏感的议题。如果"法理台独"成功，就意味着和平统一绝望，而大陆就必须启动《反分裂国家法》第 8 条的"非和平方式"，以"捍卫国家主权和领土完整"。但关键问题是："法理台独"应如何界定？如果界定得过宽，则可能过早放弃了和平统一的希望；但如果界定得过严，则又可能误以为"最后关头"始终未到，直到为时已晚。因此，我们必须先厘清"法理台独"的定义，然后才能正确评估民进党"全面执政"后的台湾现况及其走向。

一、"法理台独"的定义

（一）何谓"法理"？

"行为规范"规定人们"应该"或"不应该"进行某种行为，因此这些规范就是我们判断某种行为"正当性"的标准。如果这种规范具有强制性，就是"法律"；无强制性，就是"道德"。而所谓"法理"，就是法律之所以具有强制性的道理或理由。这个理由，可称为"法的确信"或"法的信念"（opinio juris），意指：人们对此规范所规定的行为（或不行为）之正当性具有足够的信念，此信念强大到使人们自觉有遵守此一规范之义务，并支持对于违反此规范者施予强制性的处罚。如果人们对某一规范具有"法的信念"，那么这个规范就取得了强制性，成为"法律"。所以，"法的

---

* 中国文化大学政治系助理教授。

信念"是"法律"的必要条件。①

"强制力"不但可以用来区分"法律"与"道德",同时也可以据以区分"法律"和"法条":前者是因具有"法的信念"而有"法效"(强制力)的规范,后者只是印在白纸黑字(或任何可记载文字的"载具"如鼎、碑、木板或石版)上的条文,通常与其他相关条文组成一部"法典"。② 法律中的"成文法"或"制定法"固然主要记载于法条中,但是"不成文法"(如宪政惯例、习惯法、判例)则不以法条形式呈现。然而,不成文法不是法条,却因具有法效而是法律;法典或法条则有可能因人们对它失去了"法的信念",使该条文失去了"正当性",以致形同具文,不再是真正的"法律"——虽然它仍然具有"法律"的形式要件,如经立法机关通过、经合法程序公布、载于《六法全书》等等。

所以,我们可以简单地归纳出两条公式:

法律 = 法条 + 法的确信

法条 = 法律 − 法的确信

因此,我们不能仅以某一"法条"的形式性存在,就认定其为有法效的"法律"。

鲁索认为,最重要的法律"既不是铭刻在大理石上,也不是铭刻在铜表上,而是铭刻在公民的内心里",它才是"国家真正的宪法"。虽然鲁索所指的"宪法",不是此一概念通常指称的规范国家主权与治权的宪法(鲁索称此种宪法为"根本法"),而是指一个国家的风尚、习俗、舆论。但是,一国人民的"法的信念"的基础,正是该国风尚、习俗、舆论中所包含的那些"铭刻在公民的内心里"的价值(正当性)信念。因此,鲁索实际上指出了:最终决定一个国家的"根本法""民法""刑法"的效力和成败

---

① 此处有一问题:如果一个法条之规范内容在社会内不具备"法的信念",仅仅靠着执法机关以强制力使人遵守,究竟算不算是法律?如果我们只注重"法律的强制性",那么似乎必须承认这种具有"事实上强制力"的法条也是法律。但是,"事实上的强制力"与"法的确信"二者间具有以下关系:法律本身(及执法机关)的正当性越高(即法的确信越强),则执法的成本(所需要的强制力)就越低;当法律或执法机关的正当性低到一定程度,则执法成本将高到使法律形同具文。例如,按照现行"宪法"增修条文第五条第四、五项,民进党既然以"台独"为目标,则属"危害'中华民国'之存在",构成"政党违宪"而应予解散。但现在"一中宪法"的正当性已经低到无人引用此条批评民进党,遑论解散?因此,"法的确信"仍然应是"法律"的必要条件。否则,"法律"将与"事实上的强制力"无异,而无法与纯粹的暴力、武力区分。

② 在一般《法学绪论》教科书中将具有"法效"的"法律"称为"实质意义的法律",而将立法机关制订的"法条"称为"形式意义的法律"。

的，就是形成"法的信念"的基础的"铭刻在公民的内心里"的价值信念（此即鲁索所称的"宪法"）。鲁索正确地指出："当其他的法律衰老或消亡的时候，它（按：即人民内心深处的价值信念）可以复活那些法律或替代那些法律，……而且可以不知不觉地以习惯的力量代替权威的力量"。[①] 鲁索所论，就是"法的信念"的来源，也就是使法律具有法效的"法理"。所以，宪法或法律"条文"的内容，未必是真正有效的"法律"；反之，"铭刻在公民的内心里"的规范，就算不具法典或法条形式，也是真正的法律。换言之，如果有人能够逐渐改变风尚、习俗、舆论中所包含的"铭刻在公民的内心里"的价值信念，那么就有可能"不知不觉地以习惯的力量代替（立法）权威的力量"。[②]

一言以蔽之，所谓"法理"，就是具有法的确信的"正当性"信念。

（二）何谓"法理台独"？

理解了"法理"的意义，便会知道："法理台独"不等于"法条台独"。所谓"法理台独"，就是在国际法和"国内法"的体系上，都确认"台湾"与"中国"拥有各自独立、彼此平等、不相隶属的"主权"，因此，台湾在中国之外白成一个"独立国家"，而两岸关系的性质即是"国际关系"。"台独"分子的目标，就是使像这样主权独立的"台湾国"的"国际法地位"，以及这个"台湾国"在"宪法"上（外于中国大陆）的主权范围，在国际上及台湾岛内都取得"法的信念"，成为大家遵守的、具有强制力的规范。换言之，"法理台独"的核心目标，不在"宪法""国号"这些形式，而是要使岛内社会和国际社会对"台独"的正当性形成"法的信念"。

所谓统"独"之争，在最根本处不是在争"宪法条文"，而是在争两种互相对立的"国家认同"之正当性高下。统"独"的决胜战场，不是在"立法院"或投票所里，而是在鲁索所言的"风尚、习俗、舆论"中。这是场"正当性"之争，不是"宪法"名称或其"条文"文字之争。这是场政治斗争，而不是法学家的学理之争——虽然前者往往伪装为后者。在这个

[①] 鲁索（Jean - Jacques Rousseau）著，何兆武译，《社会契约论》，北京：商务印书馆1980年版，第73页。

[②] 鲁索（Jean - Jacques Rousseau）著，何兆武译，《社会契约论》，北京：商务印书馆1980年版，第73页。

"中国认同"与"台独认同"互争正当性的战场上，整场战争都有可能是在"不知不觉地以习惯的力量代替（立法）权威的力量"中决定胜负的。香港学者凌友诗博士在1999年首度提出"法理台独"这个概念时，她所指的就是"台独"的"法的信念"，而不是"台独"的"宪法"或"国号"。①

因此，虽然"法理台独"在成功以后终究还是会寄希望于将其信念落实到"法条台独"（"宪法"和"国号"）上，但是我们不能将"宪法"或"国号"这些国家主权外在形式象征（即宪法法条）的"台独化"视为"法理台独"成功的必要条件，以致于严重忽视了：在这场针对国家认同的"正当性之战"中，由于绿营以"台独"教改和"去中国化"宣传逐渐改变在岛内"风尚、习俗、舆论"中所包含的"铭刻在公民的内心里"的价值信念，于是在"不知不觉"之间，强弱早已易势，"台独"长期培育出的亲日反中的"习惯的力量"，早就代替了"（'国号'和'宪法'）权威的力量"。

那么，我们可以下一结论：所有的"台独"主张，不论它的包装及路线如何，最终目的必然都是"法理台独"，亦即：使"台湾独立"在国际社会及岛内社会中取得高度的正当性，成为"法的信念"。但是，"法理台独"成败的关键，在于实质上"台湾主权独立"能否获得够高的正当性，使绝大多数台湾民众确信台湾与中国大陆在法理上毫无关系。至于形式上有没有换"国号"（正名）、有没有改"宪法"（不论"修宪"或"制宪"），都只是"法理台独"的落实手段之一，并非其必要条件。只要"台独"取得了"法的信念"，即使"国号"还是叫"中华民国"，"宪法"上的"一中"也继续存在，"法理台独"也已成功，而"一中宪法"则成为具文。

二、"法理台独"的三个类型

既然我们已知"正名""制宪"并非"法理台独"的必要条件，因此，我们可以根据"是否改换国号""是否改动现行一中宪法"两个问题，把"法理台独"按照"正名""制宪"的逻辑关系加以分类。

在分类时，还需注意以下两点：首先，若要"正名"（改"国号"），就必须改变"宪法"的名称，于是必须重新"制宪"；但是，若不改"国

---

① 凌友诗：《如何理解"法理台独"》，远望，2016（9）：第21—24页。

号",则可伪装成"修宪"。① 其次,若要实现完全不改动"一中宪法"的"法理台独",就必须设法回避"台独违宪"问题,也就是要先使"宪法"名存实亡,失去约束力。否则,"台独"的正当性仍将长期受"宪法"上"一中"法理的制约。从台湾的现状看来,这一点已经大体实现(后详)。

于是,我们可以将"法理台独"区分为如下三个类型:

(一)"法理台独"1.0:既要"正名",也要"制宪";公开割裂中国主权、宣布"独立",重新"制宪",建立"新国家"。

(二)"法理台独"2.0:不要"正名",只要"修宪";在"宪法"条文(包括"增修条文")中改变"中华民国"主权范围,但不改"国号",即所谓"借壳上市"。

(三)"法理台独"3.0:不要"正名",也不必"修宪";完全不动"宪法"条文,但使其失去约束力,然后在"中华民国宪法"(即蔡英文所谓"宪政体制现状")掩护下建立"台湾主权独立"的法理信念。

这三种"法理台独"的比较如下表:

"法理台独"的三种类型比较表

类型	改"国号"	"制宪"/"修宪"	所谓"宪政体制现状"
"法理台独"1.0	○	○	全改变
"法理台独"2.0	×	○	部分改变
"法理台独"3.0	×	×	不改变

最原始、直白的"法理台独",就是直接推翻、终结"中华民国"政权及其体制,以"新国号"(如"台湾共和国")创建"新而独立的国家"。② 除了早期海外"台独"组织提出的各种"独立建国"主张外,1991 年民进党在其党纲中加入"(经由公投)建立主权独立自主的台湾共和国及制定新

---

① 在法理上,"制宪权"就是"主权"(最高的造法权)的行使,"修宪权"则是来自制宪权的授权。因此,改变主权所属或割裂主权,即使是以"修宪"程序行之,在法理上也是"制宪"而非"修宪"。由于"法理台独"必须割裂"中华民国"的主权,即使以"修宪"程序完成,也必然属于"制宪"性质。但是,如果要改"国号",那就很难遮掩其"制宪"性质;如果不改"国号",则比较可能伪装为"修宪",而降低触动《反分裂国家法》的风险。这是不改"国号"的"法理台独 2.0"的"优势"所在。

② "新而独立的国家"一语出自 1977 年"台湾基督长老教会"发表的"人权宣言",其中提出:"为达成台湾人民独立及自由的愿望,我们促请政府于此国际情势危急之际,面对现实,采取有效措施,使台湾成为一个新而独立的国家。"

宪法"（即所谓"台独党纲"），也是标准版的"法理台独1.0"。①

"法理台独1.0"是"台独"的原型，也是最早提出的"台独"主张，因其讨论者甚多，本文不再重复，而从"法理台独2.0"谈起，着重在目前逐渐成熟而现形的"法理台独3.0"。

三、"法理台独2.0"

最早提出的"法理台独2.0"，是施明德在1980年"美丽岛军法大审"时当庭提出的"中华民国模式的台湾独立"。当时"台独"的主流是1.0版，施明德的主张算是异类。19年后，民进党为了降低参选2000年"大选"的阻力，在1999年5月通过"台湾前途决议文"，提出"台湾是一主权独立国家，其主权领域仅及于台澎金马与其附属岛屿，…依目前'宪法'称为中华民国"，正式采纳了"法理台独2.0"。② 从此，2.0版渐成主流。

与此同时，时任"总统"的李登辉于同年7月提出第一个真正推行的"法理台独"方案，这就是由蔡英文设计的"两国论"（全名是"特殊国与国关系"论）。"两国论"内容包括废除"国统纲领"、"修宪"冻结"一中"、全面进行大规模修法等三方面工程，目的是在不改"国号"的前提下，在整个法制体系上将台湾与中国大陆彻底切割，不留下任何"两岸同属一中"的法理依据。③ 相较于前此数十年间纸上谈兵的"法理台独1.0"，"两国论"接收了民进党（及施明德）的"借壳上市"策略，保留"中华民国国号"，仅透过"修宪"修法，使"中华民国"主权范围缩小到等于"台澎金马"（亦即"中华民国是台湾"）。后来，在大陆与美国的压力下，"两国论"暂不再提，可是李登辉从未"收回"此一主张。

----

① 民进党实际上已经将"台独党纲"付诸实行。在该党推动下，1991年8月24—25日曾召开"人民制宪会议"，并于8月26日凌晨通过"台湾宪法草案"，其首条规定台湾之"国名"为"台湾共和国"，末条（第108条）规定："本宪法经公民过半数投票，有效票过半数之同意通过后六个月施行。"（民主进步党中央党部，1991：463、478）值得注意的是：这部"宪草"的生效条件刚好就是现在台湾"公民投票法"的门槛。因此，只要民进党能够突破公投门槛，就有可能将此部"宪草"交付公投而生效施行。民进党对此一"宪草"长期按兵不动，从未宣告废止，似乎仍在等待"法理台独1.0"的时机成熟。

② 我们要注意民进党此一决议文的措辞是"依目前宪法称为中华民国"，而不是排除未来该党再度推动"正名制宪"的可能。因此，民进党只是暂不推动而并未放弃"法理台独1.0"。

③ 苏起：《走过"两国论"惊涛骇浪》，载于陆铿、马西屏采访记录《别闹了，登辉先生：12位关键人物谈李登辉》，台北：天下远见2001年版，第169—195页。

2000 年台湾"大选"中，陈水扁赢得选举。这是民进党第一次执政。陈水扁在上台后仍然重用蔡英文（从"陆委会主委"、不分区"立委"，做到"行政院副院长"），继续推动"两国论"。[①] 在来自大陆及美国的压力下，虽然经过了"一边一国""公投绑大""入联公投"等等炒作，陈水扁除了终止"国统会"和"国统纲领"之外，对推动形式上的"台独"成就不多。不过，陈水扁任内有两大"成就"，为后来的"法理台独 3.0"开了路：他在失魂落魄的国民党"拿香跟拜"帮助下，完成"公民投票法"及"公投入宪"两件大事（后详）。因此，陈水扁在"台独"运动史上并未交白卷。

阿水扁掀起的第二次"台独"高潮使台湾承受了 8 年的惊涛骇浪，最后终因贪腐而使民进党失去政权，并使国民党再度执政。但是，此时的"总统"是深具外省官二代原罪感的马英九。他既无中心思想，也无拨乱反正的使命感，只知以顺为正、"拿香跟拜"。他承认"九二共识"（但强调"各表"甚于"一中"），不追求"法理台独"（此即其"三不"的第二条——不独），除此之外，其大陆政策与民进党并无不同。结果，他执政期间台湾社会绿化的速度远甚于李扁时期。最后，"台独"在 2014 年的"太阳花学运"和"九合一"选举中收割了 1994 年以来 20 年"文化台独"的成果，又在 2016 年"大选"中赢得了民进党的第一次完全执政。从结果而论，马英九没有扭转任何李扁时期"去中国化"的恶政，他唯一尝试过的"课纲微调"也完全失败，马英九为民进党做了 8 年的"看守总统"，其作用几乎只是掩护民进党卷土重来。

四、"法理台独 3.0"

迄今为止，"台独"的三大推手依次为李登辉、陈水扁、蔡英文。他们前后相承，以"法理台独"为目标，造成了三次"台独"高潮。但其中一以贯之的关键人物，就是蔡英文。经过李扁时期的历练，蔡英文对于"法理台独"既有坚定的原则性，也有极高的灵活性，在民进党内无出其右。正是基于她推动"台独"的能力，使这位 2004 年才加入民进党的蔡英文成

---

① 苏起回忆：陈水扁上台后，蔡英文在一个单独晤谈的场合主动亲口告诉苏起："今后只做不说，不提两国论，但仍将继续执行两国论。"（苏起，2001：189）

为绿营共主，并两度被该党提名参选"总统"。

当民进党在今年重新上台时，台湾政局中已经出现了有利于"法理台独 3.0"的两个因素，然后蔡英文在上任后又制造了第三个有利因素。

（一）不根据"宪法"法源的公民投票制度

陈水扁时期由民进党推动、国民党"拿香跟拜"而于 2004 年初生效的"公民投票法"，其第一条仅说"依据'宪法'主权在民之原则，为确保'国民'直接民权之行使"而制定，完全不提"宪法"明文规定的"创制、复决"权，使其摆脱"宪法"具体授权之"立法法源"，而使"公投"被赋予主权层次（即"制宪权"层次）的正当性。如果"公民投票"被视为"人民直接行使主权"，那么公投事项、程序、门槛也未必要受到"宪法"约束。此外，由于有权参与"公投"的选民仅限于台湾地区（即"台澎金马"），每一次成功的"公投"都等于是台湾地区的选民在"行使主权"，向全世界宣告"台湾主权独立"，这对强化岛内对"台独"的"法的信念"作用极大。这就是为什么民进党动辄想要绕开"立法院"，推"公投案"。现在，民进党在"立法院"的绝对优势使其几乎可通过任何法案，因此蔡当局更可借由增修"公投法"，扩大"公投"事项、改变"公投"程序、降低通过门槛，使"公投"更易成案、通过，而深化"法理台独"。

（二）名存实亡的"一中宪法"

宪法依其修宪之难易，分为刚性宪法和柔性宪法。但是，过于刚性的宪法，由于太难修宪，可能会因大家不得不容许法令违宪，于是宪法失去最高法的约束力，反而变成柔性宪法。意大利在 1861 年统一后，将萨丁尼亚王国在 1848 年公布的钦定宪法作为意大利王国宪法，名义上维持到 1948 年战后新宪法施行时为止。此部意大利旧宪法根本未规定修改程序，于是无法与时俱进，最后毫无效力。墨索里尼竟然可在这部宪法下建立个人独裁的法西斯专政，可见一斑。[①] 此外，1931 年国民政府通过的"中华民国训政时期约法"，也未规定修改程序，结果不但无法约束蒋介石搞独裁，甚至罕有人批评蒋违反"约法"。因此，刚性宪法若太难修宪，反而会伤及宪法的效力，如法律或命令违宪，则宪法（而非法律或命令）无效。

---

① 刘庆瑞：《刘庆瑞比较宪法论文集》，台北：三民书局 1962 年版，第 306—307 页。

2005年第7次"修宪"时，由于国民党的配合，不但将可凸显"台湾主权独立"的"公投"纳入"修宪"程序，并且将"修宪"通过门槛抬到高不可攀，使未来几乎再难"修宪"。[①] 但是，"宪法"过于刚性，使"违宪"成为大家接受的常态，反而伤及"宪法"的威严。

现在这部"宪法"在李登辉任内就已证明对民选"总统"的"职权"基本上没有约束力。陈水扁在"总统"任内曾公然诋毁为"乌鲁木齐宪法"；民进党元老姚嘉文公开说：除了选举制度，民进党不承认"中华民国宪法"；在反"课纲微调"事件中，训练中学公民老师的师大公领系主任宣称：如高中历史课纲"违宪"，则该改的是"宪法"（"宪法"效力低于课纲!）；"太阳花学运"的领导成员扬言：他们占领"立法院"的行为虽"违法"（实亦"违宪"）但是"正当"。凡此种种，皆说明这部"□中宪法"的"法的信念"已流逝殆尽，对于完全执政的蔡英文当局无任何约束力。

果然，民进党一上台，就先撤销"课纲微调"，并宣布对"太阳花学运"分子撤告，丝毫不管如此涉及的"违宪、违法"问题。最近民进党在"立法院"通过"不当党产条例"追杀国民党，国民党竟因三席之差，连"释宪案"都提不出来。此外，蔡英文在"总统府"和"行政院"内增设了不少于法无据的机构，包括"总统府"下设"南向办公室""年金改革委员会""司法改革国是会议"，以及设在"行政院"下的"不当党产处理委员会""促进转型正义委员会"等等，引来许多争议。她在"总统府"内设置"执政决策协调会议"，直接凌驾并取代"宪法"规定的"行政院"院会，连她提名的"大法官"许宗力都不得不承认有"违宪"之虞。但是，民调显示支持蔡英文召开"执政决策协调会议"的民众达67.1%，认为该会议对政务推动有帮助的比率达70.3%，超过五成受访民众认为"'总统'是我们直接选出来的，就是真的要做事，不能退居二线"，53.4%的受访者不同意"执政决策协调会议"有"违宪"之虞。有此民意支持作为尚方宝剑，"违宪"何足道哉？

（三）支持"两国论"的"大法官"

在不告不理的原则下，民进党当局的"违宪"作为很难被提到"司法

---

① 目前"修宪案"的提议首先必须在"立法院"内由四分之一"立委"提出，再经四分之三出席，以及出席委员四分之三的决议，然后由"台澎金马"的选民投票复决，有效同意票过选举人总额的半数，才算通过。

院"审理。但若要积极完成"法理台独 3.0",还需要充分掌握"释宪权"。于是,9 月 1 日,蔡英文当局提名许宗力、蔡烱炖为"司法院正副院长"兼"大法官",许志雄、张琼文、约翰逊林、黄瑞明、黄昭元为"大法官"。其中,许宗力、黄昭元、许志雄早在李登辉执政时期就公开提出:现行"宪法"下两岸关系就是"特殊国与国关系",因此仅需"释宪"就可完成"法理台独",根本不需"修宪"或"制宪"。① 换言之,他们早在李登辉、蔡英文还在推"法理台独 2.0"时就已经提出了"法理台独 3.0"。

许宗力曾任"大法官",此次"再任"已有违反"宪法"不得连任之嫌。但国民党完全挡不住民进党的胡作非为,根本不认同"中华民国宪法"的 7 位"大法官"便在"立法院"轻松过关,走马上任。虽然还有 8 位"大法官"是马英九任内提名者,但未来势必逐渐被蔡英文换掉。我们可以预期:在支持"两国论"的许宗力主持下,"大法官"们很难守住"一中"立场,未来的"释宪案"恐将一律对民进党有利。在这些"台独""大法官"帮助下,现行"中华民国宪法"不但可敷衍大陆、掩护"台独",又对民进党胡作非为毫无妨碍,因此蔡英文根本不再需要"修宪"。

于是,"法理台独 3.0"将可直接借由逐步的"立法、修法",并辅以必要时的"公投"取得政治正当性;如果仍不免于"违宪"争议,再由"司法院"内的"台独""大法官"护航"释宪"。如此成配套的"渐进式法理台独",因仍可借着名存实亡的"一中宪法"做掩护,反而很难划定明确的"红线"。

由最近民进党"立委"的几项"修法"动作看来,这极有可能就是蔡英文在"就职演说"中提及"中华民国宪法"及"中华民国现行宪政体制"时内心的真实想法。

首先,民进党在蔡英文还未就职时就急于修"公投法"。一方面降低"公投"门槛及投票年龄(有利于通过民进党想要的"公投案");另一方面将"变更领土"纳入公投事项(逐渐将原属"修宪"程序之事项移入"宪法"外的"公投"体系),并增定"两岸间政治协议"须经高门坎"公投"——协商前须先经"公投",协商完成后协议文本须经"国会"四分之三出席、出席者四分之三通过,再交付"公投",且须经半数选民同意后才能换文,此一门槛甚至高于现行"公投"程序。

---

① 黄昭元主编:《两国论与台湾国家定位》,台北:学林文化事业 2000 年版。

　　由于"公投法"不是依据"宪法"明文授权而立,纳入"变更领土"可有利于未来借此绕开"修宪"高门槛搞"台独公投";纳入"两岸间政治协议"(并拉高门槛)则是为了阻挡可能走向统一的两岸"深水区"谈判。民进党"立委"在后者的"提案说明"中明言:"鉴于两岸关系特殊,为确保'国家主权'不受侵犯,两岸政治协商应获高度民意支持。凡涉及国家主权、国家安全之政治协商,如建立军事互信机制、结束敌对状态、安排阶段性或终局性政治解决、划定或分享疆域、决定'我国'在国际上之代表或地位等,皆须经两阶段'公投'。本来按照现有的'一中宪法'",两岸在法理上"主权"范围相同,政治协商应只涉及"治权"问题,但民进党提案说明用语(强调"国家主权")已俨然视"台湾"为一"主权独立国家"。

　　除了以上这些"修法"方向外,民进党还抛出"废国父""整并蒙藏委员会"等等层出不穷的修法议题,蔡英文还公开参加纪念"台籍日本兵"的活动,全台各地更加紧进行"再皇民化"工程(如复建桃园神社等代表殖民者的精神象征),其目的皆在建立媚日反中的"法理台独 3.0"之正当性。有许宗力等人在"司法院"保驾护航,所有这些朝向"法理台独"的作为在岛内已很难再遇到"宪法"及法律的障碍。

　　此外,蔡英文在"就职演说"里已宣布将绕开"国会""立法"程序(包括公听),就年金和司法改革召开"国是会议",她显然在寻找可能在未来绕过正常"立法"而突破"公投"门槛的议题,建立民粹政治的惯例。如果此计奏效,则不但"中华民国宪法"将如魏玛宪法般毁于民粹操弄,且"渐进式法理台独"将具有极高的可操作性,不论台湾内部或两岸之间,将陷于层出不穷的危机。

五、结　论

　　"法理台独 3.0"工程的特色是其"渐进性",无所不在,防不胜防。由于不动到"宪法"、不改变"国号",一切动作都可以在"维持现状"的伪装下进行,使得"法理台独红线"无从划定。于是,蔡英文就可在这部"中华民国宪法"的掩护下不断朝向实质的"法理台独"挺进。她在冲绳刚揭幕的"台湾之塔"上以"总统蔡英文"落款题字,又在台湾的"邦交国"巴拿马以"台湾总统(ROC)"名义签字,在南海议题上放弃了"历史性权利""11 段线"等提法，都可显示她实际上正在改变"宪法一中"的法理现状。

但是，大陆某些学者对蔡英文的"法理台独 3.0"完全缺乏警觉。

由全国台研会、全国台联和中国社科院台研所共同主办的"第 25 届海峡两岸关系学术研讨会"于 7 月 26 日在四川成都开幕。当天早上第一位发表主题演讲的厦门大学台研院刘国深院长在他的第一张投影片中开宗明义，提出一个论断：（民进党）"胜选感言过后……'法理台独'不是要不要的问题，而是能不能，是否有必要的问题。"对此问题，刘院长的判断极为乐观，他说："民进党当局首先必须遵守他们宣示效忠的'中华民国宪法'台湾内部的政治规则和法律规定已经对民进党当局产生着足够大的拘束力。所以，并不能真正对大陆构成颠覆性的挑战。""经过 16 年来三次的政党轮替，……'法理台独'已变得更加不可行。"他甚至认为："共民之间一定可以就两岸关系同属一个国家的深刻意涵问题找到共同的表述方式，……事实上他们已经绕着圈子把海峡两岸在法理上同属一个国家的意涵以拆零的方式模糊地表达出来了。……就差概括出一个明确的、可操作的政治词汇。"于是，"我们期待民进党直接承认'九二共识'，或者与大陆之间尽快形成新的'法理一国'共识，为两岸关系和平发展提供新的动力，以造福两岸人民。"

实际上，在蔡英文心里，"法理台独"不但可能，而且有必要，还正在加紧进行之中。只不过，刘院长以及其他许多对台湾充满善意的学者以为"法理台独"只有 1.0 或 2.0 版，因此他们以为只要紧紧盯着"中华民国宪法"条文，就可高枕无忧。即使不说这是中了民进党的计，也是太过于乐观。如果这种"善意"言论过于盛行，恐怕会严重误导大陆对台湾情势的判断。

蔡英文在 5 月 20 日的"就职演说"中完全不提"两岸同属一中"，国台办只说这是"未完成的答卷"，而未见"地动山摇"。6 月 29 日（当地时间），蔡英文在巴拉圭公开说：她的"就职演讲""已经展现我们可以有的最大诚意与弹性"，希望中国大陆可以仔细地去体会。可见她已不打算做更多让步来"完成"这份"答卷"，而是等着北京调整对台政策。

但是，她并非坐等。她实际上每天都在朝着"法理台独 3.0"前进，逐步否定这份答卷。

这种温水煮青蛙式的"渐进式法理台独"，已经不是一条"红线"所能阻止。

"文化台独"对两岸和平
统一的危害探析

王 雪[*]

"台独"一直以来是阻碍海峡两岸和平统一的关键因素，而"文化台独"是构建"台独"的文化基础，是"台独"分子企图分裂国家的重要手段。因此，对"文化台独"的理性认识尤其重要。

一、"文化台独"的内涵

"文化台独"是一种以确立台湾文化独立性为价值取向，以"去中国化"为特征，变相为"台独"服务的社会思潮。[①]"文化台独"作为一种加强"本土意识"的手段最初起源于台湾反抗日本殖民统治阶段。从李登辉到陈水扁执政期间，"文化台独"逐渐活跃，其目的和实质也发生了本质的改变，逐渐演变成"台独"的宣传工具，具有极大的危害性，严重影响海峡两岸和平统一事业的发展和进程。

"文化台独"既是"台独"势力用来宣扬"台独"思想、扩大"台独"意识的工具，又是"台独"运动的产物和体现。其目的就是要在台湾人民的思想意识中建立"台湾独立"的观念。就其性质而言，"文化台独"是一种为"台独"政治目标服务的文化分裂主义思潮。

"文化台独"作为一种思想体系，它包括历史观、文化观、民族观、国家观。这一思想体系的核心是否定一个中国原则，试图从根本上动摇和破坏

* 河南师范大学政治与公共管理学院研究生。
① 邢福有：《对台工作 800 词语解读》，台海出版社 2010 年版。

两岸统一的基础，已成为海峡两岸和平统一进程中最具威胁、最具危害性的因素。

二、"文化台独"的发展历程

（一）"文化台独"的起源

台湾自古以来就是我国领土不可分割的一部分，由于特殊的历史原因，台湾曾被日本殖民统治，解放战争后，国民党败逃到台湾，长期管理着台湾，内战的延续使得海峡两岸仍处于分离状态。在此历史背景下，"文化台独"的起源与发展具有特定的涵义，并且不同阶段"文化台独"的主张与内容也有不同，简言之"文化台独"发端于日据时期，在国民党统治时期发生异化，在民进党执政期间大行其道。

（二）"文化台独"的发展

"文化台独"起源于日据时期，[①] 在国民党统治时期发生异化，其内涵与目标产生根本改变，从渴望回归祖国怀抱转向企图分裂祖国。"文化台独"的发展主要是在李登辉至陈水扁时期，"台独"分裂势力大肆宣扬"台湾人不是中国人"。

陈水扁上台后继续推行"文化台独"，实施了一系列"文化台独"政策，例如，将海外侨胞分成"华侨"和"台侨"；规定在原来的居民"出国护照"上，加注"台湾"两字，以表示台湾是"独立"的，不是中国的一部分；在历史教育方面，认为台湾拥有400多年独立的历史，并不属于中国，并在历史记载中删除"中国"等字样，意图重塑历史，隔断海峡两岸的血脉渊源。总之，"文化台独"的主张及相关政策实质上是政治领域的"台独"主张在文化领域的反映，通过舆论宣传、文化教育等，引导社会、民众去维护和支持"台独"的政治理念、路线和政策。

（三）"文化台独"的基本特性

"文化台独"起源于反抗外来侵略的本土意识，后来被"台独"分子歪

① 张高杰：《"文化台独"历史和现状评析》，聊城大学学报，2011（2）。

曲宣传，成为"台独"所依赖的心理基础，为"台湾独立"而服务。在"文化台独"的发展过程中，大致呈现两个基本特征：

1. 台湾文化的独立性是"文化台独"倡导的基本特性

"文化台独"倡导台湾文化独立性。"文化台独"认为台湾文化属于海洋文化性质，是由台湾少数民族文化、汉文化、西班牙文化、荷兰文化、日本文化和美国文化共同组成，与中国文化的大陆文化有本质的不同。① 这一特性认为台湾拥有着自己独特的 400 多年的历史，而非属于中国的一部分，割裂台湾文化与中华文化的关系。一旦这种独立性通过文化层面渗入历史记载、教科书等领域，会彻底改变台湾居民的文化认同，尤其是一代一代的台湾青年，从根本上直接影响两岸和平统一的进程。

2. "去中国化"是"文化台独"的总体特征

"文化台独"就是要倡导台湾文化的独立性，"去中国化"是"文化台独"强有力的手段，尤其是陈水扁时期，"去中国化"现象愈演愈烈。2007年 7 月，台湾当局"教育部"计划修改中小学教科书中 5000 个用词，目的是"去中国化"；强化所谓"乡土教育"，规定台湾中小学生必须在客家话、闽南话、台湾少数民族语中选修一种，以此弱化"国语"在台湾的地位；将海外侨胞分成"华侨"和"台侨"，将加入美国籍的台胞称为"台美人"（台裔美国人），而不称为"华裔美国人"或"美籍华人"，从称谓上造成"台湾是台湾、中国是中国"，"台湾有别于中国"的印象；中小学将统一闽南语用字，并将"台湾主体性"纳入教育纲领；修改历史教科书，大搞所谓的"台湾正名"等。②

三、"文化台独"对海峡两岸和平统一的危害

（一）"文化台独"否定"一个中国"，破坏两岸和平统一的文化与心理基础

党的十六大报告中指出："世界上只有一个中国，大陆和台湾同属一个

---

① 张少宁，黎良华：《论"台独"所依赖的心理基础与文化基础——"台湾意识"与"文化台独"透视》，广西社会主义学院学报，2002（3）。

② 李立：《民进党沉浮内幕》，华文出版社 2012 年版，第 266—267 页。

中国，中国的主权和领土完整不容分割。"可见，一个中国原则是两岸和平交流和统一的基础，而"文化台独"是对"一个中国"的否定。

2008 年以来，海峡两岸的经济、政治、文化等方面的和平交流以对"九二共识"的认同为前提，"九二共识"的认同意味着两岸对"一个中国"的认同，有利于加深两岸同胞的归属感，拉近彼此的距离。但是，"文化台独"企图通过文化独立来分化台湾人民对"一个中国"的认知。例如，从历史角度否认台湾是中国的一部分，认为台湾是"无主之岛"，并非自古以来属于中国，这种歪曲事实的历史价值观，旨在左右台湾民众的国家认同，尤其是对处在价值观塑造和形成阶段的青年人。因此，"文化台独"的宣扬，势必会严重影响两岸同胞的国家认同，阻碍国家和平统一的伟大事业。

（二）"文化台独"割断台湾文化与大陆文化的一体性

"文化台独"是从文化层面强调台湾文化的独立，通过去除历史记载中有关大陆文化的记忆，试图通过改变语言文字、模糊历史、独立宗教信仰、改变民风民俗等手段歪曲文化历史事实，斩断两者之间的联系，从而为"台独"铺路奠基。

想要分裂一个民族，必须破坏这个民族的文化，制造文化认同分歧，为"文化独立"制造可能的条件。"文化台独"为了割裂台湾文化与大陆文化的一体性，大力推行"本土文化""乡土教育"等措施，大力弘扬土著居民的原始文化，凸显台湾文化的"独立性"。在语言方面，强力推行"本土教育"，普及方言，把中国文化与台湾文化对立起来；在历史教育方面，以"去中国化"的措施和手段割裂大陆和台湾的关系，尤其从青少年的教育入手，加强"台湾意识"；在文化政策上主张文化多元化，强调台湾文化包括荷兰文化、日本文化、台湾少数民族文化、汉文化、西洋文化等等，主张台湾文化属于海洋文化，而中国文化属于大陆文化，等等。一系列措施分裂了大陆文化与台湾文化的关系，企图分化台湾民众的民族认同和国家认同，严重影响未来两岸和平统一事业的进程。

（三）"文化台独"建构"台独"的政治认同

政治和文化，是一对孪生姐妹。文化可以塑造政治，政治也能影响和扭曲文化。"文化台独"的危害是潜移默化的，是量化的积累达到质变的过程。"文化台独"通过文化、教育等的传播，深入台湾同胞的思想，改变他们的文化认同、民族认同和国家认同，最终促使出现"台独"的危机。"法理台独"是激进的、彻底性的，而"文化台独"是渐进的、舒缓的。

"台独"和"文化台独"相辅相成，相互影响。"台独"分子可以利用文化、教育、历史、民族等方面宣传手段，弱化台湾民众对"一个中国"的认同，从文化层面逐步向政治层面转移，推动"台独"的发展，最终实现"台湾独立"。"文化台独"是"台独"的基础，通过文化层面的"去中国化"宣传教育，潜移默化地影响台湾民众，动摇民众的民族意识，深化"台湾意识""本土意识"，公开鼓吹"两个中国""台湾独立"等思想，给"台独"分子进行政治独立活动提供契机，进一步分裂国家。

"文化台独"的本质是文化领域里的"两国论"，它是"台独"重要的组成部分。青少年阶段是人生中最重要的经验和记忆的最佳时期，而"文化台独"推行的对中国历史的"去中国化"的教育，势必影响台湾青年一代对中国历史、文化的认同感，影响海峡两岸的未来发展趋势。随着蔡英文的上台，一系列言行表现出对"九二共识""一个中国"的冷漠与否定态度，加之"文化台独"思想逐渐深入岛内民众意识，未来推进海峡两岸和平统一事业进程任重而道远。

台日关系的现状和展望

于　强*

今年，台湾迎来了自李登辉之后，与日本关系最为密切的台湾地区领导人。人事布局上，蔡英文让陶仪芬和高硕泰负责对美关系，而安排邱义仁和谢长廷两位绿营重量级人士负责对日关系。从中我们也能看出蔡英文在美日之间的倾向。

美国对台湾的影响是显性的，日本对台湾的影响是隐性的。美国隔三差五就有人士跳出来说要"弃台"，日本从未说过要"弃台"。日本和台湾的关系，最近又在继续拉近，一方面因为安倍的家族和派系历史上与台湾本来就联系紧密，另一方面也因为蔡英文和安倍有着很多年的私交。

一、安倍家族及其所在派阀与台湾的联系

从日本政治变迁的脉络上看，安倍晋三与台湾的密切关系，不仅源于他所在的家族，也源于他所在的自民党派系"清和会"。

从家族上说，今天日本政坛上的亲台湾的政治势力，是由安倍的姥爷、日本首相岸信介和安倍的外叔公、日本首相佐藤荣作一手打造的。1957 年 5 月，安倍的姥爷岸信介在拜相三个月之后，便以首相身份正式访问台湾，1967 年，安倍的外叔公佐藤荣作也以日本首相的身份正式访问台湾。

对岸信介和佐藤荣作对于台湾的这种支持，当时台湾国民党当局以香蕉贸易作为回报。当时台湾的特产——香蕉在日本大受欢迎，国民党当局将台日香蕉贸易交给岸信介负责，岸信介从中积累了大量资金，又用这些资金在政坛上不断扩大自己的影响力，日本政坛上的亲台势力就这样越来越大。

---

* 国际关系学院公共管理系副教授。

派阀是自民党政治的一大特点，而自 20 世纪 70 年代以来的角福战争，则是自民党派阀政治的主线之一。70 年代，日本执政的自民党党内争夺领导权的斗争被称为"角福战争"，对垒的两大势力分别是田中角荣和福田赳夫。田中角荣在角福战争中第一局占据上风，先于福田拜相。上台后的田中角荣与台湾"断交"，恢复中日邦交，为中日关系的发展起了巨大的推动作用。

而田中角荣的对手福田赳夫，一方面是因为继承了佐藤荣作的政治衣钵，另一方面也是为了与田中角荣相区别、相抗衡，选择了"亲台湾"的政治策略。福田赳夫后来把派系掌门人的位子传给了安倍晋三的父亲安倍晋太郎，子承父业的安倍晋三自然随父亲，加入了"亲台湾"的福田系——"清和会"。

所以说，无论是从家族传承，还是派系立场，安倍晋三均和台湾有很深的渊源。

二、安倍与蔡英文的互动

"清和会"从建立以来一直到上个世纪末，其与田中派争夺权力的过程中相对处于弱势，"田中派"有田中角荣、竹下登、桥本龙太郎、小渊惠三 4 人先后担任首相，"清和会"只有福田赳夫一人做过首相。不过新世纪以来，自"清和会"的森喜朗拜相之后，"清和会"成为自民党内势力最大的一支派系。2000 年以来，自民党一共有 5 人担任过首相，其中森喜朗、小泉纯一郎、安倍晋三、福田康夫 4 人都是出自"清和会"。

安倍晋三第一次拜相，是在 2006 年。后来由于他自己身体健康情况不理想，外加自民党在参议院选举中失败，2007 年安倍辞去了首相职务。辞职后的安倍，只是日本众议院的一个普通议员。

2010 年 10 月底 11 月初，安倍因台北松山与东京羽田的直航航班开通而访问台湾。1955 年自民党成立以来，当时的日本还没有首相在卸任之后还能"回锅"再任首相的先例。

就在这样的情况下，时任民进党党主席的蔡英文 11 月 1 日专门与安倍共进早餐，双方会谈长达 75 分钟。在会谈中，蔡英文表示，钓鱼岛的主权属于台湾，但是台湾不会和大陆"联合保钓"，此外，她也向安倍表示，希望和日本早日洽签自由贸易协定 FTA，以降低对大陆的经济依赖。

蔡英文和安倍共进早餐的前一天晚上，还发生了著名的"出租车争议"。2010年10月31日晚上10点多，安倍进行完所有的活动后回到酒店，告知台湾方面的陪同人员今天行程结束，可以离开。随后，安倍又乘出租车出门与民进党大佬聚会。此举当时在台湾引发了马英九在接待上有没有"怠慢"安倍的争议。不过晚上10点多，在所有行程都结束后，还搭出租车去与民进党大佬聚会，足以显示安倍与民进党的私交甚笃。

2011年9月，为了参加"亚太区域安全与台海和平"研讨会，安倍再度带着心腹，现任日本内阁官房长官的菅义伟访问台湾，当时民进党主席蔡英文再度与安倍见面会谈。会谈结束后，参与会谈的民进党萧美琴转述说，会谈的主要内容是面对大陆军事力量的崛起，台湾和日本如何合作应对。

一个月后，蔡英文以"总统"候选人的身份访问日本，访日三天的行程中，蔡英文10月6日再度与安倍晋三见面。那个时候，安倍并不是自民党总裁，也不是自民党党务三长（干事长、总务会长、政调会长），但是蔡英文依然在拜访自民党总部的时候，去见了一个月前才见过的安倍。

2015年10月蔡英文再度以"总统"候选人的身份访问日本。与2011年以"总统"候选人身份访问日本不同，蔡英文访日的时间增加了1天，这多出来的1天专门去了安倍的老家山口县。

山口县距离东京非常的远，光是飞机的航程就有1个半小时，即使如此，蔡英文还是专门在抵达日本的次日，花了整整一天的时间访问山口县，足见其与安倍的关系之深。

与2011年的访问不同，2015年安倍已经是日本的现任首相，无法与蔡英文公开见面。但是安倍的弟弟、自民党众议员岸信夫亲自邀请蔡英文访日。蔡英文在山口县的一天行程，岸信夫全程陪同。他们到有10位日本首相访问并留下墨宝的菜香庭参观，参观时，岸信夫特别和蔡英文在安倍的墨宝"寂然不动"下合影留念。在蔡英文即将离开山口返回东京时，日方还特别送上岸信夫后援会制作的小猪便当。2012、2016年蔡英文两次选举中都是用"三只小猪"来进行政治募款，此时送上小猪便当，蔡英文的感动可想而知。

随后蔡英文的访日行程中，还被安排到日本的内阁府厅舍访问。内阁府是日本政治的核心中枢，蔡英文是历史上第一个走进日本内阁府厅舍的台湾地区"总统"候选人。此举被视为是安倍送给蔡英文的一个"大礼"。

随后，蔡英文到自民党总部访问，时任自民党代理干事长、"清和会"

掌门人细田博之亲自出面接待。值得注意的是，此次会谈并没有谈到敏感的钓鱼岛问题。会谈结束，蔡英文送给自民党一副筷子，细田博之解释说筷子在日本的意思是"鸳鸯"，陪同会谈的萧美琴说"两党就像夫妻一样"。

2016 年 1 月 16 日，蔡英文赢得选举之后，日本外相岸田文雄在第一时刻发表声明祝贺蔡英文当选，称"台湾是与日本共享基本价值观的重要朋友"。两天后安倍在日本参议院公开祝贺蔡英文当选。

三、台湾"大选"之后的台日互动

不难看出，在蔡英文的竞选过程中，与她有着多年私交的安倍给予了很多明的暗的帮助。今年 1 月 16 日"大选"之后，蔡英文也不断在台湾对日关系上有所着墨。她派出邱义仁和谢长廷两个绿营重量级政治人物出任"亚东关系协会会长"和"驻日代表"，以显示她对于台日关系的重视。

在议会交往方面，过去台湾"立法院"对日本交流的组织蓝绿各有一个，蓝营的叫"台日交流联谊会"，负责人是李鸿钧，绿营的叫"台日国会议员联谊会"，负责人是姚文智。蔡英文当选后强力整合，将两个组织合并为"台日交流联谊会"，由蔡英文的左膀右臂、现任"立法院长"苏嘉全担任会长，上任"立法院长"王金平担任荣誉会长，姚文智、李鸿钧、江启臣、高潞·以用·巴魕剌担任副会长，蔡英文对外事务主要幕僚萧美琴担任秘书长。这些安排，明显看出了蔡英文在议会交流上对日本的重视。

不过，这些对于安倍来说还远远不够。在过去选举中帮过蔡英文大忙的安倍，需要的是蔡英文在执政后"实质"的帮助。这个"实质"的帮助，就是同意进口日本福岛核灾区的农产品到台湾。

2011 年日本发生"311 大地震"，由于福岛第一核电站震后发生核泄露，台湾自 2011 年 3 月底起暂停了日本福岛、茨城、栃木、千叶、群马核灾五县市的食品进口台湾。

日本是内阁制的国家，内阁阁员一般来说都是众议院或参议院的议员。安倍 2012 年底再度拜相以来，2013 年的参议院选举和 2014 年的众议院选举中，其内阁大臣均在选举中顺利连任议员，无人落选。2016 年 7 月，日本会举行参议院选举，安倍自然希望这一"无大臣落选"的记录得以保持。

但是，这次参议院选举中，安倍内阁的法务大臣、与安倍同属自民党"清和会"派系、出身福岛的岩城光英，其选情早早就亮起了红灯。由于对自民党灾区重建政策不满，岩城光英极有可能在这次参议院选举中落选。

安倍启动了对岩城光英的拯救行动，他本人多次去福岛帮其辅选，希望能拉抬岩城光英的选情。另外，农业系统过去一直是自民党的票仓之一，因此安倍希望蔡英文在日本参议院选举前，开放福岛的食品进口台湾，借以拉拢福岛的农业选票投向岩城光英。

安倍首先派出了自己的弟弟岸信夫。1月16日蔡英文胜选，岸信夫两天后就在对台湾《联合报》的专访中，明确提出日本期待台湾结束对日本食品的管制，特别是重灾区福岛县。1月27日，台北市市长柯文哲访问日本，岸信夫与柯文哲会谈后的记者会中，当被问及"对民进党新政府有何期待"时。岸信夫说，福岛等灾区食品"绝对安全、绝对安心"，在日本国内流通也全无问题，若台湾能早日开放，对灾区重建也有很大帮助，他希望柯市长大力协助，让食品输台问题早日解决，这对促进日台关系将有极大帮助。

通过媒体放话和无党籍的柯文哲传话，并没有得到蔡英文方面明确的回应。岸信夫转而采取更加直接的方法，直接通过民进党籍县市长传话。3月7日，民进党执政的南台湾五县市首长，包括高雄市长陈菊、云林县长李进勇、嘉义县长张花冠、台南市副市长颜纯左、屏东县长潘孟安到日本参加东京国际食品展。岸信夫在会见他们时，再度明确提到要求台湾解除对福岛的食品禁运的问题。岸信夫表示希望蔡英文就任之后，台日关系更上层楼。对于台湾想加入TPP一事，日本也表示欢迎。同时，他又说："福岛等灾区有些地方尚未重建，灾区优质、让人吃得安心安全的农产品在日本市面正在流通，我们都在吃，确实有些产品受到不实评价，想卖到台湾却受阻，希望这问题能早日解决。"作为高度依赖外贸的经济体，台湾一直谋求加入RCEP和TPP，岸信夫等于是把"台湾加入TPP"与"解禁福岛农产品进口台湾"挂钩，迫使蔡英文就范。

随后，安倍派出了他老家——日本山口县知事村冈嗣政专程赴台"打边鼓"。4月12日，村冈嗣政到台湾访问，在与蔡英文会面的时候，递上了岸信夫的问候信函，信的内容虽然没有公开，但是这明显是岸信夫从用中间人传话，改为直接对蔡英文施压，只是这种施压并没有在两个人面对面的时候提出来。

但是蔡英文方面一直没有明确表态，因此，岸信夫决定自己亲自到台湾与蔡英文面对面的谈判。5月5日，岸信夫到访台湾，他刚下飞机就去与蔡英文举行了会面。会面中,岸信夫主动提及台湾"国际空间的拓展"问题。岸信夫说,在协助台湾拓展"国际空间"方面,日本跟台湾有许多合作空间,包括支持台湾以观察员身份继续参与世界卫生大会,或支持台湾参与共同处理犯罪、气候变迁等国际组织。岸信夫还说,他认为台湾的"国际参与"不能处于真空状况。

这等于是在欢迎台湾加入 TPP 之外,又开出另外一张政治支票,意图还是让蔡英文解禁台湾对福岛核灾区农产品进口的限制。不过让岸信夫失望的是,蔡英文依然没有明确表态。

5 月 21 日,蔡英文就职之后第二天,日本共同通讯社发布报道说,台湾对福岛等 5 县市实施的食品进口禁令,最晚将在 7 月日本参议院选举前大幅放宽限制。

在蔡英文就职后第二天就放出这样的新闻,等于是把事情挑明了说,为什么非要台湾在日本参议院选举之前,放宽对福岛的食品进口限制?这就说明参议院选举是和开放福岛食品进口是相关的。否则不会在时间点后面专门加一个参议院选举。

但是蔡英文依旧没有明确表态,而台湾"食品药物管理署署长"姜郁美 5 月 25 日专门表示,解禁福岛灾区农产品"没有时间表"。

也许是安倍觉得弟弟的"重量级"不够,于是打出了最后一张牌,派出了她的妈妈,岸信介的女儿安倍洋子去找蔡英文。6 月 3 日,安倍洋子专程访问台湾,与蔡英文一起欣赏 NHK 交响乐团古典音乐会。不过蔡英文依旧没有答应。

7 月 10 日,日本参议院选举结果揭晓,岩城光英落选。

蔡英文不敢在这个问题上松口,主要是迫于岛内压力。民进党以"台独"和"反核"作为核心意识形态。福岛食品进口等于触动了民进党核心的意识形态。根据 TVBS 的民调,民进党的支持者有 66% 反对开放福岛农产品进口台湾,只有 20% 赞成。另外,选举过程中蔡英文提出要把台湾变成"非核家园",又说会大力提升台湾食品安全水平,这样的情况下她无论如何都不敢开放福岛食品进入台湾。

不过岩城光英的落选,无论是对安倍和蔡英文的私交,还是对现阶段的台日关系,都是一个巨大的打击。正是在这样的情况下,蔡英文再一次派出她的"核心战友"苏嘉全带了一个 22 位"立委"的庞大代表团访问日本,试图修补对日关系。在日期间,苏嘉全说台日的关系"台湾哭、日本哭,日本笑、台湾笑",台日就像夫妻,偶尔会有摩擦,但是最后还是会好好坐下来谈。从苏嘉全的发言中很明显的看出,他此行的目的是修补遭受重创的台日关系。

不过,8月1日,就在苏嘉全启程访日的同一日,日本驻香港领事馆首席领事井川原贤访问中评社,并表示日台关系仍在框架内,日本对台政策没有变化,也不打算做出"打破性"行动,日方无意炒作日台关系。这等于是给大陆说,日本不会在台湾问题上做文章,希望与中国大陆和平共处。这等于是给蔡英文说,短期内不要期待日本会对蔡英文有什么实质性的帮助。

在蔡英文的布局中,日本是她需要仰赖的最重要的力量。未来可以预计的是,她一定会极力修补已经受损的日台关系,而这种修补一定会最终奏效。安倍与蔡英文之间目前降温的关系是暂时的,因为无论是安倍家族还是安倍所在的派系,与台湾的联系都已经超过了50年,这种联系不可能因为一个安倍内阁法务大臣的落选就中断。在安倍至少执政到2018年,有可能执政到2021年的情况下,我们需要仔细思考,如何避免安倍和蔡英文的这种关系对两岸关系的和平发展的大局带来不良的影响。

"文化台独"的谬论及其危害

宋淑玉 *

"文化台独"是一种从历史、文化、教育、意识形态、社会生活等领域削弱甚至切断台湾与祖国大陆的联系，建构、培植以"台湾独立"为"主体"的历史、文化、民族和国家认同的思潮和行为。简言之，"文化台独"就是推动"去中国化"，塑造所谓的"台湾主体性"，营造"台湾独立建国"的合理性、正当性。

一、"文化台独"之谬论

"文化台独"的幽灵久已在台湾游荡。追根溯源，它是由 20 世纪 90 年代李登辉执政时期主导的"本土化运动"衍生、异化出来的分裂主义思潮。李扁主政时期，为了改变两蒋时期国民党过于强调大陆的历史文化，让新生一代了解台湾，相继推出一系列"文化台独"举措，包括教育内容的台湾化，实行"乡土教育"；大搞"正名运动"，铲除"中国""中华"字眼，加速"中华民国台湾化"；将"文化台独"黑手深入民众日常生活和习惯，通过"社区总体营造"计划，有步骤地建立所谓具有"本土特质"的台湾大众文化，一大批凸显"台湾意识"的博物馆，"地方文化馆"迅速建立起来，促进了本土意识（"台湾意识"）的高涨与本土认同。

作为一种由来已久的思潮，"文化台独"在发展演进中逐步罗织出一套理论体系，观点主要包括歪曲的历史观、文化观、民族观等罔顾事实的谬论。

首先，"文化台独"的历史观否认台湾历史上自古属于中国，认为台湾

---

* 北京联合大学台湾研究院教授。

是"无主之岛"。"台独"分子声称,台湾历史始于明末清初,仅有 400 年历史;台湾是被荷兰人最先"发现"的,台湾早期的开发与中国无关。这显然是人为割断历史,避而不谈史实确凿的两岸早自三国以来的历史联系。

"台独"分子还宣扬日本殖民有功论。"文化台独"认为台湾历史上历经荷兰、西班牙、明郑、清、日本、国民党这些"外来政权"的统治。其中,国民党政权对台湾的统治罪恶累累,而日本殖民统治对台湾却有很大功劳。从"台独"历史观的逻辑出发,只有将国民党统治与其他殖民统治相提并论,并美化日本殖民统治"有功"、夸大"国民党中国"统治之过错,才可达到台湾脱离中国的目的。

"台独"史观通过教育内容的"台湾化"而得以"毒化"广大青少年。李登辉当局以"同心圆史观"改造中学教材的史观论述。1997 年,台"教育部"决定在中学开设《认识台湾》新课程,突出"台湾意识""台湾精神""台湾生命共同体",在在强调台湾不是"中国的台湾"的思想,完全不提台湾与大陆的紧密关联。此后台湾史部分自中国史独立而出,至今仍按照台湾史——中国史——世界史的顺序讲授。

其次,"文化台独"在文化观上否定中华文化与台湾文化的源流关系。论调主要包括:(1)台湾文化与中华文化是两种不同质的文化。宣称中国文化是"劣质文化""落后的东西"。日本殖民统治使台湾呼吸到了"现代文明","帮助台湾人改变了思维方式,建立新的文化传统和造成台湾的质变"。因此台湾文化是承袭了"大和魂"的与中国大陆文化相对立的海洋文化。(2)台湾文化是多元文化,中华文化只是其中一元。"台独"论者指出,台湾文化是由台湾少数民族文化、汉文化、西班牙文化、荷兰文化、日本文化和美国文化共同组成的,中国文化只不过是其中一种"外来文化",并非台湾文化的主体。(3)台湾已形成独立的具有本土特色的台湾文化。论者认为台湾在特定的历史环境中,"事实上已具备有别于中国文化、有主体性的台湾文化或台湾新文化",因此断定台湾已形成特定的文化共同体。

第三,"文化台独"在民族观上否定台湾与大陆的血缘联系,否认两岸同属中华民族。"文化台独"论者从血缘、文化和台湾独特的自然和历史境遇等方面来炮制出一个"台湾民族"怪胎。从血缘而言,以种族相异或以DNA 来证明闽南人、客家人非汉族。从文化而言,特别强调外国殖民统治,尤其是日本殖民统治对形塑台湾文化的贡献及其对形成所谓"台湾民族"的特殊作用。从台湾的自然与历史环境而言,认为历史上在特有的共同地缘和殖民地被压迫的共同命运长期作用下，孕育出具有共同本土意识的"台湾民族"。

"文化台独"拼凑出来的种种理论漏洞百出，不值一驳。

二、蔡英文当局"文化台独"的新举动

2016 年 1 月，民进党在"总统""立委"选举中大获全胜。蔡英文自选前就一直坚持对两岸关系要"维持现状"，就职后多次表达已向大陆释放最大善意。但从蔡英文当局这段时间的言行来看，其推进"文化台独"的动作一个接一个。

（一）任命死硬"台独"分子郑丽君、潘文忠为"文化部长"和"教育部长"，为推动柔性的"文化台独"排兵布阵

文教领域是散播与推行"文化台独"的两大阵地，以往"台独"分子推行"文化台独"都紧盯不放。郑丽君曾做过蔡英文竞选办公室发言人，公开辩称"台湾人不是中国人"，是"文化台独"的坚定支持者。潘文忠则是阻挠马英九执政时期"课纲微调"的得力干将。蔡英文让这两人主管如此重要的部门，其用心可见一斑。新任"教育部长"也深知"上意"，履职次日便亟不可待地宣布废除马英九任内推动的"课纲微调"，恢复"台独"课纲。

（二）打"原住民牌"，制造台湾少数民族史观

台湾少数民族约占台湾总人口的 5%，但蔡英文就职典礼却充满着诸多台湾少数民族元素：广场上漂浮的身着台湾少数民族服装的人形巨型气球，身着台湾少数民族服装的学生表演，台湾少数民族歌手的演唱。与之相呼应的是，蔡英文在"就职演说"中表示，新当局会用道歉的态度，来面对台湾少数民族相关议题，重建"原民史观"。果然就任不久蔡英文便身穿台湾少数民族图腾的服装向台湾少数民族道歉，上演了一场蹩脚政治秀。有台湾媒体评论，蔡英文此举是将"台湾主体性"与台湾少数民族本源连结，孕育与大陆脱勾的"泛南岛民族意识"，建构 2.0 版的新分离主义史观。其实，李登辉、陈水扁多次尝试打"原住民牌"，蔡英文当局对台湾少数民族的政治算计实则是在二人开辟的分离主义之路上走得更急、更远。

（三）极力消除与中国、中华文化有关的象征、符号，推动"去中华民国化""去孙中山化""去中国化"

在"就职演说"中，"中华民国总统"蔡英文 31 次提到台湾，仅 4 次提到"中华民国"。接着，以去封建化为借口，取消以往台湾领导人遥祭中华民国的创立者孙中山的仪式。早在年初民进党胜选后，有绿色"立委"便提出不可再悬挂孙中山遗像，不可向孙中山遗像鞠躬，以"台侨"取代"华侨"。凡此种种，目的都是要切割台湾与中国关联。

（四）凸显"台湾"地位，以之与大陆对立

蔡英文就任后第一次出访巴拿马，在留言簿上用英文签名"President of Taiwan（ROC）"。之后在给民进党党员的公开信中，蔡英文宣称要"力抗中国的压力"。最近，在接受《华尔街日报》采访时，她公然声称台湾是"主权独立国家"，表示台湾不会屈服于来自大陆方面不断加大的压力。蔡英文一面将台湾与大陆对立起来，一面口口声声说不会走两岸对抗的老路，怎让人相信她不挑衅两岸关系的承诺？

（五）消极对待两岸文化交流

蔡英文在"就职演说"中，没有任何两岸文化交流的论述，"文化部"负责人郑丽君在"立法院"第一次接受质询时，也未提出两岸文化交流的主张或政策。7 月底，台湾当局"国史馆"突然宣布将从 8 月 1 日起根据所谓"政府信息公开法"规定，拒绝向大陆及港澳三地学者开放调阅馆藏数据。蓝营"立委"怀疑"国使馆"此举是有人下政治指导棋，痛批"国使馆"是在开倒车，想要紧缩两岸往来。"国使馆"这种做法就是"文化台独"，企图从学术方面切割两岸的关联。事实上，据有关涉台部门反映，已有几起大陆按惯例举行的两岸文教交流活动遭台湾方面拒绝。

三、"文化台独"的影响与危害

台湾新当局拒绝承认"两岸同属一中"，虽不会搞激进的"法理台独"，但"完全执政"的民进党必定会全面推进"文化台独"，以"内政"方式更彻底地"去中国化"。可以预见，由来已久的"文化台独"犹如一个毒瘤

将在岛内疯狂蔓延滋长。然而，由于"文化台独"的渐进性、隐蔽性，我们容易忽视它对台湾民众的民族认同、两岸关系的和平发展乃至中华民族的伟大复兴造成的巨大威胁。因此，有必要揭示"文化台独"的影响与危害。

"文化台独"的影响与危害主要有以下几点：

（一）毒化青年世代，已经、并会继续培养出蔡英文所谓的"天然独"

"天然独"，意指当今台湾年轻人在国族认同的态度上比较倾向"台湾独立"的立场，这种认同是随着世代更替自然而然地产生的。实际上，所谓的"天然独"根本就是由于当权者政治操弄下的"人造独"。任何人的认同都是后天在特定的环境中接受教育熏陶出来的，而非与生俱来的。台湾民意指标显示，民众由统到"独"的转折点是在 20 世纪 90 年代中期，关键人物是李登辉。青少年被长期灌输"文化台独"理念，自然也会产生相应的认同。一旦"台独"认同形成，很难轻易改变。如此，台湾青年人"恐中""仇中""反中"，成为被"台独"政客们利用的工具。随着世代的继续更替，若任由"文化台独"继续"独化"青少年，我们还怎能寄希望于台湾人民？

（二）撕裂台湾社会，加剧民众认同对立，影响台湾社会的稳定

由于经历与成长环境不同，岛内民众对统"独"态度不一。"文化台独"人为制造出自己的历史、文化、民族，打压主张统一的民众，加剧台湾社会的矛盾对立。在政治上，中国国民党在"大选"中往往被民进党"抹红"，动辄被冠以"倾中卖台"。高举"台独"神主牌的民进党则标榜自己才是真正爱台湾的。正是鉴于蓝绿阵营的这种恶斗，有国民党党员在该党遭受惨败后提议将国民党改名为台湾国民党。蔡英文上台后，以力抗大陆之姿继续展示"爱台湾"的努力。在社会上，因认同也引发了族群之间的对立。"洪素珠事件"便是极端的一例。在高雄 228 纪念公园，洪素珠辱骂老荣民"中国难民""不要脸"。难怪她曾在某小学演讲时称："全世界最笨的是台湾人，拿金钱技术养大敌人"。将曾经为建设台湾作出贡献的荣民视为敌人，反映出台湾族群仇恨有多么严重。

（三）"文化台独"侵蚀两岸和平发展的基石，成为和平统一的最大障碍

"文化台独"不论以何种名义推行，其实质与核心都是否定一个中国原则，割断两岸的历史文化血脉，为"台湾独立"铺路。2008 年以来两岸和平发展的政治基础是"九二共识"，其核心意涵就是"两岸同属一个中国"。一方面，"文化台独"以柔性手段，在文化、社会领域扩大"台独"的影响，企图消除两岸之间的最大公约数——中华文化，给两岸关系的和平发展增添了不稳定的因素；另一方面，"文化台独"的分裂主义举措，伤害了两岸人民的情感，造成两岸相互仇视的对立民意，时有可能恶化两岸关系。因此，"文化台独"是两岸和平统一的巨大隐患与障碍，要么将拖延和平统一的进程，要么将两岸推向战争深渊。

两岸关系风雨几十年，历史已经证明台湾的前途系于国家统一，台湾同胞的福祉离不开中华民族的强盛。任何形式的"台独"分裂图谋都将被实现中华民族伟大复兴的滚滚洪流击毁，两岸统一是中华民族伟大复兴的历史必然。

论大陆对台政策的"改革"
与"开放"

张立齐[*]

2016 年是两岸关系反转的一年，5 月 20 日蔡英文正式上任就职台湾地区的"总统"，民进党同时掌握"一府两院"，基本垄断台湾主要的权力（行政权及立法权）。过去与国民党执政时的两岸关系建立维持的"平衡、互信、稳定与机制化"将被打破，中国共产党的坚持一个中国的原则将直接与民进党的"台湾是个独立的国家"直接撞击，台湾政坛早已经失去国民党的"九二共识"这块刹车皮，当前即便是国民党籍"立委"也不一定知道或不愿意承认"九二共识"就是"一个中国"的意涵。

两岸关系的十字路口。当前统一战线的目标是反对"台独"，手段是联合国民党（照顾蓝营台商的利益，默默包容绿色台商），期待通过大陆发展的大趋势对岛内潜移默化的影响。在马英九执政的这八年，两岸确实进入了机制化与深水区，但两岸机制化的前提是因为国民党当局上层接受"一中原则"，今民进党当局无论上下层级都未能提出能解套"一中"的、两岸皆能接受的论述。那么大陆方面是否还要维持机制化对接，说到底两岸维持不了现状，大陆是否可以采取以退为进博弈策略，更清晰明确地指出大陆对台工作是"党对党关系"，而不能掉进中华人民共和国与"中华民国"的关系，要积极避免掉入台湾媒体议题的漩涡泥沼（民粹民主、政党轮替、"中华民国宪法"这类的议题），才能坚持"一个中国"的政治原则和底线。

两岸"党与党关系"。大陆对台政策是否真是"寄希望于台湾人民"？具体问题是什么？是台湾"人民"？是否有所区分"人民"与"人民的敌

---

* 北京大学国际关系学院台湾博士研究生。

人",这点在政治立场上是否该严肃区分和面对,如何划定这条政治底线?台湾政治的意识形态区分和政治光谱相对复杂,且有短时间变化大的特性。还有如同日本战国时代派系山头林立,一有机会获取利益与权力各方便一拥而上,笔者更强调要重视地方政治派系的观察与操作,台湾地方政治派系的倒戈,地方政治派系与台湾上层政治或北京上层政治的关系;另一方面大陆担忧与顾忌两岸关系倒退,以及在台政治行动会影响与国民党之间的互信,这使得在台湾失去发展的灵活性。台湾当前政治制度的两面刃,一方面会使大陆卷入台湾议题的矛盾中,另一方面大陆还无法有效地操作这套所谓"台式民主",如同下场球员搞不清楚球赛规则而被忽悠得团团转。

台湾政治中的蓝绿光谱不只是统"独"光谱,更多时候是利益光谱。台湾媒体厉害之处就是能把人们绕进特定的议题,议题不断推陈出新,但目的不只是炒作议题,而是掩盖背后利益关系链,大陆的注意力在近期很明显地也被这些肤浅的议题带着走,而笔者主要谈的就是要绕开议题。重要的是将精力投放于经营利益关系链,解决问题也不是针对议题去接盘,而是掐住关键利益(人或集团),如此方能消弭议题的扩散。从利益光谱的角度而言,笔者认为"增量改革"是一个值得借鉴的方式,在不刺激原有的利益关系(符合认同"一中原则")的基础上导入"红色利益",增量不是无的放矢,也不是针对特定阶层(工农阶层),而是定向培养阶层内的红色力量,培养与北京匹配的政治关系、组织关系、利益关系,让一部分人"红起来"带动其他人"红起来",资源可以先从台湾农村地区导入,包括客家地区这类与大陆有渊源的台湾本省农业区块。

两岸关系倒退是一个必须面对的现实。国共关系是近代历史问题的延续;而民共关系是地方政权与中央政权的矛盾关系,是历代中国皆存在的边疆安全问题。个人认为在政治上解套比在文化上鼓吹更有效益。台湾人在大陆保有台湾身份但同时又能参与大陆的党政军等工作,知识分子的思路将会放在如何在大陆的政治体系内晋升,而不是让这些人挤压到对立面去从"台独"的方向寻找思路。笔者观察过许多鼓吹中华文化的台湾人,其真实的政治思想是一种文化可以分属于多个国家。而这一问题也不只存在于台湾人,这也是中国历代不得志知识分子常见的现象。不过在当代台湾,国民党带着所谓"中央政权法统"的帽子而使台湾更向往偏安。两岸关系由国共关系转向民共关系意味着两岸回归到地方与中央的关系。共产党要转变传统的思维方式和工作模式,因为工作的对象已经不是国民党,即便还有国民党

（"本省化"）但也不是过去那个"中国国民党"。

"台独"是地方主义的问题。过去国民党搞白色恐怖不让讲"台独"和共产主义，戒严和民主化前台湾共产党人基本被杀完，留下的种子在大陆，"台独"去美国日本，后来回来台湾鼓吹，现在台湾"修法"可以讲"台独"和共产主义了，但大陆这边台共的种子没回来，所有的反国民党都被"台独"带跑，而统派又被国民党右派给带跑，很明显地方派系没有可以靠拢的中央力量和直接沟通的渠道。这为地方派系要直接与北京接轨带来了困难，尤其是不懂共产党的政治生态，更别说想倒过来支持中央，连人都不知道该找谁。

国、民两党的基本观念。"共产党从来没有在台湾有过政权，未来也不会得到台湾的政权（台湾人不会信仰共产主义，不会跟共产党走）的观念。"这是基于白色恐怖期间，国民党在肉体上消灭台湾的共产党人，民进党借共产党的牺牲来操作炒作本省与外省矛盾，现在又从反国民党转变为反共产党。无论蓝绿都是"反共"，这根源的本质不是什么反共产主义，甚至台湾人连共产主义是什么都说不清楚。最后只能把矛头刺向大陆。并对台湾人反复"洗脑"，说共产党不曾在台湾过（"二二八起义"共产党在台中建立政权，白色恐怖牺牲的都是共产党人）的谎话。关于这些宣传和共产党对于在台湾重新发展组织的顾忌等问题，笔者认为更多是历史经验造成的心理障碍。当前民进党执政，国民党在两岸政策上无法制衡制肘"台独"政策，与其等待期望四年八年后国民党执政，几年就陷入一个不稳定的两岸关系反复于前进倒退，倒不如在制度上整合台湾地方利益，吸纳培养台籍地方派系人士进入中共党政系统，在台湾政治局面上和利益选择上，地方派系能够不只选国、民两党更有中共这个选项（国民党切割地方派系利益，许多倒向民进党）。另一方面也能使受派系力量影响较大的地方政府有意识的选台北或北京做为号令依据（县政经济利益与政府拨款），农村包围城市的策略依然可行，集中力量发展一个区块，成熟一块对接一块。

台共过去的经验教训依然对现在分析台湾有许多值得学习借鉴之处。值得一提的事，台湾现在还有一位陈明忠老先生，包括在台湾许多的政治受难者，他们都经历过国民党在台湾的"反共"打击。而台湾共产党人的历史更早还能追朔到日本共产党台湾民族支部，当时台共的反帝运动更是通过上海中共中央的电台与莫斯科的共产国际建立联系。1945年后也有一批中共党员在台湾活动，"二二八起义"中在台中也短暂建立起地方政权，因此可以说台湾是有共产党的，任何时代也都有支持共产党的人们，坚定地反帝反封建、与白色恐怖作斗争，和反对 "台独" 与任何中国的分离主义实力。

如何寄希望于台湾人民。 民进党为了争取实现 "台独"，自然会在执政后首先安定民心，保证安全与增进经济发展，意思不是放弃 "台独" 而是稳定过渡接收政权（以退为进），等收聚台湾民心，政权巩固才能走向真 "台独"。因此 "520" 后两岸关系的和平不是真和平，民进党若有所退让也不是真退让，而是缓兵之计。背后是为 "台独" 充实基础，为 "台独" 官僚系统争取国际关系和培养人才争取时间。为反对 "台独" 官僚垄断，统一工作与对台工作的班底一体化培养是必须思考的问题。"一国两制" 提出前，邓小平有段谈话提到过大陆不派人驻台、不仅军队不去，行政人员也不去。但不代表大陆方面不能培养台湾人自己管理，选择自己的政治方向，恰恰正是邓小平的这句话让笔者意识到，台湾的政治要有台湾自己的共产党人主导。民族爱国主义者不会自动长出来，一股意识形态的思潮需要媒体和职业政治家的鼓吹，在台湾没有媒体更重要的是没有人（中国共产党的人）宣传，大陆的宣传在台湾是被本地媒体利益封杀的状态，培养台湾的共产党人才能培养真正能制衡 "台独" 的力量，其他的力量对于反 "台独" 或是对于反 "台独" 的宣传都是闪烁其词，甚至不乏朝秦暮楚、反复倒戈之政治派系。我们真的只能寄希望于这些人吗？

两岸关系正常化在于，大陆的 "四个自信" 和两岸政策的 "改革" 与 "开放"。 两岸关系的 "改革" 是要将由上而下改为由下而上地争取台湾人民认同共产党，恢复台湾的中国共产党机关，培养台湾的共产党人，在群众中开展工作；"开放" 是指对台湾同胞，在大陆比照中国公民能参与考试，考取各级公务员和党政军等公职职位的机会。两岸的差异和 "台独" 的裂变很大一部分原因，即是两岸不在同一仕途空间。台湾知识分子不能为官只能经商，商富则谋权，若在大陆能考取功名则能消弭 "台独" 于无形。笔者观察过包括台湾军队军士官的思想，爱国军官甚至不能表达爱国之心，新仕军官虽有满腔爱国热血却走入 "台独" 或 "独台" 的为了 "反共" 而 "反共" 的死胡同中，或者高山族体能优异青年参军兵士者众，多中年退役却毫无谋生之计，只能沦为社会低阶劳工，这些问题或许能够通过军队开放来争取解决。上述 "开放" 一方面体现国家主权，实际推进 "台湾人也是中国人" 的认同，一方面证实两岸战争的内战本质，若 "台独" 事实不幸发生，导致内战也能在国际空间展现出对台主权与人民战争的合法性。

反对"台独"除了打击"台独"势力外，同时也需将台湾纳入当前中国梦建设框架中，以及在中国共产党建党百年时，两岸能进入解决两岸政治分歧阶段，在实际工作上如何把台湾纳入"十三五"规划，经济建设合作等方面的布局，在岛内的部署对接和推动将由谁来完成，这是必须正视的课题。过去的对台政策是依赖国民党和台商来影响岛内群众，但结果并不理想，主要问题出在国民党和台商都是为利益和大陆维持关系，而非政治认同，因此不论是台湾群众或是上层政治，都无法有效地影响，"先经后政"变成"只经不政"，现在民进党上台更有"不政不经"，两岸交往再次隔绝的趋势。

两岸矛盾问题的产生与扩大，笔者认为关键在媒体，台湾媒体由台湾政党渗透和影响，无论蓝绿都以其党利或选利为依归，同时对大陆丑化以确立政党或媒体的"政治正确"。笔者认为要在台湾有大陆媒体喉舌，要组建在台湾能落地的媒体，以及透过岛内群众的互联网习惯，扩大各种宣传渠道，才能够结合本地和中央意志，如此政策才能在台湾立足，才能直达台湾群众，才不被本地政党媒体给恶意扭曲。

同时也可以考虑适度开放媒体工作岗位给台湾的媒体评论人。记者编辑等岗位，对个人而言，当预期大陆有更好的工作机会时，在台湾参与媒体工作时对大陆的评价将会更加客观；也对台湾相关媒体从业人士展现大陆媒体机构制度的专业性和进步性。打破台湾媒体的"为反对而反对"的不自由，以及视野的局限性，岛内封闭的意识形态。

两岸关系从交流交往走到深水区和机制化。笔者认为下一阶段是两岸结合阶段，第一步是大陆里有台湾，共产党里也有台湾人，让台湾本地人想"独"也"独"不了，台湾人的政治认同选项将不只有"台独"的民进党，"独台"的国民党，更有统一的中国共产党。反之，笔者认为没有这一选项，那么台湾群众最后也只剩下"台独"可选，笔者认为统一的问题不是民进党在台湾还能撑多久，而是共产党什么时候才开始在台湾有具体的行动。

组织在台媒体和在台的组织与吸纳台湾人士参与社会主义建设必须双管齐下，也是当前共产党能够积极去做的工作。当前存在两条路，一条是放任"台独"势力不断做大，最后只能依照《反分裂国家法》，以武力解决"台独"问题。另一条路就是不断和缓两岸矛盾政策，避免两岸发生战争，以避免大陆经济发展出现严重问题，即便"台湾独立"也不断然采取武力。

而笔者认为可以走出第三条路,即便这条路百废待兴必须筚路蓝缕才能开辟,但恰恰是既能避免两岸发生军事武力冲突,又能够在未来牵制"台独"势力,和实实在在做好台湾基层群众工作、争取民心,即必须将政治延伸到"台湾本地",而不是只在大陆内地做"台湾工作",这也是笔者强调发展中国共产党的台湾党员和建立自己的在台媒体的意义。

大陆已有雄厚的人脉、资源、资金,民主党派里的民革、台盟以及社会团体黄埔同学会等和有关机关与涉台媒体,但却没有一批能为共产党所用、能够落地在台湾工作,延伸政治意志的组织,笔者认为这项工作也只有赖于吸收台湾人士方能完成,具体实在的政策落实,筛选及培养有党性、爱国坚定的台湾人士执行,能将中央政策直接导向底层群众,也能接受中央政府检查工作,比起交给在政治上"同床异梦"的繁多台湾政党,或是只追求利益的台商要有效。笔者认为两岸之间必须加速与升级现有的交流模式,不只是谈中华民族认同或谈中国人认同,而是谈对中国大陆和中国共产党的政治体制认同,两岸的政治体制与治理发展稳定性的成绩我们有目共睹,我们能谈四个自信,是因为我们已经看清"台独"对台湾发展和对中华民族复兴的危害,台湾人民更是最大的受害群体,而在当下民进党和亲美日"台独"势力直接将政治矛头指向和攻击中国共产党执政权利的同时,笔者认为只有靠共产党自己发展台湾的党和争取人民群众的认同,才能拆穿蓝绿长期垄断台湾政治、思想与言论的骗局,才能从最根本地加强、提高台湾人民群众的认同中解决两岸的思想政治观念的分歧。

民进党的三个"台独"举措剖析

赵　爽[*]

民进党"大选"前后，言行不一。选前，蔡英文信誓旦旦地向台湾民众承诺："我一定会与大陆维持非常良好的关系""我说维持现状，就是维持现状""我说得到，就做得到"。但蔡英文上台已经两个月了，两岸之间的关系并未有任何进展，反而出现倒退。"两会"的制度化沟通管道失灵，"（维持）现状"不再；"行政院长"林全声称"不排除'二轨管道'亦不可得"，也是现状不再。不止如此，蔡英文上台后更是动作连连，不遗余力地推动"台独"进程，妄图使"台独"一步一步走向现实。

一、废止"课纲微调"，继承李扁时期的"文化台独"政策

"文化台独"的出现经历了一个比较长的发展变化过程，即由早期出现在岛内的文化"本土化"运动衍生出所谓"台湾意识"，最终异化为"台独"政治目标服务的文化分裂主义思潮。一般认为，台湾"本土化"运动始于20世纪80年代初。当时国民党当局出于巩固政权的目的而推行政治"本土化"，开始大量启用台湾本土籍"精英"人物；国民党外的人士则抓住机会，打着"本土化"的旗帜积极开展党外运动。

20世纪末以来，台湾当局和"台独"势力借教育改革之名，塞进大量"文化台独"的内容。乡土语言教育是另一个主要内容。1999年台湾"教育部"大张旗鼓地展开"国民教育九年一贯课程"草案的意见征求工作，包括引起争议的"乡土语言"等内容都获得通过，决定于2000年下学期开始

---

* 北京联合大学台湾研究院研究生。

实施。2000 年陈水扁执政之后，教科书采用杜正胜的"同心圆史观"，课纲、编写、审查等三道关卡全面"独化"，将明代中期以降的中国史列入世界史范围，将"一边一国""日本殖民有功"的观点灌输给台湾学生。"乡土语言"部分号称要"以多元文化精神及尊重各民族群语文特性，纳入正式课程实施教学。强调族群语文对乡土文化延续及创新的重要性，培养学生热爱乡土的情怀。"台湾还有少数诗人，提倡用"台语"写诗，所谓"台语"就是"闽南话"，其实是中国众多地方方言的一种。

"拼音之争"也是其中一个缩影，"台独"势力认为作为国际通行标准的"汉语拼音"是由中国大陆制定并推广的，将是否采用这种拼音上纲上线为统"独"之争，要求选用"通用拼音"。

"文化台独"当属"台独"运动的一部分，但又不同于政治层面上的"台独"行为。它的出现经历了一个较长的演变过程，具有极为复杂的背景。作为一种文化观念，它一旦被民众接受便很难将其彻底根除。"文化台独"的推行者企图在文化上割断台湾与祖国的文化关系，制造"台湾本土文化"与"中华文化"对立。共同的文化是构成一个民族的基本要素之一，要分裂一个民族，必破坏这个民族的文化，制造民族、文化认同的混乱。

就在 2016 年 5 月 31 日，民进党即以"行政院"公告"教育部令"，废止 2014 年 2 月 10 日号令修正发布的"普通高级中学课程纲要"（简称"课纲微调"）。"课纲微调"是指 2014 年 2 月 10 日马英九当局通过的"普通高级中学课程纲要"，对高中历史、社会、"国文"等课程纲要进行微调，扫除"去中国化""文化台独"的遗留毒素。"课纲微调"把"日本统治"改成"日本殖民统治"，"清代"改成"清廷"，"接收台湾"改回"光复台湾"，"郑氏统治时期"改为"明郑统治时期"，纠正部分错误的史观。

当前，蔡英文当局宣布废止"课纲微调"，沿用李扁时期的课纲版本，就是延续李扁时期一贯的"台独"路线，借"教育改革"，企图割断两岸历史，撕裂民族情感，从文化上切断台湾与祖国的关系，从而达到其实行"台独"的目的。

李扁时期，便从更改、篡改教科书入手，片面强调所谓文化"本土化"，故意以台湾的乡土文化来取代整个中华文化，甚至制造本土文化与中华文化的对立，否认中华文化在台湾文化中的主体地位和深远的影响，利用"去中国化"，推动"文化台独"，扭曲岛内青年人的"国家认同""民族认同""史观认同"，使台湾青年对祖国大陆和两岸关系定位产生错误的判断和认知，产生"台湾人不是中国人"的错误意识，从而培养出了一大批蔡英文所称的"天然独"，为民进党的政权延续和政党权益储存了后备力量。

台湾青年人对大陆和历史的错误认知若不断累积，不仅会恶化两岸关系，也会让这种错误意识尤其是对大陆的敌对情绪延续到下一代。"文化台独"，无疑会让台湾民众从心理认知角度加强对大陆的隔阂感甚至造成两岸人民在意识形态领域的对抗。加上一旦碰到台湾"国际空间"受到阻碍，民进党皆朝"反中"方向操作，从而形成了更多两岸的对抗因子与敌对氛围。

二、清算国民党历史，在岛内挑起"反中"浪潮

2月28日是台湾"二二八"事件纪念日，台湾宜兰市中山公园的孙中山铜像、蒋介石铜像遭泼红漆，并喷上"台湾希特勒""228元凶"等字样。无论是孙中山还是蒋介石的铜像，这些都代表了国民党的历史，而破坏这些铜像，就代表了一些"台独"分子在刻意挑动历史恩怨。民进党打着"转型正义"和"本土化"的旗号清算国民党的历史，挑起仇恨的背后不只是"反蓝""反共"，而是要挑起"反中"情绪，现在连"中华民国"的称号在台湾都频频被公开羞辱，可见"反中""去中国化"才是终极目标，"台独"分子认为"中华民国"和中国有牵连，现在就是要搞"台湾独立"，要和中国大陆切断所有的关系，历史的，文化的，政治的，包括从大陆退居至台湾的政权（国民党），民进党也要狠狠地批判，导致"逢中必反"已经成为岛内常态。

现在蔡英文还没有像陈水扁那样搞"急独"，一方面是避免与大陆"硬碰硬"；另一方面，台湾在经济上对大陆依赖度越来越高，大陆通过出台"惠台政策"，给台湾带来了庞大的经济利益，民进党希望继续得到维持现状的和平红利。同时，又要实现其"台独"理想，就不断地在"仇中"上做文章，造成台湾民众对大陆的仇视和隔阂。

民进党在"仇中"上能够操作成功，有以下几点原因：

第一，早在陈水扁当政时期，民进党就利用政治权力打压蓝营媒体，并不断扶植亲绿媒体，甚至让深绿地下电台"合法化"，抢占台湾言论市场。与此同时，民进党公然动用行政资源对岛内媒体进行置入性营销。国民党前民代邱毅曾爆料，陈水扁"执政"期间，仅对亲绿电视台民视，民进党便

花了高达 5 亿 6571 万元新台币置入营销费用。在地方执政的县市，民进党县市首长则依旧动用行政资源不断对亲绿媒体进行培植；而民进党中央也十分重视舆论战的重要性，比如，民进党舆情小组笼络不少亲绿名嘴，不断给他们提供一手资讯乃至内幕，供其爆料。

民进党近几年的民意支持升高，而国民党却受到了公共舆论的压力，在党政军退出媒体和校园后，这一空白正好由民进党补上，所以绿营现在全面掌握台湾媒体跟网络之后，也就掌握了话语权，有了话语权之后，民进党在控制民意上一手遮天，在操作"台独"上就更加肆无忌惮，即使有反对的声音，也会被民进党歪曲解释，恶意批判。

第二，在民进党种种肆意妄为的"台独"活动面前，国民党显得"软弱无能"，并未采取有效的措施加以制止，甚至是纵容"台独"引导民意，这就更加助长了民进党的气焰，也使得"台独"思想肆意蔓延。

第三，被李扁时期教科书"洗脑"的年轻一代容易受到"台独"思想的蛊惑，被别有用心的政客所利用。在反"课纲微调"和"太阳花运动"中，这批年轻人充当了急先锋。

三、放宽"公投"门槛，迈向"法理台独"

台湾"立法院内政委员会"近日审查"公投法"部分"修正草案"，初步达成共识，一方面放宽"公投"门槛，另一方面将"全台性公民投票"适用事项增列"领土变更案之复决"，并新增两岸政治协议事前、事后都必须经由"全民公投"才能换文生效。

根据闯过第一关的"修正草案"，"公投"通过门槛由现行规定的"双 1/2 高门槛"，下修为"同意票多于不同意票，且同意票数达有投票权的人总数 25% 以上"的"1/4 制"共识。

国民党"立委"赖士葆曾表示，民进党提此修改，很明显就是走向"法理台独"。台湾问题专家徐博东认为，利用"公投"搞"法理台独"，是"台独基本教义派"梦寐以求的终极目标。

从民进党上台后的三个动作来看，它正在一步一步的，运用循序渐进的手法来达成其蓄谋已久的目的——"台独"，民进党绝不会放弃这一目标，相反的，它正在想尽办法，竭尽全力地为其"台独"理想出谋划策，妄图使其成为现实。

"台独"问题若究根到底，原因复杂，但日本殖民时期留下的皇民化思想，仍是一个重要原因，对台湾有深远影响，典型的如李登辉，出生于被日本殖民时期的台湾，自幼接受的是日本军国主义教育，如今变成了"台独"的精神领袖，完全无视台湾与大陆历史、文化和血缘的联系，"崇日""媚日"情结严重，在其"当政"期间，通过修改教科书，使"媚日""台独"思想在岛内得到"传承"并发展至今，影响了台湾无数的年轻一代。

对大陆来说，应对民进党层出不穷、变化多端的"台独"招数，首先必须看清民进党的本质，它是一个"台独"党，是"台独"的大本营，不管它在两岸关系问题上如何模糊焦点，都掩盖不了其"台独"本意。台湾民众该看清民进党所谓"转型正义"和"本土化"的外衣，认清事实，尊重历史，坚持"一中原则"，增进政治互信和沟通，扩大民间交流，消除误解，最终实现和平统一，共同繁荣发展，才是两岸人民共同的福祉所在。

论"国统纲领"及其演变

卫芷言[*]

台湾当局曾在 1991 年初创立了一套名为"国家统一纲领"（以下简称"国统纲领"）的两岸统一规划方针，并由当年担任领导人的李登辉组成一个"国家统一委员会"（以下简称"国统会"）研究制定，并亲自发布与主导运作。该"国统会"与"国统纲领"在运作了 15 年后，由时任领导人的陈水扁终止运作，其终止至今刚好届满 10 年。诞生于 25 年前的这套由台湾当局订定的"国家统一纲领"，其以"国家统一"做为机构及任务名称，并据此规划"国家统一方针"。即便在马英九任台湾地区领导人期间，两岸之间官方与民间交流最为密切的时代来比较对照，都会感到讶异不解。讶异不解的是台湾当局何以当年会有这样的"一会一纲"，而为何又在 15 年后销声匿迹，而大陆内部对台研究方面对之则甚少提及。拙文便以对该"纲领"的解读出发，详为说明其情况。

一、"国家统一纲领"的统一进程与其特征

对"国统纲领"全篇文义的理解，在高度宣示性与极度抽象的前言与目标之外，[①] 倘若详细检视"国统纲领"的"四个原则"与"三个阶段"的进程，当可更为详实细腻地理解当年台湾政治决策集团对该项"纲领"较为真实的构想。其中"四大原则"分别是：一、大陆与台湾均是中国的

---

* 台湾高雄市高苑科技大学助理教授。

① "国统纲领"的前言为："中国的统一，在谋求国家的富强与民族长远的发展，也是海内外中国人共同的愿望。海峡两岸应在理性、和平、对等、互惠的前提下，经过适当时期的坦诚交流、合作、协商，建立民主、自由、均富的共识，共同重建一个统一的中国。基此认识，特制订本纲领，务期海内外全体中国人同心协力，共图贯彻。"其目标是："建立民主、自由、均富的中国。"

领土，促成国家的统一，应是中国人共同的责任。二、中国的统一，应以全民的福祉为依归，而不是党派之争。三、中国的统一，应以发扬中华文化，维护人性尊严，保障基本人权，实践民主法治为宗旨。四、中国的统一，其时机与方式，首应尊重台湾地区人民的权益并维护其安全与福祉，在理性、和平、对等、互惠的原则下，分阶段逐步达成。其中第一项原则可说为台湾方面后续在两岸关系基本架构的设定奠下了基础。特别是"大陆与台湾均是中国的领土"一段话，既未承认仅由中华人民共和国作为中国，亦未必认为以台湾当局作为中国，然而以现今的法制框架上看台湾对两岸各项协议以及台湾方面所制定的各种涉及两岸事务的法律命令，"台湾地区"与"大陆地区"成为固定的称谓，与形容、指称两岸决策部门与其主体的前缀词。而第四项原则则突显了这份"纲领"系由台湾单方面完成，以"首应尊重台湾地区人民权益并维护其安全为福祉"作为统一的时机与方式等条件，引出所谓"分三阶段逐步达成"的"统一进程"。这三阶段分别是：

一、近程－互惠交流阶段：

（一）以交流促进了解，以互惠化解敌意；在交流中不危及对方的安全与安定，在互惠中不否定对方为政治实体，以建立良性互动关系。

（二）建立两岸交流秩序，制订交流规范，设立中介机构，以维护两岸人民权益；逐步放宽各项限制，扩大两岸民间交流，以促进双方社会繁荣。

（三）在国家统一的目标下，为增进两岸人民福祉：大陆地区应积极推动经济改革，逐步开放舆论，实行民主法治；台湾地区则应加速宪政改革，推动国家建设，建立均富社会。

（四）两岸应摒除敌对状态，并在一个中国的原则下，以和平方式解决一切争端，在国际间相互尊重，互不排斥，以利进入互信合作阶段。

二、中程－互信合作阶段：

（一）两岸应建立对等的官方沟通管道。

（二）开放两岸直接通邮、通航、通商，共同开发大陆东南沿海地区，并逐步向其他地区推展，以缩短两岸人民生活差距。

（三）两岸应协力互助，参加国际组织与活动。

（四）推动两岸高层人士互访，以创造协商统一的有利条件。

三、远程：协商统一阶段：

成立两岸统一协商机构，依据两岸人民意愿，秉持政治民主、经济自由、社会公平及军队国家化的原则，共商统一大业，研订宪政体制，以建立民主、自由、均富的中国。

关于这些进程的分析与评论，论者颇众。大体上看，这代表着台湾方面决策部门在 90 年代对两岸统一关系的一种单向、较为主观立场的思考；本土及非本土政团各界的诠释，以及在 2006 年由陈水扁宣布终止适用，甚至在 2008 年马英九主掌台湾政局之后，它所起的作用与效应，皆有相当丰富且深刻的意义。

二、"国统会"与"国统纲领"的创生与终结

"国统纲领"是一份由台湾方面的"国家统一委员会"（以下简称"国统会"）在 1991 年 2 月 23 日通过的政策性、原则性文件。而"国统会"则是在 1990 年 10 月 7 日由时任台湾地区领导人的李登辉设立，其设立的法源依据是"国家统一委员会设置要点"，该要点的性质是行政命令，所以"国统会"在台湾的法制架构下并非为非法定机关，是隶属"中华民国"领导人直属的任务编组性质单位。依照表面上运作的架构及历史事实检视，李登辉担任台湾地区领导人之后，与副秘书长邱进益多次商量两岸之间的交往机制，邱进益当时规划的是以"国统会"为决策层次，并由"行政院大陆委员会"（以下简称"陆委会"）执行，由财团法人"海基会"负责第一线操作事务。① 1988 年李登辉继任以后，以专家学者组成政治、经济、外交、大陆四个研究小组，每个月开会，后来纳入次长级的行政主管，以及真正执行事务工作的人员，成员一度高达五六十人。其中又以曾永贤和张荣丰为中心。当时担任"国统会"研究委员兼幕僚小组的研究组组长曾永贤说，涵盖各党派的"国统会"委员，相当具有代表性或象征性意义，其运作大致上是委员全体一年开一次年会，而主要工作是由研究委员每个月固定开会，李登辉在任期间开了几十次研究会议，提出四十几项项目报告，在实际执行对外工作时起着极大的作用。至于"国统会"的成员，则不乏有非国民党，例如青年党、民社党人士，当然也有所谓国民党籍积极主张统一的委员，除此之外，以个人身份参加的反对派人士如民进党籍的康宁祥，与李登辉颇有

① 陈仪深：《关键的一九九一：论"中华民国在台湾"的诞生》，《思与言》第 50 卷第 2 期，2012 年 6 月，第 45 页。

私交，经常在"国统会"的议题上发挥关键性的平衡作用。①

"国统纲领"是在"国统会"成立的第一年，严格来说是在成立后的第4个月，于1991年2月23日第三次会议上通过，并于同年3月14日获台湾"行政院"第2223次会议通过。"国统会"后来又开了十四次会议，其间较为受瞩目的，与两岸关系有关的"国统会"活动，如于1995年1月，时任中国共产党中央委员会总书记的江泽民在北京发表关于发展两岸关系，推进祖国和平统一进程的八项主张即"江八点"。同年4月，李登辉在"国统会"发表"李六条"予以回应，另如李登辉于1996年面对台商西进所拟采取的对策时，在"国统会"宣示大陆政策，应"根留台湾、戒急用忍、行稳致远"，逐步实现国家和平统一终极目标。"国统会"最后一次集会是在1999年4月8日，在美国总统克林顿访问中华人民共和国，并提出"三不政策"后，台湾当局方面已经没有追求"国家统一"的结论，而是强调"缩小双方发展差距，促成两岸融合"的说法，尤其强调"促进双方关系正常化"。1999年7月间，李登辉首度提出两岸是"特殊国与国关系"，即是把"两个不同政治实体"，修正为"两个国家"，导致重大争议的"两国论"时，是由台湾领导人主掌的另一个机构"国安会"和"强化中华民国主权国家地位"小组所研议，并没有经过"国统会"讨论或同意，"国统会"功能逐渐弱化。② 台湾政党轮替之后上任的陈水扁则从未再召开过"国统会"会议，而"国统会"每年的预算则少到象征性的新台币1000元，最终于2006年2月28日正式"终止运作"（cease to function），而"国统纲领"亦"停止适用"（cease to apply）。

三、李登辉创立"国统会"与"国统纲领"的原因

以李登辉今日鲜明的"反中"色彩来看，其当时为何创设"国统会"此一机构，必定引起许多人的疑惑，即便是现在属于同一立场的民进党，在"国统会"运作初期，都由党中央以其机构名称已预设"统一"立场而拒绝参加，甚至也警告党员不得加入运作。只有在民进党内"艺高胆大"、自成

---

① 陈仪深：《关键的一九九一：论"中华民国在台湾"的诞生》，同上注文，第46页。

② "国家统一委员会"，维基百科，https：//zh. wikipedia. org/wiki/% E5%9C% 8B% E5% AE% B6% E7% B5% B1% E4% B8%803。

一格的康宁祥受邀参与"国统会",民进党则在第一时间将他移送中评会以党纪处分,最终撤销其党顾问头衔。① 可见当初李登辉被视为泛蓝阵营领袖,与民进党间并非以盟友的关系存在。李登辉卸下职务多年以后,在多个场合及个人回忆录中还原真相,终渐渐表现出他当年一手擘划该会的想法,实际上应系权谋运用,将"国统会"作为其施展权谋的策略,并非真正企图实现两岸统一。

李登辉之所以将"国统会"运作为一个发挥权谋的平台,乃因对中国大陆而言将形成一种安抚作用。尤其在1995年李登辉出访美国之前,两岸关系大致处于和平对话状态,"国统会"作为一种象征,可以让北京对于"统一"持续抱持着"想象"的功能。② 李登辉于近年曾公开称,当年设置"国统会"与"国统纲领",是要抚平国民党内部某些外省传统人士,在1991年他要终止"动戡条款",当时国民党还有人要"反攻大陆",他不希望发生战争,于是订定"国统纲领"。李登辉说:"'国统纲领'有很严格的规定,要中国自由化、民主化、所得分配公平之后,再来谈统一的问题,那是故意这么做的、要讲给'老先生'听的"。李登辉于另一次谈话中明确说明,"'国家统一委员会'不是要国家统一啦!"他强调,要跟中国统一已不可能,当时成立"国统会",他附加了但书,要中共先自由民主化之后再来对话,"但这不可能!"而实际上的目的,是要那些(随国民党撤退来台的)老先生不要再反攻大陆③。"国家统一是有条件的,就是:中共它要民主化、所得分配公平、自由化。在这样的情形下,我们再来开始谈话,谈话也是分三阶段。这样看来,国家统一是不可能的事情,不可能! 中国不可能是自由民主的社会。在这样的情形下,让这些老先生、国民党放弃(反攻大陆),再过半年、一年之后,我就宣布'动员戡乱时期'停止。"而当"动员戡乱"时期停止,"临时条款"自然就取消了。

总结李登辉近年在多个场合所表达的关于设置"国统会"的"真意",应该是借由"国统会"的成立,转移国民党内反对废除"动戡条款"的意见,并借以巩固他自身在国民党内的领导权威。至于两岸关系甚至统一与否

① 陈仪深:《关键的一九九一:论"中华民国在台湾"的诞生》,同上注文,第46页。
② 陈仪深:《关键的一九九一:论"中华民国在台湾"的诞生》,同上注文,第46页。
③ 2015年5月5日李登辉于嘉义发表演说回答来自大陆地区的学生所言。转引自"国家统一委员会",维基百科 https://zh.wikipedia.org/wiki/% E5%9C%8B% E5% AE% B6% E7% B5% B1% E4%B8%80% E5% A7%94% E5%93% A1% E6%9C%83。

的问题，应非其当初关注的重点。从现实上看，"国统纲领"的三阶段进程中，第一阶段要大陆"逐步开放舆论，实行民主法治"是根本不可能的；而第三阶段"两岸应协力互助，参加国际组织与活动""推动两岸高层人士互访，以创造协商统一的有利条件"，则在台湾长期于外交活动空间受到大陆方面牵制下，更是不可想象的情状，这些在当年都是不可实现的事，自然不会有两岸统一的问题了。事实上，在"国统会"创立之初，国民党大佬便有不同的声音，如蒋纬国先生这种"向往统一"的国民党大佬，对于"国统纲领"便很不以为然，因为它的近、中、远程计划设计"是近程计划达到目标后才进行中程计划，中程计划完成后才进入远程计划……要等到进入远程计划后，才能与中国大陆谈判……"于是蒋纬国抱怨这种纲领能称为计划吗？"订定这个计划的人，一定是个内行人，因为他懂得如何阻碍统一，所以做出这种计划，让我们永远无法达成统一。"

四、陈水扁对"国统会"与"国统纲领"的终止

李登辉直至卸任为止，并未终结他自身一手擘划的"国统会"与"国统纲领"，而在2000年因选举取得台湾地区领导人的陈水扁，则在上任初期承诺以不改变现状的方式接续这个制度，但在2006年戏剧化地终止"国统会"与"国统纲领"。

2000年，民进党籍的陈水扁在其上任所发表的演说中，提及一段与两岸关系直接相关，被称为"四不一没有"的讲话："本人深切了解，身为民选的'中华民国'第十任'总统'，自当恪遵'宪法'，维护'国家'、主权、尊严与安全，确保全体国民的福祉。因此，只要中共无意对台动武，本人保证在任期之内，不会宣布独立，不会更改'国号'，不会推动'两国论'入宪，不会推动改变现状的'统独公投'，也没有废除'国统纲领'与'国统会'的问题。"这其中的"一没有"，便是清楚直接地表明了没有废除"一会一纲"的问题。在民进党长期、鲜明地反对国民党两岸政策的立场上，陈水扁的发言宣示了极为重要的稳定意义。在民进党史无前例地取得台湾地区领导权之后，面对长期由国民党决定的两岸关系框架，以及由国民党掌控已久的台湾政治社会环境，陈水扁及民进党人以维持国民党时两岸关系基本态势作为选择，或许是相对安全的决策。但是在6年后，陈水扁便打破了他自己所说的"四不一没有"的承诺，废除或终止了"国统会"与"国

统纲领"。

关于陈水扁废除(最后确定是终止)"国统会"与"国统纲领"的始末与缘由,大致上分为两种意见。依照陈水扁领导部门及民进党的说法,废除"国统会"与"国统纲领"大致上有三个原因,第一系指"国统会"及"国统纲领"缺乏法源依据,其设置要点未经"最高立法部门"通过,是没有法源依据的任务编组,而纲领性的宣示更明显不符现今台湾的民主法治体制。其二是称"废统"乃符合并捍卫台湾社会主流民意,认为"国统会"及"国统纲领"之终极统一目标,无疑将剥夺台湾人民自由权利。[①] 二是两岸间"不统不独不武"的前提,已经因为中国大陆增设对台的导弹而不复存在。大陆以《反分裂国家法》坚持一个中国原则,拒绝两岸恢复正式协商与沟通,并极力对台湾压制与恫吓,在国际上塑造"和平发展""假象",却不断持续打压台湾"参与国际"的空间,其所承诺的诺言不需要再遵守。[②] 总之,陈水扁当局将废除或终止"国统会"及"国统纲领"宣传为具有高度正当性的一种决定。

根据其他学者及反对民进党"废统"立场的意见,则认为陈水扁实际上乃通过废除"国统会"与"国统纲领"移转其施政严重失败的焦点。

自从 2005 年下半年民进党施政持续出现一连串的弊案开始(包括"高铁案""高捷案""秃鹰案""地下水道工程案""二次金改案"等等),到当年年底"三合一选举"民进党的重大挫败,陈水扁面临了其政治生涯中最大的危机,民调低到史上最低的程度:21.4%(2005 年 12 月 4 日。事实上 2007 年暴发"贪污案"之后更低)。这极可能隐含着陈水扁个人极大的政治上的忧惧,唯恐在 2008 年卸任之后遭致党内外无情的清算或斗争。如果从民进党政治权力运作的属性来分析,届时来自民进党内部的摧残可能还要比来自党外的更严厉。处在这样的情境下,陈水扁仅能运用其剩余权威扭转或减缓当时已经孕育的政治风暴,而要想转移当时危机的政策议题,只能炒作内部的统"独"争议并同时带动两岸关系的激化,才有可能达到该项政治目标。这包括"制定新宪法""加入联合国"以及废除"国统纲领"

---

① 蔡廷相:《陈水扁的政治人格与终统政治宣示》,《元培学报》第 17 期,2010 年 12 月,第 101 页。

② 《有关"国家统一委员会"终止运作及"国家统一纲领"终止适用政策说帖》,"行政院大陆委员会"(2006 年 3 月 1 日),http://www.mac.gov.tw/ct.asp? xItem = 57203&ctNode = 7905&mp = 1。

和"国统会"三大重大争议性议题。① 依据台湾的政治社会特性,在这样的场合与时机之下操作这样的议题,虽然会带来惊天的变动,包括美国与大陆在内,都可能造成极为重大的后果,但是对于激起台湾社会内部的对立而言,陈水扁显然实现了他企图达到的效果。终于,陈水扁选择在一个对台湾政治社会相当重要的日子:2006 年 2 月 28 日,也就是发生"228 事件"的第 69 年后,宣布并签署了终止"国统会"与"国统纲领"的命令。

拙文以为,陈水扁在 2006 年一系列与他"就职演说"中显然不同的举动,包括自己废除自己承诺等的行为,最终确实保证了他作为泛绿阵营理念维护者与实践者的地位,在 2007—2008 年发生令人震惊的"贪污案",黯然下台、身陷囹圄,而至今仍获得某部分群众无限的支持与拥护。废除或终止统一机制,正是他利用以谋取自身利益或权力的重要权威来源。

五、"国统纲领"与马英九时代

2008 年接替陈水扁成为台湾地区领导者的国民党籍马英九,虽然曾经对陈水扁"终统"行为称"必需要对自己的行为完全负责",但是在他就职之后并没有任何恢复"国统会"与"国统纲领"的行动。诚然,马英九上台之后创造了两岸关系较陈水扁时代与李登辉时代所没有的重大突破与成就,包括了实现多个层次的诸多成果,以及民官各界交流的频繁密切,皆是两岸分裂分隔多年来无法实现的。或许正因为如此,对于"国统纲领"与"国统会",马当局认为应无恢复的必要。拙文谨从两个面向讨论马当局对"国统纲领""国统会"的解读与应用。

第一个面向便是,马英九长期作为国民党领导部门的菁英,并在李登辉时代受其信任,曾掌理两岸事务部门,担任"国统会"研究委员并规划两岸工作,是第一线参与该项工作并于后担任领袖的唯一人物。在这个面向上他持续坚持某些他认定正确的史实与情况,根据他参与的记录并佐以详实的证明,反驳某些与"九二共识"或其他有关两岸事务的误解、误导,突显这些言论的政治性并掌握话语权。例如马英九参与一项两岸文物展览时便提

---

① 蔡廷相:《陈水扁的政治人格与终统政治宣示》,《元培学报》第 17 期,2010 年 12 月,第 100 页;杨志诚:《引鸩止渴的无奈——废除"国统纲领"与"国统会"的政策思维》,《海峡评论》第 183 期,2006 年,第 8—9 页。

及,"九二共识"一共有四个重要文献,第一个是 1992 年 8 月 1 日李登辉主持"国统会"第 8 次会议时,讨论关于"一个中国的涵意"。当天便在这会议中通过决议,"海峡两岸都坚持一个中国的原则,但赋予的涵义有所不同",这是很重要的一个事实与观念。1992 年的那一天,李登辉做这决定时,马英九也在现场;1992 年签"九二共识"的时候,他是陆委会副主委,督导这个业务。马英九当场亮出该次会议纪录说,主持会议的就是李登辉本人。他通过这个史实,驳正包括李登辉在内的现今众多泛绿阵营,也包含现任的领导人蔡英文认为"九二共识"就是没有共识;"九二共识"就是一个没有共识的共识等错误说法。①

第二个面向是关于马英九任内对"国统纲领"的意向、态度的问题。某些评论认为,马英九失去与大陆发展签订"和平协议"的良好环境,与他对"国统纲领"的消极态度有关;如果台湾能尽早恢复适用"国统纲领",两岸关系可能会得到更为良好的发展。② 赞成马当局恢复"国统纲领"的意见认为,"国统纲领"是台湾方面少有的两岸战略性文件,能强化两岸的和平发展。纵使马英九任内无法签订"和平协议",纲领的功能性也值得蓝绿阵营重新正视。何况"国统纲领"只是由"行政院"会议通过的政治性宣示,并非法律,因此再透过"行政院"会议修正或恢复,在政治上争议不大。③ 从而马英九未能恢复其适用并创造两岸和平稳定更多的成果,从今天蔡英文领导人上台之后两岸间急速冷却的现实上体认,是非常可惜的。

然而,马英九虽未恢复适用"国统纲领",在他执政以后,两岸之间各种互动与交流,恰恰与纲领所设定的统一进程不谋而合,甚至得到民进党籍两岸关系学界的认同。在马英九执政时期,国民党的官方网站对中国大陆政策的立场,采取"创造双赢,开展互利互惠的两岸关系",其内容则与"国统纲领"的中程阶段是颇为吻合的。④ 其次,检视马英九当年所参与制定的"国统纲领"的进程来看,马英九在他第二任内所指未来三年多的任期内将放在"扩大和深化两岸交流""两岸两会互设办事机构""通盘检讨修正两

---

① 《九二共识论战——马英九亮出李登辉主持国统会会议纪录签名》,《nownews》,http://www.nownews.com/n/2015/05/07/1687015/2。

② 苏进强:《恢复国统纲领就在马英九一念之间》,中国评论新闻网,http://hk.crntt.com/doc/1027/3/1/6/102731653.html。

③ 苏进强:《恢复国统纲领就在马英九一念之间》,同上注。

④ 颜建发:《国民党的中国政策》,《台湾国际研究季刊》第 9 卷第 2 期,2013 年,第 69 页。

岸人民关系条例"等三大政策来看，显然是落在"国统纲领"的中程阶段。马英九在2012"大选"前也承诺，未来四年他将坚守"九二共识、一中各表"，维持两岸"不统、不独、不武"，实际上也与"国统纲领"的中程二阶段的内涵相符。毕竟，"不统"固然是中程阶段的暂时现象，却未违背两岸统一的远程理想。① 自从《两岸服务贸易协议》受阻，两岸互设办事处付之阙如，"学生占领立法院事件"到国民党地方、中央选举的大败，拙文相信马当局绝对不可能有极好的条件继续开展更多的两岸关系，若要将李、陈两位领导者所不为或不能为之举，要求马当局在短短数年内完成，应该是轻忽了台湾政治社会显然较为复杂的情况，是不容易取得有效的成果的。

六、结论

对于"国统纲领"与"国统会"，拙文于最后提出两点总结。首先，"国统会"及"国统纲领"对于两岸间统一的原则、方式与所谓三阶段进程的设计，显示这是一套台湾当局单方面主观构思的国家统一方针，没有任何数据或文献显示台湾当局在当年构划这套统一方针前或决定时，曾经与大陆方面有过任何形式的联系或沟通。在一般情况下，实在不能想象何以追求统一的两个政治体为何只有单方面的国家和平统一规划，或许这说明了"国统纲领"在当年的台湾当局骨子里不是一套真正的统一蓝图。

其次，从本文的历史性撰述可以得知，"国统会"与"国统纲领"从初创、发展演化，一直到其终止运作，一再地显现出台湾当局的历任领导人与各方面的政治势力或政治社群的斗争与妥协、对抗特征，以及历位主导人利用该"纲领"以实现个人政治目的的真实面貌。在国家统一这件议题上，可以看出"国统会"与"国统纲领"似乎成为向内外各方势力对抗与妥协的筹码工具。这样诡谲的政治现实情状，应该是研究两岸关系的参与者们多所体会的。

---

① 颜建发：《国民党的中国政策》，《台湾国际研究季刊》第9卷第2期，2013年，第71页。

"文化台独"的谬误与遏制

林信雄*

前言

"文化台独"是一种以确立"台湾独立性"为价值取向，以"去中国化"为特征，为"台独"服务的社会文化思潮。"文化台独"提出了否定中国历史是台湾历史之源，否定中国文化是台湾文化之主体，否定台湾人是中国人，台湾人乃是独立于中华民族之外的"台湾民族"等谬论，其实质是在历史、文化、民族和国家认同上否定一个中国原则，为"台湾独立建国"铺路。"文化台独"伴随"台独"运动而生，并附随"台独"势力的膨胀而发展。从其发展趋势来看，影响已浸入到台湾社会的各个阶层，危害性也越来越大，一旦成为台湾的主流意识，必将对两岸的和平统一造成严重的危害。

民进党推行本土化、"去中国化"，这是要从根本上割断台湾与大陆的联系，是不得人心的，其图谋也是不能得逞的。因此以民进党为首的众多"台独"分子，希望经由推动废除马英九当局所做的"课纲微调"、重塑台湾主体意识，以及"本土化"运动的再扎根，形成彻底的"去中国化"，这将使台湾在文化上脱离中国大陆，成为一个"独立的政治实体"，进而推动实际的"法理台独"，在国际法上成为一个"独立国家"。"文化台独"的历史观、文化观、民族观的核心就是全面否定一个中国的存在，最终的目的是"台湾独立建国"。所以必须高度关注，并坚决遏制"文化台独"思潮的蔓延。

＊ 台湾树德科技大学两岸和平研究中心副执行长。

一、"文化台独"的缘起

对于暂时不触及"法理台独"的"文化台独",美国则基于民主价值观以及放任民进党制衡大陆的隐秘心理而不愿干涉太深。中美有遏制急"独"的责任,而却没有应对缓"独"的良方,而"去中国化"则成为台湾新时期的一种"文化正确"和"政治正确"。因此,就在蔡英文"就职演说"后的短期内,两岸关系已经逐步迈向冷和的状态,而蔡英文当局极力重构周边关系及谋求经济自主性,以抗衡大陆的多重压力,台湾内施政取向及民间舆情,则相互配合开展包括废除"微调课纲"等在内的"文化台独"运动。在"政治台独"无法一步到位的条件下,"文化台独"似乎成了台湾内外约束条件下的理性选择。

"文化台独"主要指台湾一部分妄想推行"台独"的人,以片面强调所谓文化上的本土化为号召,虚化中国文化在台湾文化中的地位,从而达到其实行"政治台独""实质台独"的目的。李登辉称台湾文化不是中华文化的分支,而是台湾少数民族文化受外来影响而成。而陈水扁上台后,加紧推行"去中国化"政策,向台湾民众灌输"台独"意识,并且有计划、有预谋地在社会各个领域,清除象征中国的各种标志,如口号、符号、特征、图案和名称等,以营造"台独"的文化、心理、社会环境。

民进党当局推行的种种"去中国化"和"文化台独"的活动,比赤裸裸的"政治台独"主张具有更大的欺骗性。"文化台独"者过分推崇乡土文化的地位,人为地夸大两者的差异,故意以台湾地区的乡土文化取代并否定整个中华文化。"文化台独"是"台独"主张在文化领域里的反映,随着"台独"思想的滋生和发展,"文化台独"经历了特殊的演变过程。1986年民进党成立,以及1987年"解严"以后,"台独"势力日趋活跃,他们打着民主的旗号,进行独立分裂的活动,这种政治思想上的分裂主义,在文化上便逐渐形成了"文化台独"。

自李登辉上台后,为"台独"势力利用文化、教育搞分裂活动大开渠道。李登辉在其主政后期,开始宣扬台湾必须是台湾人的,宣扬台湾意识、台湾精神、台湾魂等论调,鼓吹新台湾人主义。李登辉十分重视做文化扎根养"独"工作,其声称无时无刻不在思考文化的重建与新生,教育不改,人心也不会改变,过去教育都限制在大中华的观念范围中,台湾不需要中大华主义。为强调台湾少数民族文化是台湾文化，有其独立起源，他从人种的角度否定台湾与中国大陆的血缘联系，此举乃属非常不智。

同时还利用台湾在历史上曾遭受荷兰、西班牙、日本殖民统治的特殊经历，片面强调外国殖民统治对台湾文化的影响，妄图矮化中国传统文化的地位，将中国传统文化歪曲成仅仅是形成台湾文化的影响因素之一。他大力扶持，并培养御用学术研究力量，加大相关研究经费的投入，提高相关研究人员的地位，并在教育上花了很大力气，动了很多脑筋，篡改教科书，强调台湾的独立历史文化，减少中国历史、文化对台湾民众的影响，他以"去中国化"为目的，确立"文化台独"氛围，为其实现"政治台独"打基础。

"本土化"教育，是民进党从历史教育、文化教育方面进行的脱离中国化的教育，而"乡土教学"则是民进党推行本土化教育的一个组成部分。陈水扁上台后，在李登辉"文化台独"实践的基础上，在文化领域做了很多基础性的工作。在理论上，他称台湾文化不是中华文化的一个分支，而是台湾台湾少数民族文化受外来文化影响而形成。兹具体讨论说明其文化疏离的体现。

（一）以本土化教材，疏离年轻世代

2001 年 3 月，台湾地区推行的所谓"本土化"教育，不但强行规定小学要用方言教学，而且还把在中学推行的《认识台湾》教科书也列入小学教材。全方位地向学生灌输"脱中国化"内容。多数学者认为，现今台湾的中学生本来就对大陆的认识极为有限，如此推动所谓乡土教育，其结果就更加会导致下一代对国家认同和民族认同的疏离感。李登辉认为要在小学教育里多加些台湾历史、台湾地理，以及自己等课程，在他的影响下，台湾意识、台湾精神、台湾生命共同体等等"脱中国化"意识，以及是台湾的台湾，不是中国的台湾之类的思想，在编写过程中一直主导灌输。

1997 年 6 月，台湾"教育部"推出中小学教科书——《认识台湾》，在《历史篇》中，肆意篡改历史，煽动民族分裂情绪，声称台湾 400 年前是无主的土地，教材中极力鼓吹我们都是台湾人，宣扬所谓台湾魂、台湾精神，把中国人、中华民族、中华文化这样的名词都一一删去，极力美化荷兰、日本等殖民时期对台湾的侵略。妄图对台湾青少年灌输台湾不属于中国的思想，以从根本上消除台湾与大陆在历史和文化上的联系。

"文化台独"论者的目的就是要割断台湾文化与中华文化内在的精神联

系，并且不惜利用一切手段来达到这一目的。利用《认识台湾》教科书，向青少年学生灌输"台独"的文化理念。在这本教材中突出台湾意识、台湾精神、台湾生命共同体，宣传台湾是台湾的台湾，不是中国的台湾的思想。中华民族、中华文化、中国人这些名词都统统删去了。因此，"文化台独"政策将会在一定程度上造成影响，特别是青少年一代的中华文化认同，为陈水扁、蔡英文以降等人最终实现实质"台独"铺路，但这种不惜以歪曲历史，弱化甚至否定中华文化的手法不得人心。

（二）推行本土化教育政策，以台湾取代中国

台湾人要求自己的子弟会乡土语言，讲本地话，是合理的。问题是民进党却一直把这一问题政治化，成为"文化台独"的重要步骤和组成部分，而为"台独"服务。民进党人中有一部分人极为避免讲"国语"，他们在许多公共场合有意识地只讲"台语"，主张废除所有关于"国语"的规定，在民进党"政策白皮书"中，把保护并且推崇母语作为对中国人、中华民族以及中国政府进行反抗的民族主义精神的一种表现。由此可见，强力推行"台语"教学绝对不是单纯的语言、文化问题，其真正的政治目的仍在于"去中国化"。

（三）文学史学等学术手段鼓吹"台独"

广泛设立台湾文学系与台湾史研究所，用文学及历史等学术议题鼓吹"台独"早在20世纪70年代就已开始。以后一些"台独"文化人不断强调台湾文学的独立自主性，不隶属于中国文学。从文学创作看，"台独"文学在20世纪80—90年代就推出不少作品。民进党上台后，有"台独"倾向的文化人、文学家、教授和新闻界人士纷纷占据学术和文化机构的要职，因此思想、文化和意识形态领域中的"台独"思想日趋炽热。为贯彻民进党本土化教育政策，许多高校将中国文学系归为外国文学系，并纷纷成立台湾文学系与台湾史研究所。

二、"文化台独"的谬误

（一）"文化台独"悖离历史事实

"文化台独"违背了历史事实和作为中华文化一部分的台湾文化的发展

规律。割断文化的历史的继承性等于割断历史，而历史是割不断的。灿烂的五千年中华文化是全体中华各族儿女共同创造的。两岸同胞血脉相连、源自一体，由于台湾特殊的地理、历史与现实的原因，使得台湾文化与中华文化既具共性又有自己的个性，而这些个性特点是台湾文化对中华文化的贡献，台湾文化仍属于中华文化，中华文化已深深扎根台湾。虽然台湾文化有自己的地方性特点，然而不论是文化的源头，还是文化形态，都与中国文化有着极深的渊源。

（二）"文化台独"悖离民众认同

民进党推动"文化台独"和一系列"去中国化"的活动，违背了岛内民众认同中华文化、主张发展两岸关系的主流民意，与岛内民众求缓和、求稳定、求发展的愿望背道而驰，这将严重危害两岸关系，破坏两岸和平统一基础。除此之外，民进党还在特定称谓上做文章，将海外侨胞区分华侨、"台侨"，将加入美国国籍的台胞称为"台美人"而不称为美籍华人。将台北故宫博物馆珍藏的"国家文物"称为中国文物。此外，尽管"文化台独"以本土意识、台湾精神为伪装，比"政治台独"更具欺骗性，容易迎合岛内民众特殊的社会心理，其危害性极大。

但同时还应认识到蔡英文加速推动的"文化台独"是不得人心的，因为中华文化是两岸文化共同的根。近年来，两岸文化交流日益频繁，大陆的图书、影视等通过多种管道进入台湾，加深了台湾同胞对中华文化的了解。同时，台湾的电影、电视剧以及书籍在大陆也受到广泛的欢迎。许多台湾学生乐意来大陆求学深造，接受中华文化的教育，来大陆求学的人中还包括许多台湾的民意代表，更有许多的年轻人表示愿意到大陆生活和发展，这些活动密切了台湾文化与其母体文化中华文化的联系，增进了两岸同胞的民族情感。

（三）"去孙中山化"之影响

多位两岸学者忧心民进党"去中国化"及"去孙中山化"行为，是"文化台独"的作为。从李登辉至陈水扁时代，开始推行教育改革，实质上就是为了推动"文化台独"。在马英九上台后，进行教科书修改，为拨乱反正，回归到"一个中国"的方向。"本土化"教育，是台湾当局从历史教育、文化教育方面进行的"脱中国化"的教育，而"乡土教学"是台湾当局推行"本土化"教育的一个组成部分。李振广认为民进党透过"太阳花学运"与"反高中课纲微调运动"等方式,来大力进行"文化台独"。而"去孙中山化"之影响更是极巨,亦是蔡英文当局推动"文化台独"的具体作为。

倪永杰提及中山先生是两岸共同景仰的英雄,他在维系两岸情感纽带方面发挥极大力量,一生推翻帝制建立民国的过程中,始终关心台湾,一直在促进台湾从日本人割据之中回到祖国怀抱。而他的思想也一直在影响着台湾的政治、经济、生活和教育等各方面,其实孙中山始终关心台湾,还高举"恢复台湾巩固中华"的目标,反对日本割据台湾。倪永杰也指出,孙中山先生主张只有统一的中国才能真正强大起来,因此孙中山是反对"台独"的防火墙,可是民进党重新执政之后,不承认"九二共识""两岸同属一中"的核心价值,让两岸再次中断联系,关系倒退。

结语 "文化台独"的遏制

2016年民进党"完全执政"之后,蔡英文在其"就职演说"中,并未提到承认"九二共识",而林全"内阁"更以行政命令撤销了"微调课纲"。田飞龙则认为"文化台独"的虚妄化、新南向的虚空化和政党政治的失衡化,构成对蔡英文当局执政初期的主要挑战。王晓波认为林全"内阁"废除"微调课纲",这个作为回到陈水扁时代的"98课纲",走向日本"皇民化"思想、"去中国化",追求"文化台独"。陈明宇提出了蔡英文当局撤销了"微调课纲",是继续陈水扁时期的"去中国化"政策,形成以"文化台独"为主的路线的看法。

"文化台独"是"台独"运动的一部分,但又不同于政治层面上的"台独"行为。2002年2月27日海峡两岸关系研究中心主任唐树备曾在中华文化与两岸关系论坛开幕式讲话中指出,中华文化历史悠久,源远流长,博大精深,一直是中华民族强大凝聚力的源泉,是维系全体中国人的精神纽带,是中华儿女共同的宝贵财富,也是实现祖国和平统一的一个重要基础。唐树备还指出,共同的文化是构成一个民族的基本要素之一,要分裂一个民族,必破坏这个民族的文化,制造民族、文化认同的混乱,这就一针见血地揭穿了"文化台独"的阴谋。

2016年7月17日,国台办主任张志军在世界和平论坛发表演讲时,除了重申一个中国原则之外，还批评蔡当局推动"文化台独"，从政治、经济、文化各方面弱化和切断台湾与大陆的历史连结。这意味着两岸关系多了一个观察点，"文化台独"的言行将持续被纳入放大镜检视。中国国民党主席洪秀柱也批评蔡英文当局进行"文化台独"，将会使台湾与大陆形成对抗关系。因此国民党所属的"国家发展研究院"筹设孙文学院，推动"三民主义现代化"，以对抗"文化台独"，弘扬中华文化道统，推展"中华民国"史观。

总而言之，基于中华文化与台湾文化同出一脉，源远流长，两岸和平统一的基础是一个中国原则，"文化台独"是以教育、网络置入宣传为手段，将"台独"的理念灌输到台湾年轻人脑中，以潜移默化方式改变台湾人的文化及政治认同。使得台湾人不再心向中国大陆，造成台湾社会结构的改变，让"台湾独立"运动获得更大的政治基础。因而最终会使台湾成为一个"独立国家"，脱离中国大陆的控制，因此"文化台独"推进的过程，有可能将两岸的关系推入战火的熔炉。

参考文献

1. 王京琼：《简析"文化台独"》，中国网，2002 年 7 月 27 日。

2. 李立：《略论"文化台独"》，北京行政学院学报，2007 年 5 月。

3. 李振广：《高度警惕"文化台独"分裂活动》，人民日报，2016 年 5 月 16 日。

4. 李道湘：《"文化台独"危害海峡两岸和平统一的基础》，中央社会主义学院学报，2004 年 3 月。

5. 陈明宇：《台新当局正式废止微调课纲，搞"文化台独"上瘾》，环球时报，2016 年 6 月 2 日。

6. 陈德民：《"文化台独"析论》，思想理论教育导刊，2004 年 10 月。

致　谢

本论文集由台海两岸中青年学者撰写的分析"台独"危害的文章汇编而成。

习近平总书记在庆祝中国共产党成立 95 周年大会上的讲话中明确指出，"坚持'九二共识'、反对'台独'是两岸关系和平发展的政治基础。我们坚决反对'台独'分裂势力。对任何人、任何时候、以任何形式进行的分裂国家活动，13 亿多中国人民、整个中华民族都决不会答应！"

长期以来，民进党及部分深绿学者企图割裂两岸历史关系，以"民主""自由""两岸现状"为幌子宣扬"'台独'无害论"，带有很强的欺骗性，使得台湾民众尤其是台湾青年人，面对庞杂的信息无从分辨，容易被迷惑和欺骗，为两岸关系未来发展走向埋下不稳定因素。

为了更好地展开反对"台独"的舆论斗争，我们向海峡两岸中青年学者及有识之士征集反"台独"论文，围绕四大主题，即两岸同属一个中国的历史及法理依据不容否定、"文化台独"的危害性剖析、"法理台独"柔性化的可能性及其危险、美国、日本不可能为"台独"火中取栗等进行研究分析，对"台独"及其危害进行进一步的揭露与批判，以正视听。

本项目的开展及论文集的完成得到国台办新闻局的指导与支持。北京联合大学台湾研究院李维一院长拨冗为本论文集撰写了序言。感谢台海两岸青年学子和中青年学者对这次征文活动的积极参与和热情支持，感谢各位作者的辛苦工作。中传趋势公司张健副总经理、南开大学台港澳法研究中心执行主任李晓兵副教授、河南师范大学政治与公共管理学院王鹤亭副教授、厦门大学台湾研究院张文生教授等为此次征文活动的成功举行做出了重要贡献。本书的出版得到了九州出版社第一分社社长王守兵先生的鼎力协助。我的研究生吴陈舒为本书的编辑、修改奉献了大量的时间和精力。在此，一并表示衷心感谢！

本书如有讹误之处，欢迎方家批评、指正。本书的疏漏由我本人负责。

主　编：李振广

2017 年 1 月 17 日